Politik
bewegt

D1732243

Oldenbourg

Arabien-Knigge

von
Dr. Hartmut Kiehling
bis 2007 Professor of Finance an
der German University in Cairo

Oldenbourg Verlag München

Bibliografische Information der Deutschen Nationalbibliothek

Die Deutsche Nationalbibliothek verzeichnet diese Publikation in der Deutschen
Nationalbibliografie; detaillierte bibliografische Daten sind im Internet über
<http://dnb.d-nb.de> abrufbar.

© 2009 Oldenbourg Wissenschaftsverlag GmbH
Rosenheimer Straße 145, D-81671 München
Telefon: (089) 450 51-0
oldenbourg.de

Lektorat: Wirtschafts- und Sozialwissenschaften, wiso@oldenbourg.de
Herstellung: Dr. Rolf Jäger
Coverentwurf: Kochan & Partner, München
Cover-Illustration: www.scx.hu
Gedruckt auf säure- und chlorfreiem Papier
Gesamtherstellung: AZ Druck und Datentechnik, Kempten

ISBN 978-3-486-58505-6

Meinen erwachsenen Kindern
Saskia, Aurel und Severin
sowie meinem Schwiegersohn Thorsten

Vorwort

Dieses Buch soll fundierte Hintergrundinformationen aus allen für westliche Besucher und Expatriates arabischer Länder relevanten Gebieten vermitteln von der Politik über die Wirtschaft bis hin zur Gesellschaft. Gerade die zentralen Bausteine zum Verständnis des arabischen Raums und ihrer Bewohner werden nicht nur angerissen, sondern entwickelt. Konkrete Tipps ergeben sich meist aus diesen Hintergrundinformationen. Dabei nehmen Religion und Geschichte breiten Raum ein. Der Nahe Osten ist traditionsbewusst und er ist religiös geprägt. In seiner vorherrschenden sunnitischen Ausrichtung kennt der Islam keine Entwicklung, sondern nur ewig gültige Wahrheiten. Westliche Besucher werden daher immer wieder in Situationen geraten, die gewisse historische und religiöse Kenntnisse erfordern.

Das Buch ist in vier Teile gegliedert, die sich mit Wurzeln, Institutionen und Entwicklung der arabischen Gesellschaft und der arabischen Mentalität beschäftigen. Die Darstellung kann nicht überschneidungsfrei sein. Wichtige Schlussfolgerungen wie die überwiegend kurzfristige Ausrichtung des ökonomischen Handelns, der geringe Vertrauensbereich des Individuums und die Höhe der Transaktionskosten ergeben sich mehrfach. Das ist durchaus gewollt, stärkt es doch den Blick für Interdependenzen. Auch darf der Standardhinweis der Ratgeberliteratur nicht fehlen, dass soziale Phänomene eine gewisse Streubreite haben. Der Leser möge also Aussagen immer relativieren. Sie beziehen sich sozusagen auf den häufigsten Wert; individuelle Abweichungen sind nicht selten. Zwar sind solche Abweichungen in den immer noch sehr kollektiv verfassten arabischen Gesellschaften geringer als im individualistischen Westen, auch Nordafrika und der Nahe Osten können sich jedoch dem Megatrend des Pluralismus nicht entziehen. Die relative Kürze des Textes ist der recht dichten Darstellung geschuldet. Sie versteht sich auch als Referenz vor dem immer eiligen Manager, mag er nun im Heimatland oder vor Ort verankert sein.

Die Transkription arabischer Wörter folgt weder der wissenschaftlichen noch der ISO-Transliteration. Mit ihnen könnte der durchschnittliche Leser ohnehin wenig anfangen und auch der Autor ist kein Arabist, sondern war Hochschullehrer eines ganz anderen Faches in Kairo. Vielmehr bildet die Schreibweise arabischer Wörter die deutschen Laute nach. Im Regelfall richtet sich der Autor an der ägyptischen Volkssprache aus, die durch die Filme dieses Landes im gesamten arabischen Raum verstanden wird. Viel Wert hat der Autor auf das Stichwortverzeichnis gelegt, weil der Leser Einzelaspekte so besser erschließen kann als über die Gliederung. Ein relativ ausführliches Literaturverzeichnis führt nicht nur weitere Ratgeberliteratur, sondern vor allem auch einschlägige wissenschaftliche Werke auf. Sie können der Vertiefung dienen.

Dieses Buch ist in einer für den Autor persönlich schwierigen Zeit entstanden, in der seine erwachsenen Kinder große Stützen waren. Seiner Tochter Saskia, ihrem Mann Thorsten und seinen Söhnen Aurel und Severin, die sich allesamt in einer Umbruchsituation befinden, widmet der Autor in Dankbarkeit sein Buch. Ohne ihre Begleitung wäre es für ihn schwer geworden, das Buch zu vollenden. Der Autor dankt auch seinem verständnisvollen Lektor Dr. Jürgen Schechler.

München im September 2008

Inhaltsverzeichnis

ERSTER TEIL
Wurzeln der arabischen Gesellschaft

1   Religiöse Wurzeln

1.1   Grundlagen des Islam

Nach überschlägigen Schätzungen machen sunnitische Muslime rund 76% aller Einwohner der Länder der Arabischen Liga aus, unter Einbeziehung der saudischen Wahabiten sogar knapp 82%. Diese Zahlen beinhalten allerdings die Sufis als Anhänger eines mystischen Islam, die eigentlich nicht zu den Sunniten gehören. Die Schiiten zählen 8,5, die übrigen islamischen Glaubensrichtungen nur gut 1%. Rund 60% der Einwohner des Irak sind Schiiten, die daneben noch in den Golfstaaten und der Levante mit namhaften Anteilen vertreten sind. Rund 4,5% der Araber sind Christen der unterschiedlichsten Bekenntnisse. Die meisten von ihnen leben in Ägypten, dem Sudan, Syrien und dem Libanon, aber auch in den meisten anderen arabischen Staaten finden sich christliche Minderheiten. Insbesondere der Irak weist traditionell eine größere Zahl anderer Monotheisten auf wie Jesiden, Mandäer und Schabbak. (Daten aus de.wikipedia.org, Fischer Weltalmanach, cia.gov, auswaertiges-amt.de und internationale-kooperation.de)

Die nicht-islamischen Minderheiten leiden seit einigen Jahrzehnten unter einem verstärkten Druck und teilweise sogar der Verfolgung durch die Mehrheit. Ihre Zahl geht daher stetig zurück. Vor allem gilt dies für kleine Minderheiten, die besonders angreifbar sind. So ist mit der Gründung Israels die zuvor in vielen Ländern bedeutende jüdische Minorität schikaniert, verfolgt und vertrieben worden, wenn sie nicht von sich aus ausgewandert ist (zu Ägypten: Beinin 1998, S. 60–89). Besonders schlecht ist die Lage von Anhängern solcher Religionen, die als Abtrünnige vom Islam betrachtet werden. Ihnen werden zumindest die Bürgerrechte vorenthalten, wenn sie nicht sogar mit dem Tode bedroht sind. Das gilt vor allem für die Bahai, die in Ägypten und anderen arabischen Ländern keine Pässe erhalten und damit keinerlei politische und administrative Rechte haben. Das gilt aber auch für die liberale islamische Konfession der Aleviten, die den starren Formalismus der Sunniten ablehnt und deutlich von Humanismus und Universalismus bestimmt ist. Aleviten dürfen z.B. seit einigen Jahren nicht mehr die heiligen Stätten des Islam in Mekka und Medina betreten. Selbst die Alawiten, eine schiitische Glaubensgemeinschaft, die vor allem im Norden Syriens verbreitet ist, wird immer wieder als unislamisch gebrandmarkt, obwohl sie seit 1970 in Syrien den herrschenden Clan stellt.

Allah hat nach überwiegender muslimischer Überzeugung den *Koran* Wort für Wort diktiert. Damit steht der Koran wie Allah außerhalb der Zeit. Ihn im historisch-gesellschaftlichen Kontext seiner Entstehung zu interpretieren, ist daher Ketzerei und wird nach strenger Lesart als Abfall vom Islam mit dem Tode bestraft. Eine kritisch-historische Islamwissenschaft darf es deshalb nicht geben – und entsprechend angefeindet werden deren Vertreter an westlichen Universitäten. Hinzu kommt, dass nach überwiegender sunnitischer Rechtsmeinung auch die Phase der Interpretation von Koran und Sunna seit Langem abgeschlossen ist. Im Gegensatz zum Islam gehen die christlichen Kirchen davon aus, dass die Bibel – gegebenenfalls unter dem Einfluss göttlicher Inspiration – von Menschenhand geschrieben wurde. Die Bibel wird deshalb im Allgemeinen nicht wörtlich interpretiert, sondern in ihren Entstehungszusammenhang gestellt. Die meisten christlichen Theologen gehen zudem davon aus, dass ihre theologischen Überlegungen immer den Begrenzungen des menschlichen Geistes unterliegen. Eine gewisse Ausnahme stellt die Katholische Kirche seit dem Ersten Vaticanum dar, in dem das Dogma der päpstlichen Unfehlbarkeit bei der Verkündung von Lehrsätzen „ex cathedra" verkündet wurde (und bezeichnenderweise zu einer Abspaltung eines Teils der Katholiken führte). Im Vergleich zum Christentum hat der heutige sunnitische, zumal der besonders konservative Islam der arabischen Länder, ein sehr starres Gepräge, das jedoch prinzipiell jederzeit aufbrechen könnte, weil Muslime frei sind, sich einer anderen Rechtsschule ihres Glaubens zuzuwenden.

Einige Grundsätze sind allerdings unzweifelhaft. So muss jeder Muslim fünf Gebote erfüllen. Diese *„fünf Säulen"* sind Glaubensbekenntnis, Gebet, Almosensteuer, Fasten und Pilgerfahrt:

- „Ich bezeuge, dass es keinen Gott gibt außer (dem einzigen) Gott und Mohammed ist der Gesandte Gottes." Spricht ein Mensch dieses Glaubensbekenntnis („Schahada") in ehrlicher Absicht aus, so wird er damit zum Muslim. Die Schahada wird dem Neugeborenen als Erstes und dem Sterbenden als Letztes ins Ohr geflüstert.

- Jeder Muslim muss sich täglich zu fünf festgelegten Zeiten gen Mekka zum Gebet („Salat") verneigen: in der Morgendämmerung, mittags, nachmittags, abends und nach Einbruch der Nacht. Das Freitagsgebet ist herausgehoben: Es findet in der Gemeinschaft einer großen „Freitagsmoschee" statt und kennt als einziges eine Predigt, die auf der Grundlage von Koran und Sunna oft tagesaktuelle Fragen behandelt. Vor dem Gebet werden Gesicht, Hände und Füße rituell gewaschen.

- Die Almosensteuer („Zakat") ist religiöse Pflicht aller Muslime und kann daher auch nur Muslimen zu Gute kommen. Sie beträgt je nach Einkunftsart (Handel, Viehzucht, Anbau) und Besteuerungsgrundlage (Einkommen oder Gesamtvermögen) 2,5–10 Prozent und dient der Unterstützung Bedürftiger und Kranker, der Befreiung Gefangener, dem Heiligen Krieg („Dschihad") oder dem Aufbau und Unterhalt religiöser Schulen („Madrasa").

- Im Fastenmonat Ramadan muss jeder Muslim von Sonnenaufgang bis Sonnenuntergang auf Essen, Trinken, Rauchen und Geschlechtsverkehr verzichten. Daher speist man vor Sonnenaufgang („Sahur", wörtlich „Abendessen") und nach Sonnenuntergang („Iftar", „Frühstück"). Sonnenauf- und -untergang werden jeweils mit Gewehrschüssen angekündigt. Der Tagesrhythmus leidet im Ramadan in mehrerlei Hinsicht. So dauern Iftar und anschließende Feiern bis weit in die Nacht und auch Vorbereitung und Einnahme des Sahur beschneidet die Schlafenszeit, so dass sich Muslime während dieser Zeit auch tagsüber etwas Schlaf holen müssen. Üblicherweise bricht man bereits zwischen zwei und drei Uhr nach Hause auf, um das abendliche Festmahl rechtzeitig vorbereiten zu können. Während der normale Tag-Nacht-Rhythmus in den meisten muslimischen Staaten prinzipiell aufrechterhalten wird, kehrt man diesen im Jemen im Ramadan einfach um: Man schläft bei Sonnenlicht und ist bei Dunkelheit wach. Nicht-Muslime sollten während des Ramadan möglichst nicht öffentlich essen und trinken. Ist es jedoch nicht möglich, sich zurückzuziehen, so wird dies jedoch in den meisten muslimischen Ländern toleriert.

- Einmal in seinem Leben soll jeder Muslim die Pilgerfahrt („Haddsch") nach Mekka antreten, sofern ihm das finanziell und gesundheitlich möglich ist. Zeitpunkt, Ablauf und Kleidung sind genau festgeschrieben. Derzeit gehen jedes Jahr über zwei Millionen Muslime auf den Haddsch.

Stehen widrige Umstände den Grundsätzen des Islam entgegen, so können sie angepasst werden. Fehlende Mittel oder Krankheit können Pilgerfahrt und Almosengabe verhindern, Reise oder Aufenthalt in einem nichtmuslimischen Land erlauben die Variation von Gebet und Fasten. Lediglich das Glaubensbekenntnis ist unbedingte Pflicht jeden Muslimen, wenn auch gegebenenfalls im Stillen.

Abb. 1.1   Barockes Brunnenhaus in Kairo, eine übliche Form der Barmherzigkeit der Reichen

Das jedem Muslim abverlangte richtige Handeln geht deutlich über die „fünf Säulen des Islam" hinaus. Der Islam regelt das gesamte öffentliche und private Leben bis in Einzelheiten hinein. Kaum eine andere Religion – mit Ausnahme vielleicht des orthodoxen Judentums – unterwirft das tägliche Leben einer solchen Regelungsdichte und sucht sie so konsequent durchzusetzen. Der Islam ist daher über das Religiöse hinaus ein umfassendes rechtliches und politisches Werte- und Bezugssystem. „Der Islam wird [deshalb] häufig als Orthopraxie beschrieben, in dem das richtige Handeln im Mittelpunkt steht, im Unterschied zum Christentum, das durch eine Orthodoxie gekennzeichnet sein soll, in der es auf die richtige Lehre ankommt" (Akasoy 2007, S. 12). Folgerichtig ist die Wissenschaft vom religiösen Recht („Scharia") im Islam wesentlich wichtiger als die spekulative Theologie.

Diese *religiösen Gesetze* sind zum einen im Koran selbst niedergelegt, zum anderen in den gesammelten Überlieferungen über Mohammed („Hadithe") und seine Gefährten („Athar"). Hadithe wurden im 9. und 10. Jahrhundert in den „sechs Büchern" zusammengestellt. Sie werden nach ihrer Verlässlichkeit in vier Kategorien eingeteilt, von denen die ersten beiden als Sunna allgemein in Rechtsfragen herangezogen werden können. Diese Vorschriften regeln bereits eine Vielzahl konkreter Fälle. Wo dies nicht der Fall ist, müssen Rechtsgutachten („Fatwa") eines Religionsgelehrten („Mufti") auf Anfrage einer Einzelperson oder eines Juristen abklären. Das Ergebnis ist jedoch nicht bindend und es gibt im sunnitischen Islam auch keine allgemein akzeptierten Bestimmungen, wer eine Fatwa ausstellen kann.

Der Islam stellt wesentlich weniger als andere Weltreligionen auf die individuelle Heilverantwortlichkeit ab. Zum einen hängt das Handeln des Menschen nicht unwesentlich von seinen Lebensumständen ab, die Allah bestimmt. Zum anderen macht die Einbindung des Einzelnen in die göttlichen Gebote und Gesetze individuelle Heilsbemühungen überflüssig, weil er ja ohnehin der „besten Gemeinschaft" angehört, die zum Heil führt. (Nagel 1994, S. 43f.) Daher ist es für jeden Muslim wichtig, in dieser Gemeinschaft der Gläubigen („Umma") zu leben. Jeder Muslim muss das göttliche Recht befolgen. Er ist jedoch auch verpflichtet, zu „gebieten, was recht ist" und zu „verbieten, was verwerflich ist (Suren 3, Vers 110; 7, 157; 9, 71; 9, 112 u. 22, 41). Damit wohnt dem Islam eine Tendenz zu Selbsthilfe und –justiz inne. Aus diesem Grund haben viele islamische Staaten eine Religionspolizei aufgestellt, die die Einhaltung göttlichen Rechts überwacht.

Die Scharia ist universell gültig. Alle Muslime sind daher aufgefordert, ihre Befolgung auch weltweit durchzusetzen und – notfalls mit Gewalt – die islamische Herrschaft („Dar al-Islam", d.h. Haus oder Gebiet des Islam oder auch „Dar al-Salam", d.h. Haus des Friedens) auszudehnen. Noch nicht „befreite" Gebiete werden „Dar al-Harb", d.h. Haus oder Gebiet des Krieges genannt, weil es nach traditioneller Auffassung mit nichtmuslimischen Staaten keinen Frieden, sondern nur temporäre Waffenstillstände geben kann. Aus demselben Grund ist es dem gläubigen Muslim nach dieser weit verbreiteten Auffassung auch vorgeschrieben, in ein Gebiet unter muslimischer Herrschaft zu ziehen. Wer im Heiligen Krieg gegen die Ungläubigen getötet wird, geht unmittelbar in den Himmel ein und genießt dort besondere Privilegien. Der Heilige Krieg gegen die Ungläubigen ist nur eine Form des („Dschihad"). Man unterscheidet neben dem Dschihad des Schwertes den des Wissens bzw. der Feder, den der Zunge und den der Seele. Al-Ghazzali (1058–1111), Theologe, Philosoph, sufistischer Mystiker und einer der bedeutendsten islamischen Denker überhaupt, bezeichnete letzteren sogar als den „großen Dschihad". Besonders islamische Mystiker („Sufis") betonen diesen Dschihad der Seele. In neuerer Zeit hat sich im sunnitischen Islam die Meinung durchgesetzt, dass dieser „große Dschihad" durch die genaue Befolgung der „Säulen des Islam" vollzogen werden könne.

Die islamische Peripherie geht teilweise seit Langem tolerantere Wege. So ist es für die in Bosnien und im Kosovo lebenden Muslime auch nach dem Auseinanderbrechen Jugoslawiens selbstverständlich, dass Religion Privatsache ist, in die sich weder die Nachbarn noch der Staat einmischen darf (Calic 1998). Der türkische Staat ist seit Mustafa Kemal Atatürk laizistisch verfasst. Strenge Hüterin des Kemalismus ist seitdem die Armee, aber selbst die moderat islamistische (Regierungs-)Partei für Gerechtigkeit und Fortschritt (AKP) folgt diesem Modell mit nur leichten Abstrichen. Im Prinzip laizistisch sind auch die süd- und südostasiatischen islamischen Staaten sowie die Länder des Maghreb und sogar im iranischen Gottesstaat werden Stimmen laut, die eine Trennung von Religion und Staat fordern. Solche Ideen finden durchaus Resonanz in arabischen Ländern, zumal das Gottesstaat-Experiment dort sehr interessiert verfolgt wird. So wurden bereits einige Bücher iranischer Reformer ins Arabische übersetzt. Allerdings haben deren Ideen in ihrem Heimatland eine ganz andere Breitenwirkung als in den arabischen Ländern, die traditionell in religiösen und gesellschaftlichen Fragen viel konservativer sind. (Amirpur 2001).

Abb. 1.2   Gebet in der Umayyaden-Moschee in Damaskus

Dennoch bedarf die weit verbreitete Überzeugung von der zunehmenden Islamisierung der arabischen Welt einer mehrfachen Relativierung:

- Der Islam ist zwar eine Gesetzesreligion und regelt das tägliche Leben bis in kleine Details. Die bloße Einhaltung äußerlicher Vorschriften sagt jedoch noch nichts über die Überzeugungen der Menschen aus. Allgegenwärtige Sakralität und Gläubigkeit sind zweierlei.

- Im Islam gibt es keine Kirche im christlichen Sinn, also weder eine religiöse Hierarchie noch gar eine oberste Instanz wie im Christentum den Vatikan oder die Synoden, die Anweisungen in religiösen Dingen oder allgemein gültige Interpretationen des Korans geben könnte. Neben den Imamen – Gemeindevorsteher, Vorbeter und Prediger – gibt es nur noch islamische Rechtsgelehrte, die z.t. an islamischen Universitäten lehren. Dementsprechend vielfältig sind Predigten und Stellungnahmen. Der Islam ist also in organisatorischer und dogmatischer Hinsicht deutlich flexibler als das Christentum.

- Traditionell sicherten fromme Stiftungen („Waqf") den Unterhalt von Gelehrten, Koranstudenten und Geistlichen sowie von Moscheen, Medresen, Bibliotheken und Universitäten. Im Laufe von Kolonialismus und Moderne zogen jedoch nahezu alle Staaten diese Stiftungen ein, so dass den islamischen Einrichtungen ihre materielle Unabhängigkeit genommen wurde. Heute unterstehen die meisten von ihnen strikter staatlicher Kontrolle.

- Es gibt vier zugelassene sunnitische Rechtsschulen. Zwar solle sich jeder sunnitische Muslim für eine von ihnen entscheiden, er kann diese Entscheidung jedoch jederzeit revidieren. Insgesamt ergibt sich keineswegs ein geschlossenes Bild, auch wenn in den verschiedenen arabischen Ländern jeweils einzelne Rechtsschulen dominieren. Manche Fragen werden bewusst offen gelassen, um auch später noch flexibel reagieren zu können.

- Jeder Gläubige ist befugt und aufgefordert, selbst nachzulesen und Allah zu folgen. Religionsgelehrte geben nur Hilfestellungen. Daher kann es auch keinen Mittler zwischen Gott und den Gläubigen geben wie in den orthodoxen und katholischen Kirchen. Im Prinzip kann jeder kundige, des Arabischen mächtige Muslim sogar religionsgültig zu Glaubens- und Lebensfragen Stellung nehmen. Da diese Fatwas jedoch lediglich für diejenigen gültig sind, die die Autorität der erlassenden Person („Mufti") anerkennen, werden hier meist nur die Scheichs islamischer Universitäten wie der Kairener Azhar tätig.

- In nahezu jedem arabischen Land gibt es in der Mittel- und Oberschicht auch westlich ausgerichtete Kreise liberaler Muslime oder Christen. Da sie inzwischen Anfeindungen ausgesetzt sind, äußern sie ihre Überzeugungen vielfach nicht mehr offen, kleiden sich in der Öffentlichkeit dezenter und bleiben stärker unter sich als früher, wenn sie nicht ohnehin auswandern oder zumindest zeitweise im westlichen Ausland leben. Dennoch bleiben diese Kreise in Ländern wie Ägypten, Tunesien oder Marokko einflussreich und sind nicht selten Gesprächs- und Geschäftspartner von Europäern und Amerikanern. Auch der Anteil der Christen unter den wirtschaftlich Erfolgreichen ist höher als in der Gesamtbevölkerung.

Trotz diverser Minderheiten stehen die Überzeugungen strenger Sunniten im Weiteren meist im Mittelpunkt der Darstellung. Das scheint aus mehreren Gründen sinnvoll:

- Die weit überwiegende Mehrzahl der Araber sind Sunniten und unter deren Religionsgelehrten („Muftis") und Predigern („Imame") überwiegt die dargestellte strenge Ausrichtung des Islam.

- Die arabischen Länder sind traditionell das religiös wie gesellschaftlich konservative Herz des islamischen Raums.

- In den letzten Jahrzehnten erfasst eine Islamisierungswelle den Nahen Osten und andere islamische Länder.

- Die dargestellten Überzeugungen sind im arabischen Raum weit verbreitet. Außerdem sind sie uns fremder als die westlich orientierter Araber. Es besteht daher beim Leser ein größeres Wissensdefizit.

1.2   Religiöse Fundierung allen Handelns

Arabische Gesellschaften sind auch heute noch in einem ungewöhnlichen Maße religiös ausgerichtet. Das gilt sowohl für die überwiegende Mehrheit sunnitischer Muslime als auch für die diversen religiösen Minderheiten. So erhebt der Islam vor allem in seiner sunnitischen Ausrichtung den Anspruch, das menschliche Leben auf allen Gebieten bis ins Detail hinein vorzuschreiben. Nach vorherrschendem islamischem Verständnis darf es im islamischen Staat keine Trennung von Religion, Staat und Wirtschaft, von Diesseits und Jenseits geben. Es gilt vielmehr das Prinzip der Einheit („*Tauhid*"), das die Einheit Gottes, im Sufismus die mystische Einheit mit Gott und eben die Übereinstimmung der Welt mit dem Willen Gottes fordert.

In den letzten Jahrzehnten ist ein immer weiteres Eindringen des Religiösen in den Alltag der islamischen Länder zu beobachten. Ohnehin gibt es im Islam keine generelle Scheidung von geistlicher und weltlicher Sphäre, wie sie für die beiden anderen monotheistischen Religionen Christentum und Judentum typisch sind. Das gilt schon rein äußerlich: Litham, Niqab und Hidschab verbreiten sich zusehends, die Halb-, Kopf- und Ganzkörperschleier der Frauen. Die Zahl der Moscheen steigt rapide; die Muezzins werden immer lauter, beschallen ganze Stadtviertel und lassen sich inzwischen nicht nur zu den vier täglichen Gebetszeiten hören. Es ist schon ein besonderes, fast bedrohliches Erlebnis, wenn man auf eine Megastadt wie Kairo herabblickt und die Rufe Tausender von Muezzins nach einander einsetzen und sich zu einem mächtigen Orgelkonzert vereinen. Auch in Radio und Einkaufszentren hört man immer häufiger Predigten und religiöse Gesänge. In die seit Langem europäisch – meist französisch oder britisch – geprägten Rechtsordnungen der arabischen Länder dringt immer stärker die Scharia ein, das kanonische Gesetz des Islam. Es hat den Anspruch, ausnahmslos alle öffentlichen und privaten Beziehungen und Bereiche zu regeln. Dieses Durchdringung der weltlichen durch die religiöse Welt bedeutet, dass sich die Repräsentanten beider Sphären auch für beide zuständig fühlen: Der Staat ernennt und kontrolliert die Imame; er überwacht die religiöse Lehre an Schulen und Universitäten. Umgekehrt dringt die Geistlichkeit auf die Festschreibung und Einhaltung des kanonischen Rechts in allen Bereichen bis hin zu Zinsverbot und Behandlung der Frau. Dabei kann es keinen Unterschied zwischen den Religionen geben. Jeder Aspekt des Lebens muss sich am Koran ausrichten; Rationalisierungsüberlegungen demgegenüber zurücktreten. So unterbrechen Geschäftsleute eine Besprechung, Kellner ihre Bedienung, Studenten ihren Seminarvortrag und verschwinden für eine halbe bis dreiviertel Stunde, wenn fünf Mal am Tag die Zeit des Gebets gekommen ist. In kaum einer Weltregion gibt es so viele religiöse Feiertage. Hinzu kommt der Fastenmonat Ramadan, in dem die Arbeit spät beginnt und früh endet. In traditionellen Gesellschaften hat all das seinen Sinn, weil es den Erwerbstätigen die notwendige Auszeit sichert. In der heutigen arabischen Welt jedoch wird in dieser Hinsicht zu viel getan, genießen viele Beschäftigten doch zusätzlich ihre 30 Tage Urlaub und mehrere weltliche Feiertage, die zudem regelmäßig auf einen Arbeitstag gelegt werden. Und so schrumpft die Arbeitszeit immer mehr.

Allah hat den Muslimen offenbart: „Ihr seid die beste Gemeinschaft, die je für die Menschen gestiftet wurde." (Sure 3, 110) Dies gibt nach vorherrschender sunnitischer Auffassung den Muslimen auf, Koran und Sunna wörtlich zu befolgen, um den Verhältnissen zu Zeiten Mohammeds (um 570–632) möglichst nahe zu kommen. Islamistischen Muslimen gilt daher das Schlagwort „Der Islam ist Staat und Religion", d.h. Glaubensgemeinschaft und Staat sind idealerweise territorial, rechtlich und kulturell deckungsgleich. Dagegen herrscht unter liberalen Muslimen die Überzeugung vor, dass die Menschen in staatlichen, Allah jedoch in religiösen Angelegenheiten bestimmen sollten. So lehren Mehmet Said Hatipoğlu, Professor an der Universität Ankara, und seine Schule, dass Allah und sein Wesen beschreibende Koranaussagen zeitlos, die Scharia betreffende jedoch zeitbedingt und gegenüber neuen Interpretationen offen seien. (Nagel 2005b) Nach traditioneller Auffassung ist es die zentrale Aufgabe des islamischen Staates, für die Anwendung der Scharia zu sorgen. Daneben muss der Staat die Staatskasse verwalten, die von der Kopfsteuer und der Grundsteuer („Kharadj") von den ungläubigen Schriftbesitzern sowie aus der Almosensteuer der Gläubigen gespeist wird. Im Koran nicht genannte Steuern sehen konservative Muslime als unrechtmäßig an. Innerhalb der vom Koran gezogenen Grenzen soll die Wirtschaft frei agieren können.

Abb. 1.3 Blick auf die islamische Altstadt Kairos

Dennoch behindern im arabischen Raum vielfältige Regeln Effizienz und Rationalität. Sie sind vor Allem altorientalischen und tribalen Ursprungs. Kurzfristigkeit, Nepotismus und Gesichtswahrung, aber auch Despotismus, Demokratiedefizite, Spitzeltum, unsystematisches Recht und mangelnde Rechtsstaatlichkeit stellen Hindernisse auf dem Weg zu modernen Volkswirtschaften dar. Zwar mag auch die Dichte islamischer Regelwerke die Wirtschaft behindern – zumindest weil sie die Aufmerksamkeit der Menschen ganz auf religiöse Dinge lenkt. Auch beschneiden die täglichen Gebete, häufige Feiertage und der Ramadan die Arbeitszeit, die meisten anderen Kernaussagen des Koran sind nach Einschätzung vieler Ökonomen jedoch keineswegs wirtschaftsfeindlich. Zumindest war das keinesfalls intendiert – schließlich war Mohammed selbst Kaufmann.

Das gilt selbst für das Zinsverbot, das immer wieder als Beleg für eine angebliche Wirtschaftsfeindlichkeit des Islam herangezogen wird. Dabei macht es gesamtwirtschaftlich keinen gravierenden Unterschied, ob Geld gegen festen Zins oder gegen Gewinnbeteiligung vergeben wird. Seit den 1970er Jahren ist nach und nach ein *Islamic Banking* entstanden. Heute arbeiten rund 250 Banken in 75 Ländern Scharia-konform. In den meisten arabischen Ländern existieren westliche neben islamischen Banken. Lediglich im Sudan gibt es keine westlichen Banken. Allerdings legen Geschäftspartner in der Golfregion gerade bei bedeutenderen Geschäften Wert auf eine islamische Finanzierung. Geschäfte mit Glücksspiel, Schweinefleisch, Alkohol, Drogen, Tabak und Pornografie sind prinzipiell verboten.

Eine Form der kurz- und mittelfristigen Finanzierung heißt Murabaha. Dabei kauft die islamische Bank Waren für ein Unternehmen und verkauft sie mit Gewinn an dieses weiter. Das Unternehmen muss erst nach ein bis zwei Jahren bezahlen. Von einem normalen Handelsgeschäft unterscheidet sich Murabaha dadurch, dass eine Haftung des Verkäufers selbst bei Mängeln der Ware oder Transportmängeln ausgeschlossen ist. Das Geschäft ist in den Golfstaaten weit verbreitet. Beim erstmaligen Geschäft mit erlaubten Produkten prüft der religiöse Beirat einer jeden islamischen Bank („Sharia Board") die Scharia-Konformität. Eine andere Möglichkeit, die Zinsstellung im Bankgeschäft zu umgehen, stellt Muscharaka dar. Dabei gehen Bank und Kunde eine Geschäftspartnerschaft ein, indem sie ein Projekt gemeinsam finanzieren und sich den Gewinn teilen. Eine Bank kann auch das vom Kunden gewünschte Wirtschaftsgut kaufen und an diesen vermieten oder verleasen. Dieses Idschara genannte Geschäft wird bei Projektfinanzierungen und dafür verausgabten Anleihen immer beliebter. Letztere werden nicht durch Zinszahlungen, sondern durch feste Mietanteile bedient.

Traditionell erfolgen Überweisungen im islamischen Raum durch Geldtransfers zwischen spezialisierten Händlern. Dieses Hawala genannte System ist seit dem 14. Jahrhundert entstanden. Es beruht auf dem Vertrauen gegenüber und zwischen den betreffenden Geschäftsleuten. Die Hawaldar sind Koran und Scharia verpflichtet. Ihnen drohen bei Verstößen strenge Strafen und sozialer Abstieg. Da keinerlei Belege ausgestellt werden, wurde dieses System auch von Terroristen benutzt und daher selbst in streng religiösen muslimischen Staaten nach 2001 offiziell verboten.

Alle arabischen Staaten (außer Saudi Arabien) machten im Laufe des 19. und 20. Jahrhunderts einen Prozess der *Emanzipation des Staates* von der Religion durch. Am wichtigsten war die Entwicklung im Osmanischen Reich, das um 1800 zumindest nominell (nahezu) den gesamten arabischen Raum beherrschte: In der Reformurkunde von 1839 wurde allen Bewohnern des Reiches unabhängig von ihrer Religion das volle Bürgerrecht garantiert. Ab 1856 durften auch Nichtmuslime alle zivilen und militärischen Ämter bekleiden. In derselben Zeit ersetzten moderne, europäisch inspirierte Gesetze nach und nach die Scharia. Der türkische Nationalstaat unter Mustafa Kemal Atatürk, die Kolonialregimes der Zwischen- und die Nationalstaaten der Nachkriegszeit setzten den Weg in Richtung auf einen säkularen, manchmal gar laizistischen Staat fort. Diese Entwicklung wird zwar seit einigen Jahrzehnten teilweise zurückgedreht, kann aber wohl kaum vollständig rückgängig gemacht werden. (Halm 2005, S. 57f.)

1.3   Religiöse Bindung der Vernunft

Papst Benedikt XVI. hat das Verhältnis von Christentum und Islam zur Vernunft (wenn auch in ungeschickter Weise) in den Mittelpunkt seiner in der islamischen Welt heftig kritisierten Regensburger Rede gestellt: „Den ersten Vers der Genesis abwandelnd, hat Johannes den Prolog seines Evangeliums mit dem Wort eröffnet: Im Anfang war der Logos. ... Gott handelt mit Logos. Logos ist Vernunft und Wort zugleich – eine Vernunft, die schöpferisch ist und sich mitteilen kann, aber eben als Vernunft." (Benedikt XVI. 2006) In dieser Tradition haben im Christentum immer schon rationale Überlegungen über das Wesen Gottes, den Weg zu ihm oder das Ende aller Zeiten Konjunktur gehabt. Während die christlichen Kirchen (nicht die Sekten) daher heute keinen Widerspruch zwischen Vernunft, Wissenschaften und Religion erkennen können, nahmen Muslime zwar in der Vergangenheit eine große Bandbreite an Positionen zur Rolle der Vernunft im Islam ein, heute jedoch dominiert die Ansicht, Allah stehe über jeder Vernunft. (Nagel 2005)

In den ersten Jahrhunderten befasste sich die islamische *Theologie*, Mutakallimūn genannt, mit der Stellung Allahs zur Vernunft sowie auf die Rolle der Vernunft beim Zugang des Menschen zum Koran. Die Mu'tazila als die früheste Gruppe der Mutakallimūn verließen sich in religiösen Fragen sogar ausschließlich auf die Vernunft, weil sich Religion und Offenbarung einerseits und Vernunft andererseits in Harmonie befänden. Rationale und autoritätsgestützte Argumente dienten daher der Verteidigung religiöser Lehren, wobei letztere ersteren nicht widersprechen dürften. Insbesondere war die frühe rationale Theologenschule der Mu'tazila der Überzeugung, dass Allah im Gegensatz zum Menschen nur gut und gerecht handeln könne (Akasoy

2007, S. 13f.). Sie widersprachen daher auch den Bestrebungen des abbasi-
dischen Kalifen al-Ma'hmūn (819–33) nicht, den Koran als vom Menschen
geschaffen und der Interpretation bedürftig zu betrachten. Der Kalif wollte
damit die Hoheit der Auslegung des Korans den Korangelehrten entreißen
und in seinem Umfeld konzentrieren (Akasoy APuZ 26/27–07, S. 14). Die
Mu'tazila gelten heute als beispielhafte Vertreter rationaler Traditionen im
Islam. Ihre Blütezeit dauerte vom Ende des 9. bis zur Mitte des
11. Jahrhunderts (Nagel 1988). Es ist kein Zufall, dass sie in dieser Zeit insbesondere in der Oberschicht starken Einfluss hatte und die islamischen
Wissenschaften aufblühten. Die Mu'tazila betonten die Selbstverantwort-
lichkeit der Gläubigen, forderten einen automatischen Zusammenhang zwischen Werken und Seeligkeit („Werkgerechtigkeit") und betrieben eine
kritisch-historische Koran-Exegese. Bereits im Laufe des 12. und 13. Jahrhunderts verschwand die Glaubensrichtung endgültig.

Abb. 1.4   Al-Azhar-Universität, Kairo, 975 gegr., älteste Universität der Welt und wichtigste
religiöse Instanz der Sunniten

Dagegen stellt die bereits damals dominierende Theologenschule der *Aschariten* die Allmacht Allahs in den Mittelpunkt. Allah steht über der Vernunft. Er ist weder an sie gebunden noch ist sein eigentliches Wesen mit dem menschlichen Verstand zu erfassen. Allahs Handeln ist von sich aus gut, ganz egal wie es ausfällt. Es darf daher nicht hinterfragt werden. Wie im Protestantismus gibt es keine Werkgerechtigkeit; immer hat Gott die Freiheit zu tun oder zu lassen. Die Ablehnung der Werkgerechtigkeit hat allerdings die Lutheraner nicht in ihrem Streben nach Fortschritt behindert. Sie konnten ja die Heilige Schrift im Lichte geänderter Überzeugungen immer wieder neu interpretieren. Das war und ist den orthodoxen Sunniten nicht möglich; für sie steht über allem die Ewigkeit der Koran-Interpretation als des überzeitlichen Wortes Gottes. Da Allah völlig frei ist in seinen Handlungen, kann es auch weder Naturgesetze noch Kausalitäten geben. Dieser sog. Okkasionismus besagt, dass jeder Einzelfall von Allah gelenkt wird. Was Naturwissenschaftler beobachten, sind daher nur die Gewohnheiten Allahs. Diese Überlegungen sind zwar keine absolute Barriere, die Ereignisse dieser Welt vernünftig zu deuten, stellen sie doch nur den Vorbehalt dar, dass Allah jederzeit eingreifen kann, sie sind aber dennoch hinderlich, berauben sie den Forscher doch einer wichtigen Motivation zur „Erklärung" der Welt. Hinzu kommt, dass Allah alles bestimmt – auch die Handlungen der Menschen. Autonomes Handeln der Menschen kann es daher nicht geben. (Akasoy 2007, S. 14f.)

Hier ist der Gegensatz zum Christentum besonders eklatant. Es war gerade die christliche, scholastische Theologie, die Logik im Laufe des Hoch- und Spätmittelalters den Weg bahnte und damit moderne Naturwissenschaften erst möglich machte. Dabei spielten Spekulationen über den Weltuntergang und die Bemessung der Zeit im Fegefeuer eine besondere Rolle (Fried 2001; Le Goff 1990). Zwar betont der Koran ebenfalls an mehreren Stellen, dass er mit Verstand zu interpretieren sei, dieser stößt jedoch an Grenzen bei der Erfassung der göttlichen Wahrheit. Hier muss er sich auf Offenbarung und Überlieferung stützen (Akasoy 2007, S. 11). Der Koran macht denn auch deutlich, dass der eigenmächtige Gebrauch des Verstandes direkt zum Ungehorsam gegen Allah führt (etwa Sure 15, 28–35). Aus diesem Grund lehnen strenge Sunniten wie die Wahabiten jegliche Spekulation über Gott und damit auch jegliche Theologie ab, und aus demselben Grund spielt die Theologie im Islam eine weit geringere Rolle als im Christentum. Da rund ein Drittel der Suren des Koran rechtlich relevante Vorschriften und Aussagen enthält, befassen sich Islamgelehrte weit überwiegend mit kanonischem Recht.

Gerade die konservative *Rechtsschule* der Hanbaliten war und ist der Verwendung der Vernunft bei der Interpretation der Religion abgeneigt. Sie ist dagegen stark auf eine wörtliche Auslegung von Koran und Sunna ausgerichtet. Im Gegensatz zu ihr betont die liberale Rechtsschule der Hanafiten das individuelle Bemühen bei der Findung religiösen Rechts. Die beiden anderen sunnitischen Rechtsschulen der Schafiiten und Malikiten beziehen in dieser Hinsicht mittlere Positionen. (Akasoy 2007, S. 12f.) Insgesamt weist die überwältigende Mehrheit islamischer Gelehrter dem Verstand nur eine eingeschränkte Rolle zu. Im Spannungsfeld zwischen Willensfreiheit des Menschen und göttlicher Allmacht setzte sich spätestens im 11. Jahrhundert die heutige sunnitische Mehrheitsüberzeugung durch, dass die Rolle des Verstandes allein darin liege, die Offenbarungen Allahs in Koran und Sunna zu interpretieren und zu befolgen, weil die in ihnen zum Ausdruck kommende göttliche Rationalität der menschlichen einerseits überlegen und andererseits nicht zugänglich sei. Bereits Mitte des 8. bis Mitte des 9. Jahrhunderts entstanden deshalb Sammlungen der verbürgten Prophetentraditionen („Hadithe") mit Tausenden seiner Aussagen, Handlungen und Unterlassungen. Sie wurden in der Folge die überragende Quelle islamischen Rechts wie des Bewusstseins der Gläubigen. (Leipold 2006, S. 192–96)

Die *Vernunftbegriffe* von Aufklärung, heutigem Islam und Christentum sind jeweils unterschiedlich. Während die Ratio der Aufklärer ausschließlich auf logischen Schlussfolgerungen basiert, sucht die christliche Ratio die christliche Botschaft und die als vordergründig empfundene Logik argumentativ mit einander zu versöhnen. Gott folgt also nach dem traditionellen christlichen Bild einer „göttlichen Vernunft". Demgegenüber ist er nach islamischer Überzeugung völlig ungebunden an eine wie auch immer beschaffene Vernunft. Da sie Ebenbilder Gottes sind, können Christen die Größe Gottes und seiner Schöpfung auch durch ihre eigene menschliche Vernunft begreifen, ja der Frankfurter Historiker Johannes Fried führt die Entstehung der modernen Naturwissenschaften in seinem Essay „Aufstieg aus dem Untergang" sogar explizit auf die rationalen Bemühungen der hochmittelalterlichen Scholastik zurück, den Zeitpunkt der Apokalypse zu berechnen (Fried 2001). Ein Muslim jedoch kann Gott nicht rational fassen. Er muss zunächst den Koran befragen, ob seine Vernunft dem Willen Gottes nicht widerspricht. Daher sind in den muslimischen Ländern ganze Heerscharen von Wissenschaftlern da-

mit beschäftigt nachzuweisen, dass bestimmte Erkenntnisse wie etwa die
Relativitätstheorie bereits im Koran angelegt sind.

Auch der *Auftrag an die Menschen* ist im Islam ein ganz anderer als im
Christentum: Ein Christ soll sein Gewissen befragen und daraus sein Tun
ableiten, ein heutiger sunnitischer Muslim die richtige innere Haltung entwickeln, um Allahs Gesetze zu erfüllen (und andere dazu anzuhalten). Dabei ist
genau festgelegt, inwieweit bestimmte äußere Umstände zu Abweichungen
führen dürfen. Von Christen wird ein Gewissen als internalisierte Kontrollinstanz verlangt, für Muslime wacht ihre Gemeinschaft über die Einhaltung
der bestehenden Normen. Schande droht der Familie erst dann, wenn Fehlverhalten in dieser Gemeinschaft öffentlich wird. Dem tragen arabische
Sprichwörter Rechnung wie „Wo du nicht bekannt bist, tue was du willst".
Westliche Manager sollten daher nicht überrascht sein, wenn ihre arabischen
Geschäftspartner in Europa und gegenüber westlichen Frauen eine ganz ande-
re „Moral" an den Tag legen als in ihrer eigenen Gemeinschaft. Da nicht das
Gewissen die Kontrollinstanz ist und die Familienehre äußerlich definiert
wird, können Reue oder Buße keine Vergebung erwirken; das kann nur durch
Verstoßung oder Tod geschehen. Dabei stellt die Familie den Regelverstoß
fest und bestimmt Strafe und Ausführende. Ehrverstöße dieser Art können
Homosexualität, unkeusches Verhalten einer Frau oder eines Mädchens,
Flucht aus einer Zwangsehe, Ehebruch der Frau, Ketzerei oder Abfall vom
Islam, materiell familienschädigendes Verhalten u.a.m. sein. Auch Vergewal-
tigungsopfer gelten im Regelfall als entehrt und werden vielfach getötet.

1.4   Die Zeit

Bewohner westlicher Industriestaaten haben durchweg ein lineares *Zeitver-*
ständnis, das von einem stetigen „Fortschritt" der Zeit ausgeht. Antike, Kel-
ten und Germanen war dagegen noch die Vorstellung der Zeit als einer ewi-
gen Wiederkehr gemeinsam, des zyklischen Aufstiegs und Niedergangs der
Völker und Herrscher wie der Familien und Individuen („Rad der Zeit").
Besonders einprägsam ist das Bild vom „Rad des Lebens", wie es auch den
buddhistischen und hinduistischen Kulturräumen geläufig ist: Von der Geburt an wächst der Mensch über Kindheit, Jugend und jungem Erwachsenen-
leben an Wissen, Verstand und Können bis in mittlere Jahre, um danach in
mehreren Schritten als Sterbende(r) wieder den hilflosen Stand eines Säug-

lings zu erreichen. Dieses zyklische Verständnis von Zeit und Geschichte wurde im Hochmittelalter in Europa vom linearen Zeitverständnis des Christentums abgelöst, in dem bis zum Ende aller Zeiten Vervollkommnung und Fortschritt angestrebt wird. Dieses Zeit- und Geschichtsverständnis prägt auch heute noch die westlichen Gesellschaften. Dagegen hat der Islam das traditionelle Bild von ständigem Aufstieg und Niedergang beibehalten. Das gilt sowohl für den einzelnen Menschen, der jederzeit fürchten muss, von den unberechenbaren Mächtigen beeinträchtigt zu werden, als auch für arabischen Dynastien, die nach dem wirkungsmächtigen tunesischen Rechtsgelehrten und Historiker Ibn Khaldun (1332–1406) aus der Wüste stammen, städtisch geprägte Reiche erobern, sich von deren Luxus korrumpieren lassen und danach von Wüstenvölkern überrannt werden.

Der arabischen Welt fehlt vielfach jene Neugier, die so typisch ist für die westliche. Dies mag auch am Zeitbegriff liegen. Während im Christentum das Ziel aller Geschichte in der Zukunft liegt („Reich Gottes"), sieht der Islam die ideale Gesellschaft bereits unter Mohammed und den auf ihn folgenden „vier rechtgeleiteten Kalifen" („Raschidun", 622–661) verwirklicht. Sie wiederherzustellen und damit die Gnade Gottes und den damaligen Erfolg erneut zu erringen, muss oberstes Ziel jedes Muslim sein, der der vorherrschenden Strömung der „Salafijja" angehört. So gesehen stellt das ständige Auf und Ab der Menschen und Staaten nur die (zunächst) vergebliche Suche nach dem idealen Anfangszustand der islamischen Gesellschaft dar. Insofern ist der Blick des Islam rückwärts gewandt. Verbreitet ist das Sinnbild des Rades für die Zeit als Sinnbild für die ewige Wiederkehr. Große Teile der arabischen Gesellschaften blicken zurück statt nach vorne; sie suchen Rezepte zur Lösung gegenwärtiger Probleme in der Vergangenheit statt rational-wägend vorzugehen. Der israelische Wissenschaftler Dan Diner hat das Ergebnis dieser Festlegung die „Versiegelte Zeit" genannt, so der Titel seines letzten Buches.

Dieser Blick zurück wird dort verstärkt, wo arabische Länder auf eine lange ruhmreiche Geschichte zurückblicken. Dies ist besonders dort der Fall, wo antike Hochkulturen bestanden wie im Irak, im Jemen oder in Syrien. Mit besonderem Stolz gedenkt man dieser Zeit in Ägypten, „der Wiege der Zivilisation", wie es am Nil heißt. Der Blick auf eine fünftausendjährige Geschichte fördert das Denken in sehr langen Zyklen, relativiert manche aktuelle Langsamkeit und wird deshalb westlichen Besuchern gerne entgegen gehalten. Demgegenüber bewegt sich die christliche Gesellschaft linear auf das jüngste Gericht zu. Sie vermeidet damit den ständigen Blick zurück. Es ist daher wohl auch kein Wunder, dass die abendländische Gesellschaft in dem Moment zu einem großen Sprung nach vorne ansetzte, als sie im Hochmittelalter vom traditionellen Zeitbegriff des Rades auf ein teleologisches überging. Etwa gleichzeitig entwickelten europäische Schmiede die Möglichkeit, mit Hilfe von Räderuhren die Zeit relativ exakt und unabhängig vom Sonnenstand zu messen. Die islamische Geistlichkeit wehrte sich bis ins 19. Jahrhundert hinein gegen die Einführung dieser von Gott und seiner Natur unabhängigen Methode der Zeitmessung.

Abb. 1.5 Innenhof der Muhammad-Ali-Moschee auf der Kairoer Zitadelle. Der Uhrturm wurde dem Vizekönig vom französischen König Louis Philippe (reg. 1830–48) geschenkt

Auch hinsichtlich der Frage, ob der Mensch über Zeit und Leben selbst verfügen kann, ob und wie also *Gott* in das Leben der Menschen *eingreift*, unterscheiden sich modernes Christentum und Islam. Nach überwiegender christlicher Überzeugung ist die Vernunft an sich göttlich und Gott selbst an die Vernunft gebunden. Er greift deshalb keineswegs willkürlich in das irdische Geschehen ein, sondern hält sich an sein eigenes Regelwerk. So konnte der tiefgläubige schwedische Biologe Carl von Linné (1707–78) den Versuch wagen, neben seine biologische Taxonomie eine Systematik der Eingriffe Gottes zu stellen mit dem Ziel, ein höheres System der Vernunft zu erschließen (Linné 1981). Was im Christentum heute skurril erscheint, wäre im Islam Blasphemie, ist doch Allah weder an die Vernunft noch ein anderes System gebunden und seine Handlungen können daher auch nicht systematisiert oder gar berechnet werden. Während die tätige Anteilnahme Gottes im Bewusstsein der europäischen Christen mit der Aufklärung profanen, berechenbaren Kausalitäten wich, kann Allah jederzeit eingreifen. Auf naturwissenschaftliche Zusammenhänge kann sich ein orthodoxer Sunnit deshalb keineswegs verlassen. Das gilt auch für die Zeit, die für moderne Christen gleichmäßig und unaufhaltsam fließt, während sie im Bewusstsein der Muslime allein Allah gehört, der sie aufhält, staucht und dehnt, wie er will.

Die Frage ist, ob göttlicher Einfluss und Schicksal eines Menschen von Anfang an festgelegt sind. Populäre arabische Sprichwörter wie „Die Welt ist im Fluss: ein Tag Honig und den nächsten Tag Zwiebeln", „Jede Sonne muss untergehen", „Sieben Geschäfte und kein Gewinn" oder „Alles ist Schicksal und Zufall" erinnern daran, dass Erfolg flüchtig ist und wesentlich von Unbeeinflussbarem abhängt. Max Weber hat in diesem Zusammenhang die heute noch populäre These formuliert, der Islam fördere wegen seines Glaubens an die göttliche *Vorherbestimmung* des Lebens jedes Individuums (türk. „Kismet" von arab. „Kisma") den Fatalismus der Muslime und behindere so die wirtschaftliche Entwicklung (Weber 1980, S. 347). Zwar haben auch die von Weber hoch gelobten Calvinisten eine Prädestinationslehre und Allah verlangt auch von den Muslimen verantwortungsvolles Handeln, seine Souveränität setzt deren Trachten jedoch Grenzen. Daher wird zu große Zuversicht westlicher Ausländer hinsichtlich zukünftiger Erfolge im arabischen Raum als Blasphemie angesehen und gerade in den arabischen Unterschichten findet sich regelrechter Fatalismus.

Das bislang aufgezeigte Verständnis von Zeit entspricht weitgehend dem des Mainstreams der islamischen Lehre; das der arabischen Individuen ist jedoch vielschichtiger. Einerseits sind traditionelle Zeitbegriffe bei den vielfach sehr religiösen Arabern keineswegs irrelevant. Andererseits bescheinigen soziologische Untersuchungen Bahrainern und Ägyptern ähnliche *Zeithorizonte* wie Deutschen und Schweizern (4,73 und 4,83 gegenüber 4,69 und 4,88 Jahre) (Trompenaars/ Hampden-Turner 1997 p. 128). Dennoch agieren Araber wie die Bewohner vieler Entwicklungs- und Schwellenländern wirtschaftlich meist kurzfristiger als Europäer, weil dies ökonomisch sinnvoller ist. Wenn die Bürokratie jederzeit eingreifen kann, dann sollte man nicht zu langfristig investieren, sondern den Erfolg schnell ernten. Das legt auch eine (zumindest in der Vergangenheit) relativ hohe, zudem stark schwankende Inflation nahe. Unsicherheit und Teuerung bewirken hohe Zinssätze. Diese Zinssätze müssen heute getätigte Investitionen in Zukunft erbringen, wenn sie ökonomisch sinnvoll sein sollen. Umgekehrt sind zukünftige Zahlungsströme heute um diesen jährlichen Zins geringer. Wenn solche Zahlungsströme jedoch hoch abgezinst werden müssen, sind selbst in fünf Jahren erwartete Gewinne irrelevant. Die private Wirtschaft wird kurzatmig, auf den schnellen Gewinn ausgerichtet:

- Auf längere Sicht investiert man nur, wenn man sich der Gunst seiner Förderer auf Dauer sicher sein. Das aber wird oft nur dann der Fall sein, wenn es sich um Familienmitglieder handelt.

- Angesichts der Kurzatmigkeit der arabischen Wirtschaft machen so lästige Dinge wie Wartung und Qualitätsbewusstsein keinen Sinn.

- Es ist vielfach ratsamer, Kunden heute zu übervorteilen, als sie als Stammkunden für morgen oder übermorgen zu gewinnen.

- Wenn Fortkommen an der Zugehörigkeit zu einer Familie hängt, dann ist es für die meisten jungen Leute nutzlos, sich anzustrengen.

Der Staat hat natürlich längere Planungszyklen. Er plant Infrastrukturmaßnahmen auf Sicht von Jahrzehnten und hat auf langfristige Entwicklungen wie die der Demographie und der Erschöpfung der Ölreserven zu reagieren. Voraussetzung ist allerdings, dass dem nicht kurzfristige persönliche Interessen der Mächtigen widersprechen, sie also mit anderen Worten nicht befürchten müssen, schon bald ihre Position einzubüßen. Daher entkräftet der derzeitige staatsinduzierte Boom der Golfstaaten nicht das Gesagte. Hier engagieren sich wie selbstverständlich auch reiche Einheimische, weil der Staat Sicherheit und längerfristige Perspektiven erlaubt. Es bleibt abzuwarten, inwieweit diese Entwicklung geeignet ist, in den Golfstaaten und darüber hinaus einen Mentalitätswechsel herbeizuführen. Er wird wesentlich davon abhängen, dass auch die Institutionen wie Verwaltung und Justiz Verlässlichkeit ausstrahlen. Die persönliche Arbeitsplanung der meisten Araber ist ebenfalls kurzfristig. Sie erledigen (wie im Übrigen auch der meisten US-Amerikaner) anstehende Aufgaben vielfach erst im allerletzten Augenblick. Auf längere Sicht hin angekündigte Termine müssen im Vorfeld wiederholt bestätigt werden, weil ja immer die (große) Gefahr besteht, dass sich Anforderungen der Vorgesetzten ändern. Diese Änderungen haben den für Mitteleuropäer störenden Effekt, dass sich Routine auf Grund ständig neuer Adhoc-Anforderungen nur sehr schwer einstellen kann.

Westliche Besucher müssen insgesamt mit einer gewissen Vielschichtigkeit im Umgang mit der Zeit rechnen bis hin zur Gleichzeitigkeit an sich gegensätzlicher Zeitvorstellungen bei ein und derselben Person. Dies wird dadurch gefördert, dass die arabischen Gesellschaften bis heute kein einheitliches abstraktes *Zeitempfinden* entwickelt haben. Das hat seinen Grund darin, dass abstrakte, unverrückbare Zeitmaße auf allen wichtigen Zeitebenen neben beweglichen, manchmal nur vage bestimmten stehen. Das gilt zum einen für den Tagesablauf, in dem die fünf vorgeschriebenen rituellen Gebete („Salat") den Tag untergliedern. Sie sind nach dem jeweiligen Sonnenstand bestimmt: Morgendämmerung, Mittag, Nachmittag, Abenddämmerung und Zeit nach Einbruch der Nacht. Diese „Temporalzeit" unterscheidet sich also fast immer von der mechanisch bestimmten „Äquinoktialzeit" mit gleichmäßig je 12 Stunden von Mittag bis Mitternacht. Einerseits gliedern die täglichen Gebete auch heute noch den Tag der arabischen Muslime. Andererseits trägt (fast) jede(r) eine Armbanduhr und richtet sich bei geschäftlichen und privaten Terminen nach der abstrakten, mechanisch ermittelten Zeit.

Dasselbe Nebeneinander besteht auch beim Kalender. Der muslimische Kalender, der mit seinen Festen das Leben aller Araber wesentlich bestimmt, ist ein reiner Mondkalender. Daher wandert der Fastenmonat Ramadan in jedem Sonnenjahr um 10–12 Tage nach vorne. Das Zeitempfinden der Muslime wird noch etwas relativiert, indem das exakte Datum wichtiger Feiertage offiziell nicht physikalisch errechnet, sondern am Vorabend durch den Augenschein islamischer Gelehrter bestimmt wird. Dabei treten Gelehrte der Kairener Al-Azhar-Universität mit saudischen Gelehrten in Konkurrenz. Umgekehrt verwenden die Bauern und Seeleute seit jeher alte Sonnenkalender (wie den ägyptischen), weil sie ja wiederkehrende Ereignisse wie Jahreszeiten, periodische Winde und Überschwemmungen vorhersagen möchten. Nach ihnen bestimmten sich auch die Steuererträge, so dass es bereits frühzeitig Bemühungen muslimischer Staaten gab, Mond- und Sonnenkalender zu koordinieren. Das Osmanische Reich hat aus diesem Grund bereits Ende des 17. Jahrhunderts einen solaren Fiskalkalender eingeführt und 1789 für verbindlich erklärt. Heute gilt in fast allen arabischen Ländern offiziell der Gregorianische Kalender. Nach ihm bestimmen sich Wochenablauf und staatliche Feiertage. Die zum Teil bedeutenden christlichen Minderheiten mancher arabischer Länder folgen vielfach noch dem alten Julianischen Kalender, der dem westlichen Gregorianischen bei ansonsten fast gleicher Berechnungsmethode lediglich um 13 Tage vorauseilt.

Aus dem Nebeneinander von weltlicher und sakraler, Sonnen- und Mondzeit resultiert eine mangelnde Trennung der Tätigkeiten und Sphären. Wochenende, Urlaub und Feiertage sind nicht generell arbeitsfrei. Selbst am Freitag wird nachmittags vielfach gearbeitet. Arbeit und Freizeit sind seltsam verwoben. Die offiziellen täglichen Arbeitszeiten sind vielfach überlang, oft 10–14 Stunden. Mit ihnen kollidieren Organisations- und Schlafbedürfnisse. Da man sich abends und nachts mit Verwandten und Freunden trifft, ist ein Nickerchen am Arbeitsplatz durchaus akzeptiert. Man instruiert die Sekretärin, sperrt sein Büro zu oder zieht sich in einen Abstellraum zurück – je nach Status. Zeitraubende Behördengänge, Freundes- und Arztbesuche führen darüber hinaus zu häufiger Abwesenheit vom Arbeitsplatz. Ist man anwesend, so pflegt man Kommunikation. Niemand entscheidet (positiv) auf Grund der Aktenlage; überall benötigt und sucht man den persönlichen Kontakt. Erst ein Lächeln, einige höfliche Sätze öffnen Türen, verbunden vielleicht mit einem unauffällig überreichten Schein. Dementsprechend langsam ist der Arbeitsrhythmus. Das gilt natürlich besonders im Ramadan, in dem Muslime ja große Teile der Nacht wach sind. Im Ergebnis tendieren Araber je nach individueller Mentalität mehr oder weniger zu polychronem Verhalten; im Gegensatz zu den eher monochronen westlichen Kulturen werden Dinge nicht nach einander, sondern tendenziell gleichzeitig getan.

Dieses Ineinanderfließen von Zeit macht sich auch in traditionellen arabischen *Zeitattitüden* bemerkbar:

- Da ist zum einen die sprichwörtliche arabische Unpünktlichkeit. Es kann eben sehr gut sein, dass auf dem Weg in die Sitzung noch ein freundschaftliches Gespräch notwendig ist – und weil das bei Allen so ist, werden Besprechungs- oder Besuchstermine vielfach nicht exakt eingehalten. Das gilt besonders bei Einladungen, für die wieder ganz eigene Regeln gelten. Pünktlich ist man eigentlich nur bei Besprechungen mit deutlich Ranghöheren. Mit zunehmender Verwestlichung und Beschleunigung des Lebens werden kurz vorher vereinbarte Termine allerdings heute allgemein mehr oder weniger pünktlich wahrgenommen. Dies gilt insbesondere im Geschäftsleben und dort in modernen Branchen oder Unternehmen.

- Weit im Voraus vereinbarte Termine bedürfen der Bestätigung. Ansonsten gehen arabische Beteiligte davon aus, dass sich der Termin erledigt hat – eine angesichts der Kurzfristigkeit wirtschaftlichen Agierens in der arabischen Welt durchaus sinnvolle Annahme. Sie gilt für die Bestellung eines Kleinbusses ebenso wie für das Ansetzen eines Arbeitsgesprächs.

1.5   Die Sprache

In den letzten Jahrzehnten ist auch in denjenigen Ländern eine Renaissance der arabischen Sprache zu beobachten, die Französisch oder Englisch als offizielle oder gar als Verkehrssprachen verwenden. So ist das Französische in Ägypten und Syrien inzwischen vollständig zurückgedrängt und selbst in den Maghrebstaaten wird in den Schulen heute auf Arabisch unterrichtet. Wie die Zeit gehören Allah auch Sprache und Buch, also die arabische *Hochsprache* und der in ihr geschriebene Koran. Dieser ist nach islamischem Glauben eine Kopie Allahs „Buchs aller Bücher" (Sure 3, 7; 43, 4). Er wurde dem Propheten von Gott im Jahr 610 in der „Nacht der Bestimmung" (Sure 97) ins Herz geschrieben und von diesem in den folgenden 22 Jahren nach und nach erzählt. Aus diesem Entstehungsmythos rühren Besonderheiten des traditionellen arabischen Umgangs mit Sprache und Schrift her:

- die sakrale Versiegelung des Hocharabischen (Diner2006, S. 108f.) sowie

- umfangreiche Regeln und Tabus im Zusammenhang mit Schrift und Buch.

Das Hocharabische ist nach weit verbreiteter arabischer Überzeugung allen anderen Sprachen überlegen:

- Es ist die Sprache Gottes im Heiligen Koran.

- Es hat eine Grammatik von einzigartiger Komplexität und ist daher sehr schwer zu erlernen.

- Seine Struktur führt zu Rhythmus und Reim, so dass seine Rezitation überaus angenehm für das Ohr ist.

- Es hat ein ungewöhnlich reiches Vokabular und kann durch seine spezielle Grammatik auch neue Dinge leicht ausdrücken, so dass es angeblich keine Fremdwörter aufnehmen muss und vollkommen bleibt.

Klassisches Arabisch wird daher geliebt und hoch geachtet. Es wird aber auch gehasst, weil sein Erlernen in der Schule von viel Drill und Misserfolgen begleitet war. Umgekehrt wird die Volkssprache verachtet. Sie wird nicht wirklich als „Arabisch" angesehen und die Lehrer machen sich über die Schüler lustig, wenn sie sie verwenden. Als Sprache Allahs darf das Hocharabische nicht verändert werden, weil dies eine Abweichung vom Idealzustand wäre. In ihr sollten idealerweise nur religiöse Dinge ausgedrückt werden. Heute dient die Hochsprache fast ausschließlich dem schriftlichen Ausdruck in Büchern und Artikeln sowie den Reden von Staatsmännern und Nachrichtensendungen. Allenfalls bedienen sich Zeitungen und Nachrichten einer Mischung zwischen Hoch- und Volkssprache, einem formalen gesprochenen Arabisch der Gebildeten. Die Hürden für neue Ausdrücke und Phänomene sind hoch, in die Hochsprache aufgenommen zu werden. Das liegt zum einen daran, dass diese dem täglichen Gebrauch weitgehend entzogen ist. Auf Grund ihres komplexen Regelwerks wird sie auch von Arabern wie eine Fremdsprache erlernt und später meist mehr schlecht als recht beherrscht. Zum anderen gibt es nach wie vor Widerstände, profane Inhalte in die Hochsprache aufzunehmen, so dass Fachausdrücke vielfach fehlen. (Die oben angeführte Reichhaltigkeit des Hocharabischen hilft also offenbar doch nicht weiter.) Der Erzengel Gabriel hat die einzelnen Suren des Koran nach der Überlieferung Wort für Wort vom Herzen Mohammeds auf dessen Zunge gebracht. Der Koran ist daher nicht, wie die Bibel, die Nacherzählung einer Offenbarung Gottes mit menschlichen Worten. Während das Hocharabische als Sprache Allahs nicht verändert werden darf, war dies beim Lateinischen, Griechischen, Aramäischen und Koptischen möglich. Sie dienten stets auch profanen Zwecken und entwickelten sich weiter, weil das Christentum die Trennung von Weltlichem und Göttlichem vorsah. (Hebräisch und Sanskrit waren zwar ebenfalls sakrale Sprachen; neben ihnen standen aber profane Schriftsprachen zur Verfügung – etwa das Jiddische bzw. Hindi und Urdu.) Zwar hat sich im Laufe der Zeit ein weniger poetisches und konnotativ aufgeladenes Standardhocharabisch gebildet als faktische Einheitssprache der arabischen Welt, auch dieses ist jedoch weit von den Volkssprachen entfernt, wird nur von Wenigen beherrscht und für Schriftliches und bedeutendes Mündliches verwendet.

Abb. 1.6   Abu Dhabi Book Fair 2008

Das Arabische hat also vier *Sprachebenen*, von denen die ersten beiden dem geschriebenen, die letzten beiden dem gesprochenen Wort dienen:

- Das klassische Hocharabische („Fusha") als heilige Sprache des Islam entspricht der Sprache des Hedschas im 7. Jahrhundert. Es hat eine streng formalisierte, komplizierte Grammatik und darf weder verändert noch ergänzt werden. Seine Verwendung ist eingeschränkt.

- Im Laufe der letzten Jahrzehnte wurde daher durch leichte Modifikation, vor allem durch Aufnahme moderner Wörter das Standardhocharabische geschaffen als gemeinsame Hochsprache aller arabischen Länder. Es wird im Prinzip für alles Geschriebene, für festliche Reden etc. verwendet.

- Die Volkssprache unterscheidet sich stark von einer Region zur anderen Es gibt fünf Dialektgruppen: auf der Arabischen Halbinsel, im Irak, in der Levante, in Ägypten und dem Sudan sowie im Maghreb. Die Grammatik dieser Dialekte ist recht einfach.

- Gebildete Personen unterschiedlicher Regionen verwenden unter einander ein formales gesprochenes Arabisch, das den Wortschatz des Standardhocharabischen mit der Grammatik der Volkssprache kombiniert.

Der Abstand zwischen der allgemein gesprochenen Volkssprache und dem geschriebenen Standardhocharabischen oder gar Fusha ist riesig – hier kaum Grammatik, dort eine der kompliziertesten. Mehr als 50, im Maghreb sogar 70% der Wörter stimmen nicht mit denen der Volkssprachen überein. Selbst nach fünf oder sechs Jahren Schule sind die meisten SchülerInnen bei Weitem nicht in der Lage, hocharabische Texte flüssig zu lesen und zu verstehen. Dieser Abstand ist daher ein wesentlicher Grund für die im internationalen Vergleich ungewöhnlich hohe Quote funktionaler Analphabeten (Nydell 2002, S. 118f.). Die Autoren des Arab Human Development Report 2003 sprechen aus all diesen Gründen von einer Krise der arabischen Sprache und halten deren Überwindung für eine zentrale Voraussetzung für die ökonomische und politische Entwicklung des arabischen Raums (Arab Human Development Report 2003, pp. 121–26). Dennoch haben die diversen Pläne, den Volkssprachen den Status von Schriftsprachen zu verleihen, auf absehbare Zeit keine Aussicht auf Erfolg:

- In den Augen der überwiegenden Zahl der muslimischen Araber wäre das Hocharabische als Sprache des Koran damit beschädigt.

- Ohne eine gemeinsame Hochsprache würde auch das kulturelle und politische Zusammengehörigkeitsgefühl der Araber leiden.

- Die (fast ausschließlich in Hocharabisch verfasste) arabische Literatur wäre nicht mehr zugänglich.

Die Hochachtung der Araber vor der Sprache drückt sich auch in der *Sorgfalt* aus, mit der beschreibende Ausdrücke und Namen vergeben werden. Die Erwähnung des „Persischen Golfs" wird nicht unwidersprochen bleiben; in arabischen Augen handelt es sich um den „Arabischen Golf". Hier dreht es sich nicht um eine geografische Bezeichnung; hier dreht es sich um die Zugehörigkeit. Auch der westliche Ausländer muss daher seine Ausdrücke und Namen sorgsam wählen und mit der Zeit ein Gefühl dafür entwickeln, was akzeptabel ist und was nicht. Ein arabisches Sprichwort sagt dazu: „Deine Zunge ist wie ein Pferd: Gibst Du auf sie Acht, dann gibt sie auf Dich Acht. Wenn Du sie schlecht behandelst, dann behandelt sie Dich schlecht." Vorsicht ist besonders für die Verwendung von Ausdrücken mit religiösem oder gar anzüglichem Hintergrund notwendig. AraberInnen beschwören ständig das Wohlwollen Allahs. Sie wenden damit sogar den „bösen Blick" des Neides ab. (Diesem Zweck dienen auch die beliebten Segens- und Koransprüche an der Wand oder eingraviert in Schmuckstücke.) Auch Flüche oder Obszönitäten empfindet man ausgesprochen stark. Im Westen sind solche Ausdrücke einfach ungehörig, im arabischen Raum bewirken sie etwas, beschädigen das Gegenüber. Schwüren kommt eine größere Bedeutung zu als im Westen, wo sie lediglich theatralisch wirken.

AraberInnen meiden Themen wie Krankheiten, Unfälle oder den Tod, so als ob sie keine Unglücksfälle heraufbeschwören wollen. Stattdessen wartet man mit einer Mitteilung einfach ab bis die entsprechende Situation vorbei ist oder aber man benutzt Euphemismen. Ein Kollege ist nicht krank, er ist „ein wenig müde", die Mutter hat nicht Krebs, sie „hat es". Eine solche Sprache mag für einen westlichen Repräsentanten einer Lebens- oder Krankenversicherung mühsam sein, aber sie ist im arabischen Raum weit eher zielführend als eine direktere Ausdrucksweise. *Eloquenz* ist ein Zeichen von Bildung und Verfeinerung. Eine flüssige, oft blumige Sprache wird daher bewundert. Dabei kommt es weniger auf Klarheit und logischen Aufbau als auf treffende Wortbilder und einen schönen Klang an. Das gilt vor Allem für politische und festliche Reden. Übertreibungen, Ausrufe, Drohungen und Versprechungen zielen fast ausschließlich auf den momentanen Effekt ab. Schöne Reden sind oft wichtiger als alle Taten von Politikern. Der späte Gamal Abdel Nasser und der heutige Muammar al-Gaddafi sind Beispiele dafür.

Bücher und andere „wichtige" Schriftstücke müssen in Hocharabisch verfasst sein. Dagegen wurden die europäischen Volkssprachen meist früh verschriftlicht, nachdem sie sich ab dem 11. Jahrhundert ausgebildet hatten. Dieselbe Entwicklung nahm Südasien hinsichtlich des Sanskrit. Nur das Hocharabische war von diesem Trend unberührt, weil religiöse Tabus hier bereits zu stark ausgeprägt waren. Der Rechtsgelehrte Ibn Hanbal (780–855), Begründer der strengen Hanbalistischen Rechtsschule, verkündete sogar, nur Koran und Hadith seien es wert, aufgeschrieben zu werden. Dahinter steht die Überzeugung, neben dem Koran als dem Wort Allahs dürfe es kein weiteres Buch geben, so wie es neben Allah keinen weiteren Gott gebe. Der Hadith als Korpus islamischer Tradition wird dagegen eigentlich nicht durch Verschriftlichung tradiert, sondern durch eine lückenlose mündliche Überlieferungsketten, da erst der gesprochene Text die richtige Interpretation garantierte und daher eine solche „Isnade" als verlässlicher angesehen wird als ein geschriebener Text. Auch heute noch wird in arabischen Ländern kein Koran mit beweglichen Lettern gedruckt. Dies ist verständlich, wenn man die Interpretationsprobleme bedenkt, die die frühen, noch ohne diakritische, meist die Vokale ausdrückende Punkte geschriebenen Texte bereiten. Daher war es im frühen Islam üblich, vor einer entscheidenden Schlacht oder dem Tod alle Aufzeichnungen und Bücher zu verbrennen, damit von diesen künftig herrenlosen Schriften nicht die Gefahr der Verfälschung des Islam ausgehen könne. Aus diesem Grund unterlagen auch private Bücher stets der Überwachung durch die staatlichen Autoritäten und Schüler durften Bücher nicht ohne Aufsicht aufschlagen. Selbst heute noch ist unter gläubigen arabischen Muslimen die Ansicht verbreitet, dass alles Schriftliche außer Koran und Hadith verbrannt werden sollte, sobald es nicht mehr benötigt wird. Zumindest dürfen Zeitungen und andere kurzlebige Schriftstücke nicht achtlos weggeworfen oder zu Verpackungszwecken verwandt werden, weil der Name Allahs, der sicherlich irgendwo auftaucht, sonst Gefahr läuft, mit Füßen betreten oder sonst wie besudelt zu werden. Aus demselben Grund wird der Name Gottes nie auf Fußböden erscheinen. Gerade der in der Originalsprache verfasste Koran muss mit äußerstem Respekt behandelt werden. So darf man ihn nicht zusammen mit anderen Büchern in ein Regal stellen und nichts auf ihn legen. Am besten man legt ihn in ein samtenes Kästchen oder stellt ihn zwischen zwei Buchstützen, die beide speziell für diesen Zweck gefertigt werden. Auch die so beliebten Wandsprüche mit dem Namen des Allmächtigen müssen äußerst sorgsam behandelt werden und dürfen keineswegs als Teppich Verwendung finden.

Dieses Misstrauen gegenüber dem Missbrauch von Wissen und die Überwachung der Bücher begegnen auch im europäischen Mittelalter. Danach jedoch nahm Europa einen völlig anderen Weg. Nachdem Johann Gensfleisch, gen. Gutenberg um 1450 den Buchdruck mit beweglichen Lettern erfunden bzw. vervollkommnet hatte, wurden innerhalb von fünfzig Jahren in Europa rd. 8 Mio. Bücher gedruckt. Das war bei Weitem mehr als die Produktion aller europäischer Kopisten innerhalb der vorausgegangenen tausend Jahre. Wissen konnte nun nicht mehr monopolisiert werden und war allgemein verfügbar. Dies beförderte nicht nur die Alphabetisierung Europas, sondern auch die Verbreitung neuer Ideen und Innovationen und trug ganz allgemein zum Wirtschaftswachstum Europas bei. Mit der Reformation und ihren rund 10 Mio. Flugblättern bildete sich erstmals eine öffentliche Meinung, so dass Diskussionsfreude und Pluralismus gefördert wurden. Ohne den Druck der Lutherbibel wäre die Reformation in dieser Form nicht möglich gewesen.

Sie wurde bereits zu Lebzeiten des Reformators über eine Million Mal abgesetzt. Luther selbst hat dem Buchdruck geradezu religiöse Weihen verliehen, indem er ihn als „letztes und zugleich größtes Geschenk Gottes" bezeichnete. Dagegen verbot der osmanische Sultan Bayezid II. (1481–1512) 1485 wegen der Bedenken der Religionsgelehrten das Drucken auf Arabisch bei Todesstrafe. Dieses Verbot galt mit deren Eroberung (1512–47) auch für die meisten arabischen Länder. Lediglich jüdische, griechische und armenische Druckereien bestanden im Untergrund.

Das Druckverbot in arabischer Sprache war jedoch nur ein Symptom der Abneigung der Muslime gegen mechanisch reproduzierte Schriftstücke; als venezianische Kaufleute 1588 mit Billigung Sultan Murads III. (1574–95) im Osmanischen Reich in Italien gedruckte Bücher arabischer Philosophen feilboten, fanden sie aus ästhetischen und religiösen Gründen keinerlei Absatz. Zwar gestattete Sultan Ahmed III. 1727 die erste legale Druckerei arabischer Schriften, religiöse Werke durften aber weiterhin nicht gedruckt werden. Da die Scharia alle Aspekte des Lebens durchdringt und der Islam daher keine Trennung von Geistlichem und Weltlichem kennt, blieben von diesem Druckverbot lediglich Grammatiken, Sprachlehren und technische Handbücher unberührt. Nach wie vor übten zudem die islamischen Rechtsgelehrten der Ulema und die mit ihnen verbundenen und von ihnen überwachten Richter, Schreiber und Buchhändler eine strikte inhaltliche Kontrolle aller Bücher aus. Jedes Buch galt ja als Gut öffentlichen Interesses. Die Erfolgsgeschichte des abendländischen Buchdrucks setzte sich daher bis heute im Arabischen nicht fort. Eine 1798 von der französischen Besatzung eingerichtete Druckerei wurde binnen Kurzem von aufgebrachten Ägyptern zerstört. Erst unter Muhammad Ali (1805–49) spielten Druck und Verbreitung von technischen, militärischen und aufklärerischen Büchern in Ägypten eine wichtige Rolle. Seitdem hat sich Einiges getan. Bücher gehören heute zum alltäglichen Rüstzeug arabischer Intellektueller. Allerdings ist die Buchproduktion arabischer Staaten immer noch sehr gering. So entspricht die Buchproduktion Ägyptens lediglich der Estlands, Buchläden in Kairo wenden sich in wesentlichen Teilen an die dort lebenden Europäer und ein arabischer Bekannter des Autors hat in fast zwei Jahrzehnten innenarchitektonischer Tätigkeit in Saudi Arabien zwar Hunderte von Palästen eingerichtet, dort aber nur ein einziges Mal eine Bibliothek entworfen. (allgemein zu Schrift und Buch: Diner 2006, S. 107–44)

1.6   Regelungsdichte und Erstarrung

Es war bereits die Rede von einer im interkulturellen Vergleich nahezu einmaligen Regelungsdichte islamischer Gesellschaften. Sie sind Ausdruck einerseits der Fixierung des Islam auf seine heiligen Kompendien Koran und Sunna, andererseits seines Charakters als Gesetzesreligion. Die damit zusammenhängenden Fragen erfordern einen näheren Blick. Die Scharia, das islamische Recht ist gegenüber dem modernen westlichen durch mehrere Besonderheiten gekennzeichnet (Leipold 2006, S. 203f.):

- Mangelnde Abstraktheit: Islamisches Recht hat fast ausschließlich die Form konkreter Regeln, die sogar meist Anweisungscharakter tragen. Aus gutem Grund haben sich die kontinentaleuropäischen Rechtsordnungen vom germanischen Case Law hin zu abstrakten Regelsystemen entwickelt, die lediglich bestimmte unerlaubte Handlungen verbieten. Auf diese Weise werden individuelle Freiheitsräume lediglich abgegrenzt, während detaillierte Verhaltensgebote die individuelle Freiheit einschränken würden.

- Mangelnde Flexibilität: Der dogmatische Anspruch, dass die Scharia göttliches, absolut wahres, ewig geltendes und zu befolgendes Recht darstellt, behindert ihre Flexibilität zur Anpassung an gesellschaftliche und wirtschaftliche Entwicklungen oder schließt sie sogar aus.

- Defizitäre Systematik: Islamisches Recht kennt keine klaren Trennungen zwischen den Sphären der Moral und des Rechts, zwischen rechtsmateriellen und rechtsprozessualen Fragen sowie zwischen religiösem und säkularem Recht und hierbei wieder zwischen öffentlichem, privatem und Strafrecht. Insofern folgt es einer zwar hoch entwickelten, dennoch aber in mancherlei Hinsicht mangelhaften Rechtssystematik, die eine logische Fortentwicklung erschwert.

- Fehlende Rechtsgebiete: Die Scharia ist eine Mischung aus religiösem und tribalem Recht. Es orientiert sich am „Superstamm" der Umma als der Gemeinschaft der Gläubigen; öffentliches, im Gegensatz zu Privat- und Strafrecht sind insbesondere Verfassungs-, Staats- und Verwaltungsrecht wenig entwickelt.

- Verletzung der Menschen- und Bürgerrechte: Die Scharia ist im Gegensatz zu modernen westlichen Rechtsordnungen durch die rechtliche Ungleichbehandlung von Männern und Frauen gekennzeichnet – z.B. im

Ehe- und Erbrecht oder bei der Glaubwürdigkeit von Zeugenaussagen –
sowie zwischen gläubigen Muslimen, Schriftbesitzern und Heiden – z.B.
in der Religionsausübung und im Steuerrecht. Insofern widerspricht die
Scharia westlichen Menschen- und Bürgerrechten. Dasselbe gilt für die
Religionsfreiheit der Muslime sowie einige entwürdigende Körperstra-
fen. Die „Kairoer Erklärung der Menschenrechte im Islam" der Organisation der Islamischen Konferenz von 1990, die die Menschenrechte
ausdrücklich unter den Vorbehalt der Scharia stellt, ist daher mit der „Internationalen Menschenrechtscharta" der UN nicht vereinbar.

Abb. 1.7   Haupt-Iwan der Sultan-Hassan-Moschee in Kairo (erb. 1356–63), die Medresen
der vier Rechtsschulen des Sunnitentums enthält

Der arabische Raum ist von diesen Rigiditäten der Scharia besonders betroffen:

- Er ist fast zur Gänze sunnitisch ausgerichtet – und sunnitische Glaubens- und Rechtsvorstellungen halten an der Fülle der traditionellen Einzelvorschriften fest, sind also im Ganzen unflexibler und einer Fortentwicklung des Rechts gegenüber weniger aufgeschlossen als die schiitischen.

- In den arabischen Kernländern haben die rigidesten der vier sunnitischen Rechtsschulen den größten Einfluss. Die betont traditionalistische Rechtsschule des Schafiiten ist heute vor Allem in Ägypten, in Ostafrika und Indonesien einflussreich. Noch stärker behindert die in Saudi Arabien und den Golfstaaten verbreitete, weithin fundamentalistische Rechtsschule des Hanbaliten die Fortentwicklung des islamischen Rechts und seine Anpassung an geänderte Umstände; sie erkennt Koran und Sunna als einzige legitime Rechtsquellen an. Lediglich in einigen nordafrikanischen Ländern ist mit dem Malikiten eine zwar konservative Rechtsschule einflussreich, die aber den Konsens der Rechtsgelehrten als Rechtsquelle betont und daher relativ flexibel agieren kann.

Die Rechtsschulen sind in sich wiederum weitgehend erstarrt, weil unter islamischen Rechtsgelehrten die Überzeugung der „Schließung der Tore des Idschtihad" weit verbreitet ist. „Idschtihad" bezeichnet die Rechtsfindung durch unabhängige Interpretation von Koran und Sunna durch Rechtsgelehrte. Der bedeutende persische Theologe, Philosoph und Mystiker Muhammad al-Ghazali (1058–1111) und ihm nahe stehende islamische Theologen sahen in einer solchen Unabhängigkeit eine Vermessenheit, die zur Fehlerquelle würde. Alle Gedanken seien schon gedacht, ein weiteres Nachdenken über die Interpretation von Koran und Sunna nicht notwendig. Stattdessen propagieren die meisten Rechtsgelehrten, dass jeder Muslim sein Tun ohne jede Prüfung oder auch nur Plausibilität blind an seiner Rechtsschule auszurichten habe („Taqlid", arab. für Imitation/ Nachahmung).

Im Gegensatz zu den arabischen Ländern lassen Korangelehrte der islamischen Peripherie oftmals flexiblere Auslegungen der heiligen Schriften zu. So fordern einige einflussreiche schiitische Geistliche die Trennung von Religion und Staat oder sogar die Interpretation des Koran und erst recht der Hadithe, der überlieferten Worten Mohammeds, in ihrem historischen Kontext. Ersteres wird selbst von streng Konservativen Schiiten vertreten wie dem inzwischen zum Tode verurteilten Ajatollah Borudscherdi, letzteres von einem (inzwischen) Liberalen wie Mohammad Schabestari. Innerhalb des sunnitischen Islam ist die liberalste Rechtsschule der Hanafiten heute vor Allem in nichtarabischen Ländern wie Pakistan, Zentralasien, dem Kaukasus und der Türkei einflussreich. Ihre Rechtsdogmatik ist relativ offen und flexibel, die "Tore der selbständigen Rechtsfindung" also nicht geschlossen, wie bei den übrigen Rechtsschulen. Noch offener geht das Diyanet vor, als „Amt für religiöse Angelegenheiten" die oberste Islambehörde der laizistisch verfassten Türkei. Sie hat angekündigt, einen zeitgemäßen Islam zu definieren und ist Mitte 2006 daran gegangen, die frauenfeindlichen Äußerungen sogar aus dem Kanon der Hadithe zu streichen (Stahr 2006).

1.7   Toleranz

Da Allah die Regeln des menschlichen Zusammenseins bis ins Detail vorgeschrieben hat und die muslimische Gemeinschaft der Anfangszeit als Ideal gilt, bleibt kaum Interpretationsspielraum. Säkulare oder plurale Ideologien sind damit für strenge sunnitische Muslime ebenso ausgeschlossen wie vernunftgeleitete Rechtsgestaltung. Nimmt man die Botschaft Allahs ernst, kann es keine nachhaltige Tolerierung des Andersartigen geben. Vielmehr ist es Allahs ausdrücklicher Wunsch, differierende Lebensentwürfe zu beenden. Toleranz endet dort, wo religiöse Gebote oder Wahrheiten modifiziert oder auch nur ansatzweise in Frage gestellt werden. Plurale Wertüberzeugungen sind mit dem göttlichen Wahrheitsanspruch nicht vereinbar. Das hat tief greifende Auswirkungen auf die arabischen Gesellschaften. Zwar schreibt der Islam keine Staatsform vor, es ist jedoch auffällig, dass es in keinem arabischen Land – vielleicht mit Ausnahme des Libanon – eine funktionierende Demokratie oder auch nur eine Zivilgesellschaft mit einer funktionierenden Öffentlichkeit gibt. In der Verfassungsrealität der meisten arabischen Länder stehen Verfassung und Gesetze des Staates immer unter dem Vorbehalt der Übereinstimmung mit der Scharia. Die Scharia-Konformität aller Gesetze und Maßnahmen des Staates wird gewöhnlich von einem Gremium aus Islamgelehrten überwacht. Auch Literatur und Presse unterliegen politischer und religiöser Zensur. (Leipold 2006, S. 206ff.)

Besonders deutlich zeigt sich diese Abweichung des orthodoxen sunnitischen Islam vom abendländischen Toleranzbegriff am *Verhältnis zu anderen Religionen*. Da die Ausbreitung des Islam religiöse Pflicht jedes Muslim ist,

muss das nichtmuslimische Gebiet erobert werden („Dschihad"). Daher unterscheiden alle sunnitischen und schiitischen Rechtsschulen zwischen dem „Gebiet des Islam" („Dar al-Islam") einerseits und dem „Gebiet des Krieges" („Dar al-Harb") andererseits. Nicht unterworfene Ungläubige gelten im Islam als „Harbis" („zum Krieg gehörend"). In Kriegszeiten dürfen sie getötet, versklavt, vertrieben oder enteignet werden. Ihre Ehen sind ungültig, ihre Frauen können also zwangsweise als Nebenfrauen genommen werden. Einem gläubigen Muslim ist daher auch heute noch die Beachtung der Haager Landfriedensordnung und der Genfer Konvention verboten. Insbesondere gilt es für gläubige Muslime zumindest im Krieg als gutes Werk, Ungläubige unabhängig von ihrem Status zu töten. Das gilt auch für Nichtkombattanten, Kriegsgefangene und Verwundete. Unterworfene Polytheisten müssen zum Islam übertreten, vertrieben oder getötet werden. Angehörige der monotheistischen Buchreligionen – Juden, Christen, Zoroastrier und Mandäer, eine kleine nahöstliche Religionsgemeinschaft – werden geduldet, weil ihnen ebenfalls das Wort Gottes offenbart wurde, wenn sie es auch verfälscht haben. Sie nehmen den diskriminierten Status von „Dhimmis" ein, müssen also statt der muslimischen Almosen- die höhere Kopfsteuer bezahlen, sind Beschränkungen im Erbrecht und beim Bau ihrer Gotteshäuser unterworfen und dürfen keinen Kriegsdienst leisten.

Dem widerspricht auch der oft zitierte Koranvers 2:256 nicht: „Es soll kein Zwang sein im Glauben," zumal der Vers weitergeht: „denn das Wahre ist (durch Allahs Offenbarung) deutlich vom Irrtum zu unterscheiden. Wer sich nicht von den Ungläubigen leiten lässt, und an Allah glaubt, der hat eine starke Handhabe, die nicht zerbricht, Allah ist allhörend und allwissend" und bereits im nächsten Vers steht: „Allah ist der Freund der Gläubigen.....(Jene, die nicht glauben) gehören ins Feuer, wo sie bleiben werden." Nach der klassischen, auch heute noch gültigen Koranauslegung („Tafsir") beziehen sich die ersten Worte auf Allah: Er hat an die Stelle von Zwang seine Offenbarung gestellt. Im Übrigen kennt der Islam eine Fülle von einschlägigen Detailvorschriften. Da sich die Religion der Kinder nach der des Mannes richtet, darf keine Muslima einen Ungläubigen heiraten, ein Moslem aber sehr wohl eine Ungläubige.

Noch klarer kommt dieser Mangel an Glaubensfreiheit beim *Abfall vom Islam* zum Ausdruck. Im Koranvers 4, 89 heißt es unmissverständlich: "... Und wenn sie sich (vom Islam) abwenden, dann greift sie und tötet sie, wo immer ihr sie findet..." Alle vier sunnitischen Rechtsschulen und die 12er-Schiiten fordern daher die Todesstrafe oder zumindest langjährige Haft für Abgefallene. Das ist auch heute noch keineswegs ein Randphänomen. Ganz offiziell steht in Saudi Arabien, Katar, Mauretanien, Somalia, im Sudan, den Emiraten, dem Jemen, im Iran, in Afghanistan und Pakistan die Todesstrafe auf den Abfall vom Islam. Andere arabische Länder sanktionieren den Übertritt durch Einzug des Vermögens, Zwangsscheidung, Entziehung der Kinder, Einweisung in eine Heilanstalt, Verlust der Staatsbürgerschaft oder durch Gefängnisstrafen. Selbst der ägyptische Minister für religiöse Angelegenheiten, Mahmoud Hamdi Zakzouk, forderte zuletzt wiederholt die Todesstrafe für Konvertiten. Aus seinem Land sind mehrere Fälle von Folter an Personen bekannt, die vom Islam abgefallen waren. Der Fatwa-Ausschusses der Kairener Azhar-Universität hat bereits 1978 für den Übertritt eines Muslim zum Christentum den Tod gefordert. Der einflussreiche Kairener Rechtsgelehrte Muhammad Abû Zahra spricht davon, dass Muslime (nur) beim Abfallen vom Islam, bei Ehebruch und bei Mord mit dem Tode bestraft werden dürfen. Da jeder Muslim aufgerufen ist, dem göttlichen Recht Geltung zu verschaffen, ist die Tötung eines vom Islam abgefallenen Verwandten oder Nachbarn in weiten Teilen der islamischen Welt, ja sogar in Europa grausame Realität.

Natürlich gibt es auch andere Stimmen. So fordert der in Nizza lehrende Philosophieprofessor Abdennour Bidar eine Orientierung des Islam hin zu mehr Toleranz und Pluralität. Er nennt das den „Islam der Individuen" im Gegensatz zum gegenwärtigen autoritären Islam und ist überzeugt, dass diese Entwicklung schon weit fortgeschritten ist. Er rechnet damit, dass sich – auch wegen der kritischen Islamwissenschaften Europas – ein fortschrittlicher, mit der Moderne kompatibler, von ihnen „Euroislam" genannter Islam am ehesten im Westen herausbilden könnte.

2 Tribale Wurzeln

2.1 Die Familie als Fundament

Haus und Familie werden im Arabischen (wie im Deutschen bei bedeutenden Familien) mit demselben Wort bezeichnet („Bet"). Arabische Familien
sind durch ein enges Geflecht von *Verantwortlichkeiten* gekennzeichnet. So
ist jeder Mann für seine Mutter, seine Schwestern, seine Töchter, seine Tan-
ten, Cousinen und Nichten väterlicherseits sowie für schutzbedürftige männliche Verwandte verantwortlich. Sie haben das unverbrüchliche Recht auf
Unterstützung, sofern keine engeren oder älteren männlichen Verwandten
Hilfe leisten können. (Nippa S. 126ff.)

Es gibt eine Fülle von arabischen Sprichwörtern, die diesen familiären Zu-
sammenhalt thematisieren:

*   „Das Messer der Familie schneidet nicht." (d.h. verteidige Dich nicht
    gegen Verletzungen aus der Familie)

*   „Du bist wie ein Baum, der seinen Schatten nach Außen hin spendet."
    (d.h. widme Deiner Familie mehr Aufmerksamkeit!)

*   „Die junge Gans ist eine gute Schwimmerin." (d.h. der Apfel fällt nicht
    weit vom Stamm)

*   „In den Augen seiner Mutter ist der Esel eine Gazelle." (d.h. nichts ist so
    stark wie Mutterliebe)

(Nydell 2002, S. 125f)

Auf die eigene Familie verlässt man sich nicht nur im Notfall, sondern auch
beim Fortkommen im Beruf und bei alltäglichen Gefälligkeiten. Verwandte
sind nicht nur bei kleineren und größeren Festen präsenter, sie haben auch
größere Rechte als sich dies West-, Mittel- und Nordeuropäer mit ihren ent-
persönlichten sozialen Absicherungssystemen und ihren tendenziell lockere-
ren Sozialbeziehungen zunächst vorstellen können. So gehören Haushalt und
Wohnung der Schwiegertochter im ganz praktischen Sinne auch der Mutter

des Ehemannes. Sie kann dort schalten und walten wie in ihrem eigenen Haushalt und – selbst wenn sie an sich nicht dort lebt – sogar im Ehebett schlafen. Sollte sie beschließen ganz einzuziehen, so können ihr dies Sohn und Schwiegertochter nicht verwehren. Altorientalische Traditionen führen maßgeblich zu einer Verstärkung der Familienbande. Da die Spitzen von Staat und Gesellschaft überall eingreifen können, ist auch die Justiz nicht unabhängig und verlässlich für den normalen Bürger. Wenn europäisch erzogene Richter Unabhängigkeit zeigen, wird auch einmal die Verfassung geändert, wie 2006 in Ägypten. Durch derartige Eingriffe gibt es keine neutrale Vermittlungsinstanz in Streitfragen. Man verlässt sich daher vorzugsweise auf die eigene Familie, die nach alter Sitte zu einem halten muss – ergänzt durch einige wenige enge Freunde. Das gilt sogar für juristische Fragen: Bedeutende Familien haben ihre eigenen Familiengerichte, denen sich jedes Familienmitglied unterwerfen muss.

Auch wenn die Familie in allen arabischen Ländern sozialer Mittelpunkt ist, so gibt es doch von Region zu Region und von Land zu Land gravierende Unterschiede. So lösen sich die traditionellen Bande der Großfamilie dort auf, wo die Familienmitglieder aus wirtschaftlichen Gründen in die Großstädte des Landes oder gar ins Ausland streben. Das ist vor allem in ärmeren arabischen Ländern wie Ägypten, Syrien oder Marokko der Fall. Immerhin reisen auch die Großstädter, wenn sich die Großfamilie einmal im Jahr am Ende des Ramadan an ihrem Stammsitz einfindet. Umgekehrt spielen Stammes- und Clanstrukturen in Asien und der Sahara eine wichtige Rolle. In Saudi Arabien und Kuwait herrscht jeweils ein einziger Clan, in Syrien dominiert der Alawiten-Clan den Staat, die Herrschaft in Jordanien stützt sich im Wesentlichen auf die Stämme der Beduinen. Im Libanon und im Jemen stößt der Einfluss des Staates bei Clans und Stämmen an seine Grenzen. Loyale Angehörige eines Stammes oder Clans sind in deren Herrschaftsbereich automatisch bevorzugt. Zwar sind die Positionen der Familienmitglieder je nach Alter und Geschlecht hierarchisch und funktional klar gegliedert, wichtige Entscheidungen werden dennoch formal in (im Regelfall getrenntgeschlechtlichen) *Versammlungen* getroffen. Dabei hängen Sitzordnung und Rechte zwar von den jeweiligen Positionen ab, auch die Meinungen rangniedrigerer Personen werden jedoch gehört und von der ranghöchsten Person bei ihrer letztendlichen Entscheidung bedacht. Diese allgemeinen Versammlungen dürften einer der Gründe dafür sein, dass der Kompromiss trotz altorientalischer despotischer Traditionen als Königsweg arabischer Gesellschaften gilt.

Außerhalb der Familie herrscht fein abgestuftes Misstrauen. Nach sozial-psychologischen Untersuchungen existiert kaum eine andere Kultur, in der Unbekannten, auch unbekannten Landsleuten, so viel Misstrauen entgegen schlägt wie die arabische. Das gibt ihren Gesellschaften gewisse egoistische Züge: Was einem selbst und der eigenen Familie nicht nutzt, das unterbleibt vielfach. Verkehr ist ein egoistisches Chaos aus Drängeln und Schneiden und ägyptische Bauarbeiter müssen ihr Werkzeug selbst mitbringen, weil sie fremdes kaputtmachen. Das schließt durchaus nicht aus, dass es gesell-schaftliche Regeln gibt, die Altruismus bewirken. Solche Regeln des Zu-sammenlebens sind meist im Koran niedergelegt. Man denke etwa an das Almosengebot, die Ächtung des Diebstahls oder die sprichwörtliche arabi-sche Gastfreundschaft.

Die Konzentration arabischer Gesellschaften auf die eigene Familie hat gravierende *ökonomische Konsequenzen*. Innerhalb der Familie gilt das absolute Postulat gleicher Austauschbeziehungen („Reziprozität"). Die er-wartete Gegenleistung richtet sich nach informellen Absprachen und Re-geln. Wer sie missachtet, setzt seine Stellung und weitere Unterstützung aufs Spiel. Das Prinzip der Reziprozität und diese Regeln sind daher in der arabischen Welt deutlich stabiler und verlässlicher als formale Verwal-tungs- und Rechtsstrukturen. Gegenüber Außenstehenden wird dagegen einseitige Vorteilsannahme angestrebt oder zumindest akzeptiert („negative Reziprozität"). Da man selbst jedoch angemessene, ungefähr ausgeglichene Gegenleistungen für die hingegebene Güter oder Leistungen erwartet, ent-steht ein Dissens. Die Erwartung ausgeglichener Gegenleistungen setzt nämlich entweder Vertrauen oder Kontrolle voraus. Kontrolle ist teuer und nicht immer möglich, Vertrauen jedoch ist an dauerhafte soziale Bezie-hungen oder Regeln gebunden, die im arabischen Raum lediglich im Fami-lien- und engen Freundeskreis gegeben sind. Die Vorstellung spezifischer abstrakter Regelwerke für eine Vielzahl gesellschaftlicher Bereiche befrem-det Araber dagegen meist. Dies ist ein wichtiger Grund dafür, dass systema-tische Rechtsordnung und -pflege nach der Entkolonialisierung und dem Erstarken des islamischen Rechts in vielen orientalischen Ländern in den letzten Jahrzehnten auf dem Rückzug sind. Die Prinzipien der Reziprozität innerhalb der Familie und das der negativen Reziprozität außerhalb bewir-ken einen äußerst engen Vertrauensbereich, beschneiden die Anzahl poten-

tiell unproblematischer Austauschbeziehungen und erhöhen die Transaktionskosten drastisch. Sie behindern daher Arbeitsteilung, Spezialisierung,
Wohlfahrtsgewinne und Wachstum der arabischen Länder. (zur Reziprozität: Leipold 2006, S. 162–164)

2.2   Soziale Muster

Arabische Gesellschaften sind vielfach als *„Scham-Gesellschaft"* („Honor
and Shame Societies") bezeichnet worden, weil in ihnen traditionelle Werte wie Stolz, Ehre, Ansehen, Gastfreundschaft, Gesichtswahrung und Vertrauen eine große Rolle spielen. Diese Werte betreffen eher die gesamte
Familie oder Gruppe als das einzelne Individuum und sind umso dominan-
ter, je stärker Stammesstrukturen ausgebildet sind. (Jammal/Schwegler
2007, S. 142f.) Für die Frage, ob einer dieser Werte verletzt ist, spielt es
eine entscheidende Rolle, ob eine ehrenrührige Tatsache offenbar geworden ist. Die Ehre ist bereits beschädigt, wenn eine solche Tatsache entgegen der Wahrheit behauptet wird. Bleibt dagegen eine ehrenrührige Tatsache verborgen, so berührt das den Betroffenen nicht. Ein arabisches
Sprichwort sagt dazu: „Eine verheimlichte Sünde ist zu zwei Dritteln vergeben." Umgekehrt wird eine klar zu Tage tretende Realität oft bestritten.
Über den Nahostkonflikt oder die Fortdauer des Kolonialismus rational
diskutieren zu wollen, ist vielfach verlorene Liebesmüh. Dasselbe gilt auch
in Alltagssituationen. Der Autor hatte in Kairo nach einem Musterbuch
Kissenbezüge passend zu neulich erworbenen Gartenstühlen bestellt. Sie
sollten nach einer Woche fertig sein. Nach zwei, drei, vier Wochen wie-
derholter Nachfragen wuchs der Zweifel, ob die Bezüge jemals geliefert
würden. Der Händler brachte es einfach nicht übers Herz, offen zu sagen,
dass dieses Muster ausgelaufen war. Stattdessen vertröstete er immer aufs
Neue. Das Gesicht zu wahren war in diesem Fall viel wichtiger als einen
Kunden objektiv gut zu bedienen. Dagegen sind westliche Gesellschaften
„Schuld-Gesellschaften" („Guilt Societies"); in ihnen kommt es für das
persönliche Empfinden des Betroffenen darauf an, ob tatsächlich eine
Schuld besteht. Wird dies wahrheitswidrig behauptet, so wird sich der/ die
Betreffende zur Wehr setzen. Ist eine tatsächliche Schuld noch nicht be-
kannt, so sollte sich der Betroffene dennoch schämen. (Dodds 1951)

Scham-Gesellschaft	Andere Personen glauben:	
	Ich habe es nicht getan.	**Ich habe es getan.**
Ich habe es nicht getan.	kein Problem	Ich schäme mich, weil ich durch ihre Überzeugung entehrt bin.
Ich habe es getan.	Ich schäme mich nicht, weil es niemand weiß.	Ich bin schuldig und werde bestraft.

(Die linke Spalte ist überschrieben mit **Ich glaube:**)

Abb. 2.1 Verhalten in der Scham-Gesellschaft

Schuld-Gesellschaft	Andere Personen glauben:	
	Ich habe es nicht getan.	**Ich habe es getan.**
Ich habe es nicht getan.	kein Problem	Ich beteuere meine Unschuld und bekämpfe die Beschuldigung.
Ich habe es getan.	Ich sollte mich schuldig fühlen.	Ich bin schuldig und werde bestraft.

(Die linke Spalte ist überschrieben mit **Ich glaube:**)

Abb. 2.2 Verhalten in der Schuld-Gesellschaft

Diese Einstellungen haben weit reichende Folgen für die betreffenden Gesellschaften. Während das (schlechte) Gewissen traditionell eine wichtige Steuerungsinstanz im Westen verwurzelter Individuen sein sollte, ist das im arabischen Raum nicht so. Daher kommt es dort besonders darauf an, dass verborgene Schuld nicht aufgedeckt wird. Da durch offenbar gewordene Schuld die Gemeinschaft der Gläubigen („Umma") beschädigt wird, haben

alle Muslime die Pflicht, offenbar gewordene Übertretungen zu ahnden –
und zwar unabhängig davon, ob sie tatsächlich begangen worden sind. Im
Gegensatz dazu ist das Weitertragen solcher Übertretungen im Westen unabhängig von ihrer tatsächlichen Verbreitung als üble Nachrede schlecht
beleumundet.

Ehre und *Würde* sind wichtig in der fein gegliederten arabischen Gesellschaft. Soziale Stellung und würdiges Auftreten gehen Hand in Hand. Im
geschäftlichen Umgang und dem mit Behörden werden Ernst, höfliches und
selbstbewusstes Auftreten erwartet. Wer in der Hierarchie auch nur ein wenig geklettert ist, geht meist kerzengerade und macht würdig-langsame Bewegungen. Arbeiten, „unter seiner Würde" würde ein Araber keinesfalls
erledigen. So wird der Fahrer eines Transporters nicht selbst Hand anlegen.
Dafür sind die niedrigeren Packer zuständig, die man sich evt. auch ad hoc
von der Straße holt. Es hat keinen Sinn, als Auftraggeber einen solchen
Fahrer zur Arbeit anzuhalten; er würde sich mit einem Vorwand entziehen –
etwa unter Hinweis auf Rückenprobleme. Ein solches Verhalten wird auch
von einem Fremden erwartet. Hilft ein ausländischer Ingenieur bei der
Montage einer Maschine mit, so darf er sich nicht wundern, wenn er in einer Absteige statt im Hotel untergebracht und keinesfalls von Seinesglei-
chen eingeladen wird. Wer umfangreiche Einkäufe selbst schleppt, wird
mitleidig belächelt und darüber hinaus als geizig angesehen, weil er einem
Armen die Möglichkeit nimmt, durch Tragen zu einem kleinen Taschengeld
zu kommen.

Kleidung signalisiert soziale Distanz. Jede „Schicht" ist (für die Einheimischen) an ihrer Kleidung und ihrem Verhalten erkennbar. Es wird erwartet,
dass jede(r) die Kleidung trägt, die ihrer/ seiner Stellung entspricht. Das gilt
beispielsweise im Verkehr mit Behörden, in dem von westlichen Geschäftsleuten selbstverständlich Jackett bzw. Kostüm erwartet werden. Ein fremder
Manager, auch ein Ingenieur muss selbst bei großer Hitze mit dunklem Anzug und Krawatte bzw. gedecktem Kostüm und sauber geputzten Schuhen
bekleidet sein. Ansonsten beschädigt er das Ansehen seines Unternehmens;
man schließt auf Zahlungsprobleme und wird sich hüten, einen Nachfolge-
auftrag zu vergeben. Die traditionelle arabische Männerkleidung ist die Gal-
labijja, ein hemdartiges, bis zu den Knöcheln reichendes Gewand. Es wird in
den Golfstaaten ganz allgemein und in den übrigen arabischen Ländern zumindest in traditionellen, meist ärmeren Familien und auf dem Land getragen. Bei westlichen Männern wird es als lächerlich empfunden. Nur in Saudi

Arabien ist es auch für sie vorgeschrieben. Haltung wird auch in der Freizeit erwartet. Kurze Hosen und bloßer Oberkörper gelten bei Männern oft sogar beim Weg an den Strand als deplaziert bis unmoralisch. Bikinis sieht man westlichen Frauen in den meisten arabischen Ländern nach, Oben-Ohne und Strings sind jedoch Unhöflichkeiten gegenüber dem Empfinden der Einheimischen. Dasselbe gilt für ärmellose Shirts und kurze Röcke. Frauen müssen – außer in westlich geprägter Umgebung – Schultern und Knie bedecken. Körperbetonte weibliche Kleidung wird zwar von konservativer Seite nicht gern gesehen, da sich darum jedoch auch die eigene Jugend oft nicht kümmert, mag sie für westliche Damen ebenfalls angehen. Eine Ausnahme ist natürlich eine konservative Umgebung wie ärmere Viertel, ländliche Gegenden oder Länder orthodoxer Regimes.

Das Recht auf Würde beinhaltet auch und gerade, keinen *Gesichtsverlust* erleiden zu müssen. Araber befürchten dies vielfach auch in Fällen, die einem westlichen Gegenüber unverfänglich erscheinen. Daher sollten diese alle Themen vermeiden, die einen arabischen Gesprächspartner als unwissend dastehen lassen oder öffentlich seine Stellung untergraben. Dazu gehören Belehrungen, Kritik, Zurechtweisungen oder gar Wutausbrüche, sofern sie unter Zeugen stattfinden. Je größer die Öffentlichkeit in solchen Fällen ist, desto größer ist auch der Schaden für den Betroffenen. Das Bestreben nahöstlicher Gesprächspartner das Gesicht zu wahren, gerät zwar in der eigenen Kultur immer wieder in Konflikt mit autokratischen Traditionen, gegenüber einem Fremden ist man aber in dieser Hinsicht meist noch empfindlicher als gegenüber einem Landsmann. Daher sind Drohungen eines westlichen Expatriates keinesfalls angebracht. Diese Aussage gilt auch angesichts der Tatsache, dass arabische Vorgesetzte oder Geschäftspartner in einer stärkeren Position sehr wohl drohen und sehr massiv werden können; Westler jedoch können kaum abschätzen, wann ein solches Verhalten angezeigt sein könnte. Stattdessen bietet sich in einer schwierigen Situation der Ausweg an, einen älteren arabischen Kollegen um „Rat" zu bitten – mit dem Ziel, dass dieser mit den Verantwortlichen spricht und sie zu einer Reaktion bewegt. Diese Vorgehensweise bietet eine relativ große Erfolgschance.

Auch westliche Ausländer sollten darauf achten, Ihr Gesicht zu wahren. Sie sollten beispielsweise nicht zugeben, von einer Sache nichts zu verstehen. Ansonsten beschädigen sie ihr Ansehen und werden nicht mehr ernst genommen. Als Ausweg bietet sich an, allgemein zu werden und etwas zu sagen, das zwar nicht ganz gefragt wurde, aber richtig ist und irgendwie dazu gehört. Die nahöstliche Methode, einfach irgendetwas zu behaupten, kostet einen Europäer wohl doch zu viel Überwindung und ist mit objektiven Risiken verbunden. Auch einen Fehler sollte man nicht offen zugeben. Wenn ein Araber meint, einen solchen begangen zu haben, wird er ihn korrigieren, sich aber nicht zu ihm bekennen.

Female circumcision rates (up to the year 2000) (%)

Country	Year	Rate
Djibouti		98
Somalia		98
Egypt	2000	97
Sudan	1990	89
Yemen	1997	23

Source: WHO (http://www.emro.who.int.rhrn/part5.htm), (5 April 2006)

Tab. 2.1   Weibliche Beschneidungsraten

3 Altorientalische Wurzeln

3.1 Autokratie

Arabische Stammesgesellschaften sind traditionell kollektiv verfasst; Versammlungen aller freien männlicher Stammesmitglieder stellten die eigentlichen Herrschaftsträger dar. Diese Strukturen erhielten sich auch in islamischer Zeit zunächst selbst auf der obersten Ebene. In den ersten zwei Jahrhunderten bestanden die islamischen Heere vorwiegend aus arabischen Kriegern, die sich weiterhin als Mitglieder ihrer jeweiligen Stämme begriffen und dort ihre Rechte auch periodisch wahrnahmen. Als das Reich jedoch nicht weiter expandierte, fiel keine Beute mehr an und das Reich benötigte auch angesichts seiner Ausdehnung eine festere Struktur. Diese *„abbasidische Revolution"* umfasste mehrere organisatorische Gebiete: Die Heere bestanden nun in ihrem Kern aus Berufssoldaten, später aus Kriegssklaven aus islamischen Randgebieten; arabische Truppen wurden zurückgedrängt. Städte und Wissenschaften blühten auf, aber das kostete Geld, das die ländlichen Kerngebiete erwirtschaften mussten. Ein System von Steuerpächtern wurde eingeführt und die Bindung der Bauern an die Scholle sichergestellt („Iqta-System"). Dieses System war zumindest in Syrien und Ägypten so stabil, dass es selbst die Bevölkerungsverluste der Großen Pest in der zweiten Hälfte des 14. Jahrhunderts unbeschadet überstand: Während der resultierende Mangel an Arbeitskräften und Konsumenten in England wie im übrigen Europa zu steigenden Löhnen und sinkenden Getreidepreisen führte, verstanden es die Herrschenden in den beiden islamischen Kernländern, ihre Gewinne stabil zu halten, indem sie die Getreidepreise erhöhten und die Löhne senkten. (Borsch 2005)

In die abbasidische Periode fiel eine Reihe von Änderungen, die das Gesicht islamischer Kultur grundlegend umgestalteten und insgesamt erstarren ließen. Das galt zum einen für den Islam selbst. So stammen die maßgeblichen Hadith-Sammlungen, also die Sammlungen der Aussprüche,

Duldungen, Handlungen und Unterlassungen des Propheten allesamt aus dem 9. Jahrhundert. Sie begründeten die Sunna, die neben dem Koran zur zweiten Säule des Islam wurden. Um 800 erfolgten die grundlegenden Kodifizierungen islamischen Rechts. Schließlich setzte sich mit den Aschariten eine strikte und vernunftfeindliche Ausrichtung islamischer Theologie durch.

Insgesamt knüpfte die Herrschaft also bei den autokratischen altorientalischen und byzantinischen Traditionen an, die man längst überwunden glaubte. Sichtbarstes Zeichen dieser Rückbesinnung war die immer weitere räumliche Entfernung der Residenz des Kalifen von seinem Volk. Bereits im Jahr 762 übersiedelte der zweite Abbasiden-Kalifen Al-Mansur (reg. 754–75) von einem noch einigermaßen volksnahen Damaszener Stadtpalast in die ländliche Palaststadt Bagdad nahe der alten persischen Hauptstadt Seleukia-Ktesiphon. Im Jahr 836 verlegte al-Mutasim (reg. 833–42) seine Residenz dann aus der inzwischen unendlich gewachsenen Stadt in seine neue, hundert Kilometer entfernte Residenz Samarra. Al-Mansur und seine Nachfolger bauten die Reichsverwaltung vor allem mit persischen, noch in altorientalischer Tradition stehenden Beamten aus, setzten durch, dass der Kalif seinen Nachfolger frei bestimmen konnte und interpretierten die Herrschaft des Kalifen als gottgewollte Theokratie. Damit entsprach die Herrschaft wieder einem Modell, das damals bereits auf eine knapp 4000-jährige Tradition zurückblickte und für die altorientalischen Staaten von den Sumerern über Babylonier, Assyrer und Meder bis hin zum Alten Ägypten typisch gewesen war. Auch die neueren Reiche der Perser, Parther und Seleukiden sowie die Alexander nachfolgenden Diadochenreiche entsprachen diesem Modell und selbst Byzanz trug derartige Züge. Nur wenige Reiche der Region hatten sich dem Modell entziehen können wie die indoeuropäischen Hethiter, die jüdischen Reiche und die Phönizier. Es ist daher kein Wunder, dass ein so tief verankertes Staatsmodell vom islamischen Großreich in seiner Konsolidierungsphase wieder aufgegriffen wurde und bis heute fortwirkt. Der deutsch-amerikanische Soziologe Karl August Wittfogel hat diese Staatsform mit dem von Montesquieu geprägten Begriff der „*Orientalische Despotie*" bezeichnet:

- Der Herrscher beansprucht, da von Gott gesandt, die totale Macht.

- Eine starke Staatsbürokratie beherrscht völlig Stadt und Land.

Eine solche Herrschaft hat weitgehende Folgen für Staat und Gesellschaft:

- Die Herrschaft ist willkürlich, also nicht an Gesetz und Gewohnheitsrecht gebunden, so dass die Besitzenden jederzeit mit dem Verlust von Vermögen und Privilegien rechnen müssen.

- Da auch die Städte in starker Abhängigkeit von der Beamtenschaft stehen, können Kaufleute und Handwerker nicht zu einer eigenständigen politischen Kraft werden und bürgerliche Freiheiten erstreiten.

- Unsicherheit und Unfreiheit beeinträchtigen das Individuum und seine Würde.

Starke hierarchische Gliederung der Gesellschaft bei hoher persönlicher und rechtlicher Unsicherheit blieben bis heute typische Kennzeichen nahezu aller islamischer Länder. Von einem der in Bagdad residierenden Kalifen ist der bezeichnende Ausspruch überliefert: „Das glücklichste Leben hat der, der ein weitläufiges Haus, eine schöne Frau und ausreichend Vermögen besitzt, der uns nicht kennt und den wir nicht kennen". (Chaudhuri 1990, S. 73) In der Folge solcher Verhältnisse ergab sich das auf den ersten Blick paradox erscheinende Nebeneinander starrer sozialer und staatlicher Strukturen und hoher persönlicher Mobilität. Diese autokratischen, willkürlich agierenden Regimes konnten weder Loyalität oder gar Identifikation ihrer Untertanen gewinnen noch vertrauenswürdige Verwaltungs- und Rechtsstrukturen aufbauen. Selbst verlässliche Truppen konnte man vielfach nur akquirieren, indem man Kinder und Jugendliche fremder Länder versklavte und zu muslimischen Elitesoldaten ausbildete (Landes 1999, S. 402ff.) Die Leibgarde Salah ad-Dins („Saladin"), die Janitscharen der türkischen Sultane und die Mamluken in Ägypten und anderen arabischen Ländern sind bekannte Beispiele. Lediglich die Türkei schaffte im 20. Jahrhundert, fußend auf einer langen Tradition einer gewissen Trennung von Staat und Religion, den Weg zu zuverlässigem Rechtssystem und -staat und konnte stabile korporative und demokratische Strukturen von Demokratie und Zivilgesellschaft aufbauen.

Anders als das Osmanische Reich waren die übrigen islamischen und vor allem die arabischen Reiche nach dem Auseinanderbrechen des Abbasiden-Kalifats im 10. Jahrhundert durch eine besondere Instabilität gekennzeichnet: Da es weder Erbadel noch eine geborene Dynastie gab, waren Aufstände, Putsche und Abspaltungen ungewöhnlich häufig. Hinzu kamen periodische Angriffe von Außen. Im 11. Jahrhundert expandierten die Seldschuken nach Süden, unterwarfen Persien, 1055 den Irak und 1071

Syrien. Die Mongolen unter Chülegü, Enkel des Dschingis Khan, eroberten 1258 Bagdad und errichteten bis 1353 das Reich der Ilchane. Im Zuge der Eroberung des Zweistromlandes wurde das uralte, hochkomplexe Bewässerungssystem des Landes und mit der Vertreibung der lokalen Bevölkerung auch das Wissen über dessen Instandhaltung und Betrieb zerstört, so dass das Land nachhaltig geschädigt wurde. Ab 1380 eroberte der Mongole Timur Persien und das Zweistromland durch beispiellos grausame und zerstörerische Feldzüge. Er etablierte – außer in Transoxanien – keine funktionierende Verwaltung, so dass die von ihm eroberten Länder im Chaos untergingen. Mit Timur verbreiteten sich wieder nomadische Traditionen wie im Reich der Turkmenen im 14. und 15. Jahrhundert.

Selbst dort, wo größere Kontinuität herrschte, waren Unsicherheit und Veränderung auf der Ebene der Herrschenden einschneidend genug, dass keine verlässlichen Strukturen entstehen konnten. Musterbeispiel dafür war Ägypten, das 1250–1517 unter der offiziellen Herrschaft von Mameluckensultanen stand, einer Kriegerkaste, die sich immer wieder aus türkischen und tscherkessischen Sklaven regenerierte. 1250, 1257, 1260, 1279 und 1293 wurden deren Sultane ermordet, bis zuletzt ihre Emire weitgehend allein herrschten. Auch nach der Unterwerfung durch die Osmanen 1517 änderte sich an der Herrschaft der Mamluken nichts Grundsätzliches, weil die Osmanen bereits im 17. Jahrhundert die Kontrolle weitgehend verloren, so dass die Mamluken ihren alten Einfluss zurückgewinnen konnten. Interne Machtkämpfe und gelegentliche osmanische Interventionen verhinderten jedoch den Aufbau stabiler staatlicher Strukturen.

Dagegen gelang es in der islamischen Peripherie durchaus, staatliche und bürokratische Kontinuität und manchmal sogar eine gewisse Rechtssicherheit aufzubauen. Das war etwa in Marokko unter verschiedenen Dynastien (ab 789), dem Osmanischen Reich (1299–1918), dem Reich der Safiden im Iran (1501–1736) und dem Moghul-Reich in Nordindien (1526–1858) der Fall, um nur einige zu nennen. Diese Staaten waren jedoch nicht arabisch, sondern berberisch, türkisch, persisch und mongolisch-afghanisch bzw. indisch bestimmt. Es bleibt also festzuhalten, dass gewaltsame Veränderungen und autokratische Eingriffe von Oben geradezu Charakteristika arabischer Gesellschaften sind. Diese Traditionen sind in Stammlanden der „Orientalischen Despotie" im ehemals „Fruchtbaren Halbmond" von Ägypten über Syrien bis zum Irak stärker ausgeprägt als auf der Arabischen Halbinsel oder im berberisch oder schwarzafrikanisch beeinflussten Westen und Süden der arabischen Welt.

3.2 Hierarchie ohne Dienstweg

Lähmende Bürokratie gibt es in staatlichen und privaten Institutionen vieler Länder. Orientalische Bürokratie ist jedoch durch eine besondere Kombination gekennzeichnet:

* Wie bereits im letzten Kapitel angesprochen, sind die meisten arabischen Staaten auch heute noch autokratisch verfasst. Dieses Prinzip zieht sich durch alle Hierarchieebenen. Keine Position verfügt über einen eigenen, wohl definierten Zuständigkeits- und Verantwortungsbereich; allgemeine und längerfristig gültige Regeln gibt es kaum. Ein Vorgesetzter kann also jederzeit und in jeder Hinsicht eingreifen und muss außer bei reinen Routinevorgängen immer gefragt werden. Wie dicht *längerfristige Regeln* dagegen in westlichen Ländern gesponnen sind, ist Europäern oft kaum noch bewusst. So umfassen die Grundsätze des (deutschen staatlichen) Verwaltungshandelns Gebote wie Gleichbehandlung, Gesetz- und Verhältnismäßigkeit, aus denen wiederum Prinzipien wie das Rückwirkungsverbot und das Begründungsgebot belastender Verwaltungsakte und das Gebot der Rechtssicherheit folgen und aus diesem die Gebote der ausschließlichen Zuständigkeit, Messbarkeit, Voraussehbarkeit, Bestimmtheit und Überprüfbarkeit staatlichen Handelns. All diese Prinzipien sind konkretisiert und verlässlich. Auch westliche Unternehmen und Unternehmensverbände geben sich zunehmend solche Regelwerke, ob sie nun Unternehmensleitlinien, Standards of Practice, Rules of Conduct, Mission Statements oder Codes of Ethics heißen. Sie geben, sofern sie durchgesetzt werden, Verlässlichkeit und Berechenbarkeit. Das aufgezeigte autokratische Verhalten zeitigt dagegen andere Folgen:

– Es behindert Arbeitsteilung und Spezialisierung , weil wohl definierte Zuständigkeits- und Verantwortungsbereiche fehlen und Vorgesetzte auf einem beliebigen Gebiet eingreifen können.

– Autokratisches Verhalten erhöht zudem die Unsicherheit aller Beteiligten (mit Ausnahme der absoluten Spitze), weil jederzeit ein Eingriff von oben erfolgen kann.

- Da abweichendes Verhalten meist sanktioniert wird, macht Eigeninitiative keinen Sinn und ist allenfalls auf Nebenschauplätzen gern gesehen – wie etwa beim sozialen Engagement.

- Die Folge ist die Lähmung von Verwaltungshandeln außerhalb reiner Routinevorgänge.

- Aus der Abwesenheit eines wohl definierten Zuständigkeits- und Verantwortungsbereichs folgt als weitere Besonderheit der orientalischen Autokratie das *Fehlen eines Dienstwegs*, der direkte Weisungsbefugnis ja erst eindeutig definiert. Jeder Vorgesetzte kann vielmehr auf jeder untergeordneten Ebene ohne Vorwarnung und unter Umgehung aller Zwischenebenen eingreifen. Westliche Manager können daher nicht erwarten, dass ihre gleichrangigen arabischen Counterparts ähnliche Entscheidungsbefugnisse haben wie sie selbst. Diese werden sich vielmehr immer mit ihrem obersten Chef abstimmen müssen. Ein Gesprächspartner kann jederzeit zu einem Vorgesetzten gerufen werden und dann unabkömmlich sein. In diesem Fall verzögern sich Verhandlungen notgedrungen. Den unterbrochenen Gesprächsfaden kann man erst ein bis zwei Tage später wieder aufnehmen. Kurzbesuche in arabische Länder empfehlen sich daher nicht.

- Einen Dienstweg gibt es auch von unten nach oben nicht. So kann sich jeder unten bei jeder beliebigen übergeordneten Instanz beschweren – und das wird auch erwartet. Diese *Beschwerdekultur* ist sehr alt: Auch der Geringste hatte das Recht, den Kalifen direkt anzurufen (wenn damit auch ein gewisses Risiko verbunden war). Allerdings muss gerade der fremde Beschwerdeführer große Vorsicht walten lassen. Beschwerden dürfen keinesfalls offen sichtbar vorgetragen werden, weil dies gleichzeitig ein Affront gegen den unmittelbaren Vorgesetzten bzw. den bisherigen Gesprächspartner und seine Kollegen wäre. In arabischen Ländern ist jeder ein kleiner Chef! Kommt man nicht zum Ziel, so bedankt man sich überschwänglich und versucht es bei der übernächsten Tür.

- Beschwerden lassen sich von der Obrigkeit nicht steuern. Sie werden daher ergänzt durch mächtige Geheimdienste, wie sie Rafik Schami so eindrucksvoll beschreibt (Schami 2004). Dieses *Spitzeltum* ist den Ländern des Nahen Ostens zur zweiten Natur geworden. Es ist allgegenwärtig bis hin zu den Informationen sammelnden „Bawab"s, den traditionellen Hausmeistern. Jedes Unternehmen hat sein internes Spitzelsystem, das Innenministerium setzt ganz offiziell seine Dienste in die Universitäten und in manchen Cafés kann man sich sicher sein, dass verdächtige Gespräche weiter getragen werden.

• Folgen dieser Hierarchie ohne Dienstweg ist gravierend. Verwaltungshandeln ist sehr kurzatmig ausgerichtet, sozusagen von einer „Ordre de Mufti" zur nächsten. Man nimmt es, wo immer das geht, nicht ernst, täuscht kurzfristig Aktivität vor und vergisst die Sache bald wieder. Die Betroffenen können auf solche Anordnungen nicht bauen, weil diese schon morgen wieder ersetzt werden können. Jeder Beschäftigte hat ja nicht nur einen unmittelbaren Vorgesetzten, sondern viele – alle, die in der Linie über ihm stehen. Arabisches Verwaltungshandeln zeichnet sich also durch mangelnde Verlässlichkeit aus. Dadurch greifen Verunsicherung und Lähmung aller Beteiligten um sich.

Die autokratische Verfassung ihrer Institutionen wird durch die Traditionen arabischer Gesellschaften sowohl verstärkt als auch vermindert:

• So wird der Abstand zwischen den Hierarchieebenen durch distanziertes Rollenverhalten verstärkt. Ein Vorgesetzter wird schon aus diesem Grund in vielen Situationen, vor allem aber vor Zeugen nicht mit sich reden lassen und eine einmal getroffene Entscheidung keinesfalls offen zurücknehmen. Er hat ja auch andere Wege. Niemand zwingt ihn, an der getroffenen Entscheidung faktisch festzuhalten. So könnte er beispielsweise abweichendes Verhalten seiner Mitarbeiter nicht sanktionieren. Das wäre dann das Zeichen, dass die betreffende Anordnung nicht mehr gültig ist.

• Gleichzeitig stärken die engen familiären Bande arabischer Gesellschaften die informelle Organisation und mildern autokratische Züge arabischer Verwaltungen ab. In arabischen Organisationen gibt es dadurch immer einen dritten Weg: Mit der Brechstange ist wenig zu machen, aber vielleicht hat ein Mitarbeiter, mit dem man sich angefreundet hat, einen Onkel, der mit dem Verursacher aktueller Probleme gut steht.

3.3 Status und Luxus

In arabischen wie den meisten orientalischen Gesellschaften besteht seit dem Altertum eine auffällige Tendenz, den eigenen Status durch Luxus zu betonen. Dabei sind vor allem zwei Wirkungszusammenhänge bedeutsam:

- Die schroffe Hierarchie in allen gesellschaftlichen Bereichen monopolisiert auch die Verfügung über materielle Güter. Die daraus folgende Tradition von Opulenz bei den Einflussreichen hat die Vorstellung einer engen Verbindung, ja der Identität von Status und Luxus verfestigt. Wer also Luxus zeigt, muss auch Status und Einfluss haben. Luxus bringt daher Vertrauen und Geschäfte.

- Mangelnde Verlässlichkeit des Staats und der Gerichte und relativ hohe, zudem stark schwankende Inflationsraten und plötzlich wechselnde ökonomische Gegebenheiten bewirken Unsicherheit und verkürzen den Planungshorizont der Wirtschaftssubjekte. Damit wird es sinnvoll, vorhandene Mittel hier und heute zu konsumieren. Investitionen geschehen großenteils in Grundbesitz, weil dieser dem Zugriff des Staates weniger ausgesetzt ist als Beteiligungen, Maschinen und Finanzvermögen. Da jedoch Kataster und meist auch Grundbücher fehlen, müssen Häuser und Wohnungen eng überwacht, möglichst selbst bewohnt werden. Auch hier deutet alles in Richtung Luxus.

Äußeres Zeichen des arabischen Strebens nach Status und Luxus ist der traditionelle Einrichtungs- und Kleidungsgeschmack: So sind die seit französischen Zeiten vor über 200 Jahren im unterägyptischen Damiette produzierten Möbel in den höfischen Stilen des Louis Seize, Régence und Empire nach wie vor allgegenwärtig, Wohnung und Kleidung sind opulenter und bunter als in Europa und selbst Frauen aus der Mittelschicht tragen üppigen Goldschmuck.

Auch westliche Expatriates und Besucher sollten sich diesem Statusdenken wenigstens zum Teil unterwerfen und sich beispielsweise bewusst sein, dass Ältere einen höheren Status besitzen als Jüngere. Deshalb macht es sehr viel Sinn, in ein arabisches Land MitarbeiterInnen über 45 zu entsenden. Sich seinem Status gemäß zu bewegen bedeutet angemessenes Verhalten, angemessene Kleidung und ein Fahrzeug, das das eigene Licht und das des repräsentierten Unternehmens nicht unter den Scheffel stellt. In den Emiraten sollten Geschäftsreisende teuere, aber keineswegs ausgefallene Markenkleidung tragen wie Armani, Lagerfeld oder Gucci, zumindest aber Boss. Visitenkarten des arabischen Gegenübers sollten aufmerksam studiert und mit einem Kompliment eingesteckt werden. Die eigenen Visitenkarten müssen eine arabische oder wenigstens englische bzw. französische Rückseite aufweisen. Akademische Titel sind darauf obligatorisch und die Stellung im Beruf sollte eher über- als untertrieben sein. Bei Besuchen ist auf absolute Ranggleichheit zu achten. Außerdem zahlt sich immer aus, wenn vor Geschäftsbesuch oder Stellenantritt ein höherer Vorgesetzter bei seinem arabischen Pendant anruft, den Neuankömmling avisiert und ihn möglichst überschwänglich lobt.

Abb. 3.1 Moderne Wohnung der Oberschicht in Kairo

Trotz dieses Strebens ist das soziale Leben kein Hauen und Stechen, weil auch die Zufriedenheit mit dem erreichten sozialen Status zum Verhaltskodex zählt. Diese Einstellung bringt ein arabisches Sprichwort auf den Punkt: „Das Auge kann nicht über die Braue hinaus." In Ländern wie Ägypten, in denen diese Sichtweise besonders ausgeprägt ist, haben auffällig viele Menschen der Unterschicht entspannte glückliche Gesichter. Man hat auch für die armen Leute viel Verständnis, was die Volksweisheit ironisch auf den Punkt bringt: „Wenn ein Reicher eine Schlange iss, so sagt man, er habe das aus Weisheit getan, wenn ein Armer das selbe macht so angeblich aus Dummheit."

Traditionell zeigen Araber wie andere Orientalen den eigenen Reichtum nicht öffentlich. Das Wohnhaus schließt sich gegenüber der Straße ab und verrät den Reichtum seines Besitzers allenfalls durch seine Größe. Fenster lassen Blicke nur von Innen nach Außen, nicht umgekehrt zu. Verlässt eine Frau ihr Haus, so schützt sie sich durch Niqab und Tschador vor fremden Blicken. Die Moderne hat hier einen bedeutenden Wandel bewirkt. Zwar sind Gesichtsschleier und Umhang nach Jahrzehnten der Liberalisierung seit den 1970er Jahren wieder auf dem Vormarsch, üppig geschmückte, westlich gekleidete Frauen sind jedoch in den meisten arabischen Ländern nach wie vor häufig zu sehen. In den reichen Neubaugebieten demonstrieren Villen in üppigem barockem Stil den Reichtum ihrer Besitzer auch nach Außen hin. Ihre großen Limousinen sprechen ohnehin für sich selbst.

ZWEITER TEIL
Arabische Mentalität

4 Persönlichkeit und Kompetenz

4.1 Bildung und Denkstil

Als die Arabische Liga vor einigen Jahren eine Bildungsoffensive beschloss, tat sie das aus gutem Grund: Etwa 96 Mio über 15 Jahre alte AraberInnen sind AnalphabetInnen, zwei Drittel davon weiblichen Geschlechts. Das entspricht einer Quote von 35,9% . Das sind ähnliche Werte wie im subsaharischen Afrika oder Südasien, aber weit höhere als in Lateinamerika oder Südostasien. Dabei werden die Werte durch einige positive Ausnahmen wie Jordanien, den Libanon, Libyen oder Syrien positiv beeinflusst. Im Gegensatz zu anderen Weltregionen wird sich am arabischen *Analphabetentum* in den nächsten Jahrzehnten sehr wahrscheinlich kaum etwas ändern: Immer noch gehen zehn Millionen arabische Kinder nicht zur Schule und wenn dieser Trend anhält, wird die Analphabetenquote auch 2015 noch so hoch sein wie heute. Allerdings ist der Anteil der Mädchen in der Primarstufe inzwischen etwas angestiegen. Fortschritte hat auch die höhere Bildung gemacht; bereits 1995 besuchten 53,7% eines Jahrgangs die Sekundar- und immerhin 12,5% die Tertiarstufe, also meist eine Universität. Hier ist das Geschlechterverhältnis fast ausgeglichen. (United Nations Development Programme 2005, S. 151f. u. 296) Allerdings werden in vielen arabischen Ländern AkademikerInnen hinsichtlich ihrer Fächer am Markt vorbei ausgebildet; der Bachalor ist dann nur noch gut für den Heirats-, nicht für den Arbeitsmarkt.

Hinzu kommt, dass die Schulen arabischer Länder oft nicht besonders gut sind. Die allermeisten von ihnen vermitteln Wissen durch bloßes Auswendiglernen. Ausgenommen davon ist nur eine kleine Elite, die entweder vor Ort oder in Europa französische, englische oder deutsche Schulen besucht haben. Amerikanische Schulen sind üblicherweise so stark kommerziell ausgerichtet, dass sie die SchülerInnen nicht ausreichend fordern. Sie sind, überspitzt formuliert, Bildungsanstalten für bequeme Reichen. Ähnliches lässt sich auch für viele in Ägypten und anderen arabischen Ländern seit einigen Jahren wie Pilze aus dem Boden schießenden Privatuniversitäten sagen (Schenk 2005).

Mean years of schooling (population 25 years of age or older) by gender, Arab countries and three Asian Tigers, 1960-2000

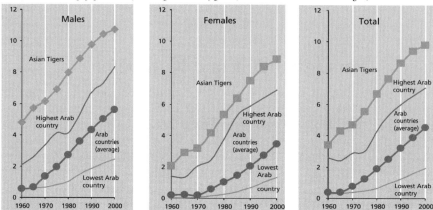

Abb. 4.1   Dauer des Schulbesuchs im Zeitablauf. Quelle: United Nations Development Programme 2003, p. 91.

In manchen ägyptischen und maghrebinischen Akademikerfamilien ist es Tradition, – meist mit einem staatlichen Stipendium – nach Europa oder in die USA zum Studium zu gehen, um danach als Ingenieur, Arzt oder Naturwissenschaftler Karriere im Heimatland zu machen. Diese Studenten haben meist bereits das Baccalaureat, Abitur oder A-Level einer Auslandsschule in ihrem Heimatland vorzuweisen. Sie wurden vielfach in bewusster Abgrenzung zu den meisten ihrer Landsleute zu Disziplin und Ehrgeiz erzogen. Dementsprechend machen sie meist schnell Karriere in Ministerien, dem diplomatischen Dienst, an Universitäten und in Unternehmen. Länder wie Ägypten und Tunesien haben diesen Spitzenkräften einen großen Teil ihrer Fortschritte zu danken. Zu erkennen sind sie an der akzentfreien Beherrschung ihrer Hauptfremdsprache. Sie stehen der westlichen Mentalität im Regelfall wesentlich näher als andere gebildete Araber. Religiöser Fundamentalismus ist unter ihnen praktisch nicht anzutreffen. Rund ein Viertel aller arabischen AkademikerInnen verlässt seine Heimatländer. Dieser Brain Drain hat sich im letzten Viertel des 20. Jahrhunderts noch verschärft, so dass heute etwa eine Million hoch qualifizierter AraberInnen in Europa und Nordamerika lebt. Viele von ihnen würden zurückkehren, sobald sie Kinder haben, damit insbesondere die Töchter in muslimischer Umgebung aufwachsen, sobald sie in ihren Heimatländern erträgliche Arbeits- und Lebensbedingungen erwarten können.

Die Einstellung zu *Büchern* ist insgesamt ambivalent. Einerseits nennt der Intellektuelle alten Schlags wie selbstverständlich eine kleine Bibliothek sein

Eigen und die Buchmessen von Kairo und – neuerdings – von Abu Dhabi erfreuen sich in der Mittel- und Oberschicht großer Beliebtheit. Andererseits sind Vorurteile gegen Belletristik, also erfundene, „gelogene" Geschichten weit verbreitet. Hinderlich ist natürlich auch die in den meisten arabischen Ländern allgegenwärtige Zensur auf allen Ebenen der Produktion und Verteilung von Geschriebenem durch verschiedene behördliche Instanzen. In der Konsequenz produziert der arabische Sprachraum so wenige Bücher wie kein vergleichbar großer. Zunehmender Beliebtheit erfreuen sich fundamentalistische religiöse Texte, die oft mit Auflagen von mehreren Hunderttausend über Kioske vertrieben werden. Übersetzungen sind dagegen trotz Förderung durch westliche Kulturinstitutionen eine rare Ausnahme. So wird ins Griechische sieben Mal so viel übersetzt wie ins Arabische, das fast 25-mal mehr Sprecher hat.

Zensur hat auch lange Zeit die Verbreitung des Internets behindert. Dies könnte einer der Gründe dafür sein, dass die Versorgung mit *Telekommunikation* hinter den Möglichkeiten der Region her hinkt. Die Region verfügte 1999 mit 19/1.000 Einwohner im Durchschnitt erst über etwa genauso viele PCs wie Südostasien und lag damit weit vor Südasien oder dem subsaharischen Afrika, aber weit abgeschlagen hinter Lateinamerika. Allerdings kam dieser insgesamt noch akzeptable Wert nur durch hohe Versorgungszahlen einiger Golfstaaten zu Stande. (United Nations Development Programme 2002, S. 156) Die Erschließung mit Internet war zudem bis vor kurzem wenig ausgeprägt. In den meisten arabischen Ländern gab es 2003 lediglich 43 Hosts (im Sinne eines Geräts mit IP-Adresse) pro 1000. Nur eine handvoll Golfstaaten sowie der Libanon lagen deutlich darüber. Man geht daher davon aus, dass im Jahr 2002 nur 0,6% der Bevölkerung das Internet genutzt haben. (United Nations Development Programme 2002, S. 22 u. 166f., 2005, S. 297)

Die Folge schlechter Schulbildung ist, dass auch formal gebildete Araber meist einen assoziativen, holistischen *Denkstil* haben – im Gegensatz zum strukturierten, logischen Denken, das in westlichen Ländern geschult wird. Psychologen sprechen auch von divergentem versus konvergentem bzw. assoziativem versus analytischem Denken. So übt man in den Bildungssystemen Deutschlands und Osteuropas konsequent dialektisches Denken ein. Dabei laufen These und Antithese über mehrere logische Stufen nebeneinander, bis sie am Ende logisch in einer Synthese versöhnt werden. In den Bildungssystemen südeuropäischer Länder trainiert man dagegen mehr oder weniger lange Kausalketten, in den USA einfache Kausalzusammenhänge.

Kinder arabischer Schulen müssen dagegen im Wesentlichen auswendig lernen. Sie behalten daher das dem Menschen angeborene divergente, assoziative Denken bei. Die „logische" Methode ist die des Mental Accounting oder Schubladendenken. Sie neigen daher auch wider alle Logik zu Verschwörungstheorien; die Tendenz dazu wird zusätzlich durch das starke Denken in Familienverbänden und Gruppenstrukturen gefördert. Divergentes Denken ist notwendig, um kreativ sein zu können. Und tatsächlich sind AraberInnen ungewöhnlich kreativ – im Studium, im Beruf und ganz allgemein im täglichen Leben. Diese Kreativität findet nur ihre Grenzen durch die ungewöhnliche Regelungsdichte der sunnitisch geprägten arabischen Kultur.

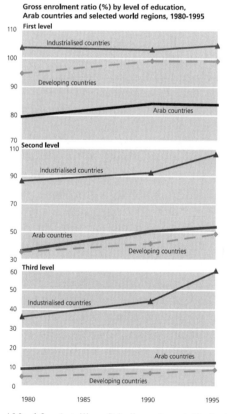

Abb. 4.2   Anteiliger Schulbesuch nach Stufen im Zeitablauf. United Nations Development Programme 2002, p. 53.

Objektivität und Logik haben im arabischen Kulturkreis zwar durchaus ihren Platz, sie treten aber – wie in westlichen Gesellschaften – in dem Moment vielfach zurück, in dem Emotionen in eine andere Richtung deuten. Im Gegensatz zum Westen wird Subjektivität in der arabischen Welt weit eher als legitim betrachtet und man bekennt sich daher offener zu ihr. Das liegt daran, dass Objektivität in den arabischen Gesellschaften kein Wert an sich ist. In westlichen Gesellschaften wird der objektive Zugang zu anstehenden Problemen als Voraussetzung für deren optimale Lösung betrachtet. Subjektivität haftet dort eher der Geruch der Infantilität an. Im arabischen Kulturkreis hat dagegen – oft zur Irritation westlicher Besucher – subjektive Emotionalität einen hohen Stellenwert. Dies ist einer der Gründe, weshalb das Verhalten von AraberInnen westlichen Beobachtern manchmal fast kindlich erscheint.

Aus all diesen Gründen sind *Forschung und Entwicklung* ganz offensichtliche Schwächen der arabischen Welt. Das hat weitere Gründe:

- Einer der wichtigsten liegt in ihrer Gängelung. Universitäten unterliegen durchweg einer strengen staatlichen Aufsicht. Sie umfasst Eingriffe bei Besetzungen von Lehrstühlen und Professuren ebenso wie politische und religiöse Zensurmaßnahmen für Publikationen und ein Heer von Spitzeln und Zuträgern.

- Publiziert werden kann nur in Hocharabisch (oder Englisch). In Hocharabisch darf aber nach strenger sunnitischer Auslegung nur ausgedrückt werden, was bereits im Koran angelegt ist. Daher sind viele Naturwissenschaftler damit beschäftigt genau das nachzuweisen und verknappen so zusätzlich die ohnehin geringen wissenschaftlichen Ressourcen.

- Die Bildungssysteme produzieren eine zu geringe Zahl geeigneter, international konkurrenzfähiger Absolventen. Von den wenigen gut ausgebildeten AraberInnen verlassen zudem in einem Brain Drain viele die Region. Jeder vierte Universitätsabsolvent kehrt Ägypten den Rücken, meist um in die USA oder nach Europa zu gehen. So hat der ägyptische Chemiker Ahmed Suwail, einziger arabischer Wissenschaftler mit einem Nobelpreis, seine wissenschaftlichen Leistungen in den USA vollbracht und ist nicht mehr zurückgekehrt. (Außer ihm haben nur noch die Ägypter Nagib Machfus und Mohamed ElBaradei, Präsident der Internationalen Atomenergie-Organisation, 1988 bzw. 2005 die Nobelpreise für Literatur bzw. Frieden erhalten.)

- Wichtig ist auch die gravierende Unterfinanzierung von Forschung und Entwicklung. Nach dem World Science Report der UNESCO gaben die arabischen Länder für beide Bereiche im Jahr 1996 mit 0,4% ihres Bruttoinlandsprodukts so wenig aus wie kaum eine andere Weltregion. (Die wenigen neueren Zahlen lassen auf keine Verbesserung hoffen.) Im Vergleich dazu stand selbst Kuba mit 1,3% glänzend da und Japan war mit 2,9% unerreichbar. Hochschullehrer werden in Ländern wie Ägypten, Algerien und Syrien grotesk unterbezahlt. Vom Gehalt eines Professors kann dort unmöglich eine Familie ernährt werden. (Es beträgt z.B. in Ägypten rd. 4.500 EGP ≈ 500 €.) Als Folge wenden sich die Professoren Nebentätigkeiten zu. Die Lehre leidet und wer Universitätsprüfungen bestehen will, ist vielfach auf separat bezahlte Nachhilfe oder Kurse der prüfenden Hochschullehrer angewiesen.

- Wirtschaft und Gesellschaft der arabischen Länder sind sehr kurzfristig ausgerichtet. In einem solchen Umfeld „lohnen" Forschung und Entwicklung nicht, weil man die betreffenden Erkenntnisse und Produkte ja viel günstiger am Markt einkaufen kann.

Das Ergebnis ist erschütternd: Seit 1963 kamen aus Ägypten 100 Anmeldungen von US-Patenten, aus Deutschland dagegen 300.000. Durch algerische Einwohner wurden gerechnet auf eine Million Einwohner 2004 weltweit 1,7 Patente angemeldet, durch georgische 55, durch französische 236 und durch US-amerikanische 645. (Andere arabische Zahlen fehlen.) Nur zwischen 1 (Algerien) und 19,7% (Tunesien) aller Exporte stammen aus jüngeren Mittel- und Hochtechnologien, während die betreffenden Zahlen für Brasilien bei 32,9, für die USA bei 66,2 und für Japan bei 80,8% lagen. Immerhin zeigt sich Bewegung: Die Zahl der wissenschaftlichen Artikel in referierten Journals summierte sich von 1990 bis 95 auf 34.594, während sie von 1970 bis 75 erst 5.865 betragen hatte. (Neuere Zahlen fehlen.) (Lubbadeh 2007, Butler 2006)

4.2   Selbstständigkeit und Verantwortungsbewusstsein

Zwar gibt es auch im Arabischen eine Entsprechung des deutschen Sprichwort gibt „Glück hat auf Dauer nur der Tüchtige", die Einstellung vieler AraberInnen zum eigenen Schicksal gibt jedoch das Wort „Kismet" (türk. für „Vorherbestimmung" von arab. „Kisma(t)") trefflicher wider: Alles liegt in Gottes Hand. Die Welt ist dynamisch und unvorhersehbar mit nur wenigen erkennbaren oder von einander unabhängigen Mustern. Die Menschen sind der Entwicklung ausgesetzt, können nicht vorausplanen. Westliche Geschäftspartner nennen das dadurch initiierte Verhalten vieler Araber die IBM-Strategie. „I" steht für „Insha'Allah" („So Gott will."), „B" für „bukra" („morgen") und „M" für „Ma'alesh" („Macht nichts!"). Vergleichsweise wenige AraberInnen glauben daher daran, dass eigene Handlungen ihre Lage verändern können („*Selbstwirksamkeit*"). In den einzelnen arabischen Ländern zeigten sich lediglich zwischen 49 und 55% der Befragten einer soziologischen Untersuchung davon überzeugt. Nur in den dynamischen Emiraten lag der Prozentsatz bei 64% (Deutschland 66%), während Österreich bei 75, die Schweiz bei 77, die USA bei 82 und Israel sogar bei 88% landeten (Trompenaars/ Hamden-Turner 1997, S. 144).

Wer einen starken Glauben an die eigene Kompetenz hat, zeigt bei der Bewältigung von Aufgaben eine größere Ausdauer, hat größere Erfolge in Ausbildung und Beruf und ist weniger anfällig für Angststörungen und Depressionen. AraberInnen zeigen sich in ungewöhnlich hohem Maße überzeugt, dass Ereignissen, die sie betreffen, auf äußere Umstände zurückzuführen sind. Psychologisch gesprochen attribuieren sie external, haben einen externen „Locus of Control". Bei negativen Ereignissen ist das auch bei Europäern normal, nicht jedoch bei positiven. Nur wenn man auch nach dem eigenen Beitrag und ggfs. dem eigenen Verschulden für ein Ereignis forscht, kann man dazulernen. Daher ist die internale Attribution negativer Ereignisse eine wichtige Eigenschaft erfolgreicher Unternehmerpersönlichkeiten. Das Attributionsverhalten vieler AraberInnen ist somit hinderlich beim Aufbau innovativer moderner Volkswirtschaften. Dass AraberInnen einen überwiegend externen Locus of Control haben, findet seinen Ausdruck auch im weit verbreiteten Sündenbock- und Verschwörungsdenken in der Region und verhindert damit ggfs. sinnvolle politische Lösungen.

Zur passiven Einstellung tragen die weite Verbreitung des autoritären *Erziehungs- und* des autokratischen *Führungsstils* im arabischen Raum bei, die beide viel mehr auf direkten Eingriffen als auf indirekter Leitung durch Vorbild oder Begleitung beruhen. Die Schulen sind durchweg auf reines Auswendiglernen ausgerichtet und fördern keineswegs Selbstständigkeit und Eigenverantwortlichkeit. Die Rollen in den Familien sind fest verteilt und Anordnungen etwa des Oberhaupts der Großfamilie oder des Clans, des Vaters, der Mutter oder der Schwiegermutter der Kleinfamilie in ihren jeweili-

gen Kompetenzbereichen dulden keinen Widerspruch. Fügt sich eine Frau
oder ein Kind nicht, so ist körperliche Züchtigung durchaus üblich. Ist die
Familienehre betroffen, so können sich die Maßnahmen bis hin zum Ehren-
mord steigern. Sorge und Verantwortung der Familienmitglieder erstreckt
sich bis in die. Wenn das berufliche Fortkommen jedoch an der Zugehörigkeit zu einer Familie hängt, ist Ehrgeist sinnlos – ob man nun zu einer einflussreichen Familie gehört oder nicht.

Auch die starre, willkürlich eingreifende Hierarchie in den meisten arabischen Organisationen trägt zu dieser Passivität bei. Moderne westliche Or-
ganisationsformen sind dagegen im arabischen Raum vielfach nicht adäquat.
Flachere Hierarchien bedeuten für jede(n) Vorgesetze(n) eine größere Anzahl an MitarbeiterInnen und für jede(n) MitarbeiterIn einen größeren selbst
verantworteten Bereich. Flache Hierarchien setzen also selbständige MitarbeiterInnen voraus. Im arabischen Kulturkreis benötigen Unternehmen daher
normalerweise mehr Hierarchieebenen als im westlichen. Eine Fülle von
Faktoren hemmen in arabischen Organisationen *Eigeninitiative und Verant-
wortungsbewusstsein*. Da ist einmal ihre autokratische Verfasstheit, ihre
Willkür und ihr Mangel an Regelbindung („Hierarchie ohne Dienstweg"),
die jederzeit Eingriffe von Oben befürchten lassen. Die MitarbeiterInnen
haben keine eigenen Verantwortungsbereiche. Stattdessen sind sie Nepotismus, Spitzeltum, Beschwerdekultur und der Möglichkeit ausgesetzt, dass
jederzeit jemand bei einem Vorgesetzten intervenieren kann, den man selbst
aber sogar bei nichtigen Entscheidungen fragen muss. Das gilt von den nied-
rigsten bis zu den höchsten Chargen. So kann es durchaus passieren, dass im
kleinen Bügel-Laden die dringend benötigten Hemden nicht herausgegeben
werden, weil der Inhaber abwesend ist. Die Folge dieser Kompetenzlosigkeit
ist eine Unsicherheit auf allen Ebenen, die Lähmung aller Bereiche aus
Furcht, etwas falsch zu machen. Die Devise heißt, nur nicht aufzufallen.
Leistung wird nicht erwartet. Am besten ist es also, man verhält sich still, ist
freundlich zu jedermann und erledigt nur direkte Aufträge – und auch das
nur nach mehrmaliger Aufforderung; der Auftraggeber könnte es sich ja
inzwischen anders überlegt haben. Da alle Initiative von Oben kommt, die
Oberen im Regelfall beratungsresistent sind und ihren Posten familiären
Beziehungen, nicht ihrer speziellen Ausbildung oder gar ihren Verdiensten
verdanken, blüht das Dilettantismus auf allen Ebenen. Spezialistentum ist
nicht gefragt.

Druck, Sanktionsdrohung, feste Verhaltensregeln, Bewertungen, Termindruck, ja sogar Geld u.a. Belohnung können nur eine extrinsische, also von Außen kommende (Fremd-) *Motivation* bewirken. Dagegen beeinträchtigen sie die intrinsische Motivation oder beseitigen sie sogar vollständig. Intrinsische oder Selbstmotivation wirken von Innen durch Disziplin und verinnerlichte Regeln. Extrinsische Motivation wirkt nur kurzfristig und bedarf daher der ständigen Erneuerung. Intrinsische Motivation wirkt langfristig, bedarf aber kooperativer oder kollegialer Führungsstile. Sie begünstigt Kreativität und erhöht die Leistungsfähigkeit. Autoritärer Erziehungs- und autokratischer Führungsstil sind geeignet, wiederholte Erfahrungen der Hilf- oder Machtlosigkeit zu vermitteln. Ab einer bestimmten Zeitdauer und Intensität stellen die betroffenen Menschen negative Zustände auch dann nicht mehr ab, wenn sie dies objektiv betrachtet könnten. Man spricht von „erlernter Hilflosigkeit". Die weite Verbreitung von Fremdmotivation und erlernter Hilflosigkeit beeinträchtigt die Entwicklung der arabischen Gesellschaften.

Westliche Manager fahren dennoch mit autoritärem Führungsstil nicht am besten. Westlicher Befehlston ist nämlich sehr gut geeignet, eine der vielen Regeln der Höflichkeit zu verletzen oder gar zu einem Gesichtsverlust der Angesprochenen zu führen. Das Resultat wäre eine Verhärtung der Positionen, innere Emigration und bestimmt nicht das gewünschte Ergebnis. Gerade direkte Kritik kommt nicht gut an – zumal nicht vor Zeugen. An deren Stelle sollten Verbesserungsvorschläge unter vier Augen treten. Sie werden als indirekte, also akzeptable Kritik verstanden und deshalb eher befolgt. Oft sind Besprechungen angesagt, auf denen jede(r) zu Wort kommt. Anschließend hat niemand etwas dagegen einzuwenden, wenn der Chef entscheidet. Solche Besprechungen sind noch häufiger als in mitteleuropäischen Unternehmen. Sie dienen gerade zwischen Sprechern unterschiedlicher Sprachen auch dazu, immer mögliche Missverständnisse auszuräumen. Araber möchten persönliche Beziehungen aufbauen. Das sollte man zulassen, sofern die Rangunterschiede nicht zu groß sind. Lächeln ist international und gemeinsame Späße sind der Autorität eines Vorgesetzten durchaus nicht abträglich.

Statt aktiv zu werden und selbst zu gestalten, haben AraberInnen gelernt Risiken zu minimieren. Solche *Risiken* gibt es viele in arabischen Ländern: willkürliche Eingriffe des Staates, Eigenmächtigkeiten Mächtigerer oder ökonomisch Stärkerer, gegen die man sich mangels guter Beziehungen und angesichts unzuverlässiger Gerichte nicht wehren kann, kleine Betrügereien, die man zunächst nicht bemerkt etc. Daher macht passives, kurzfristig ausgelegtes Handeln auch ökonomisch Sinn: Wo hohe Risiken herrschen, diskontiert man mit einem höheren Risikoabschlag, so dass die weitere Zukunft ökonomisch irrelevant wird. Damit wird Vieles kurzfristig und oftmals will man keine Kunden für längere Zeit gewinnen, sondern sucht nur den kurzfristigen Vorteil. AraberInnen machen alle möglichen Dinge gleichzeitig; immer kann etwas dazwischen kommen und weil das jede(r) weiß, macht Zielstrebigkeit über einen längeren Zeitraum keinen Sinn.

4.3   Sorgfalt und Methodenkompetenz

Gewissenhaftigkeit ist in arabischen Ländern kein Wert an sich. Man strengt sich an, wenn man sich durch Umstände, Vorgesetzte oder Regeln dazu veranlasst sieht, aber das Ausmaß dieser Anstrengungen bleibt vielfach gering. Nur wenige Berufe wie etwa die Ärzte haben ein Berufsethos, das sich in konkreten Handlungsdirektiven niederschlägt. Besonders auffällig ist dies bei Handwerkern und Arbeitern. Während sich der Stolz gerade mitteleuropäischer *Handwerker* bereits in den vormodernen Zunftordnungen Ausdruck verschaffte und der Stolz der Facharbeiter, gefördert durch Arbeiter- und Gewerkschaftsbewegung, darauf gerichtet ist, dass sie die Dinge schaffen, die die Gesellschaft benötigt, gilt körperliche Arbeit im arabischen Raum nach wie vor als niedere Tätigkeit. So kommt der Elektriker oder Schreiner viel zu spät, ausgerüstet mit krummen Schrauben und Nägeln und einem Schraubenzieher ohne Griff, begutachtet den Schaden, verschwindet für zwei Stunden, um das notwendige Material zu besorgen, hantiert ein wenig herum, wartet nach „getaner" Arbeit, bis das Telefon den Auftraggeber ablenkt, kassiert nebenbei ab und verlässt schnell das Haus. Danach stellt sich heraus, dass der Schaden gar nicht beseitigt und vielleicht sogar ein neuer Schaden angerichtet ist. Das Ganze war schon allein deshalb viel zu teuer, weil der Handwerker für das Material zu viel verlangt hat. Das Beispiel mag überspitzt klingen, es entspricht aber in Ländern wie Ägypten oft der Realität, wo man sich die Adressen guter Handwerker unter Freunden weitergibt wie in Deutschland die günstiger Einkaufsmöglichkeiten gehobener Güter.

Ein gutes Beispiel für einen Mangel an Gewissenhaftigkeit sind auch die *Taxifahrer.* Sie sprechen selbst in Städten wie Kairo meist kein Englisch, kennen sich lediglich im eigenen Stadtviertel aus und verfügen weder über einen Stadtplan noch könnten sie ihn lesen. Normalerweise nennt man ein

Stadtviertel und der Taxifahrer erwartet, dort angekommen, dass man ihn die letzten Kilometer dirigiert: „links" („schmäl"), „rechts" („jamin"), „geradeaus" („ala tul"), „hier ist es" („hina bass"). Fahrer, die keine Lust zu einer „weiten Reise" haben oder fürchten, leer zurückfahren zu müssen, lehnen die Fuhre ab. Man kann sich jedoch nicht darauf verlassen, dass unkundige Fahrer in ihrem Viertel bleiben. So wollte der Autor von New Cairo City zur Garden City, einem zentralen, wohlbekannten Viertel gebracht werden, fand sich, eh er sich versah, nach einer falschen Ausfahrt der Stadtautobahn zehn Kilometer nördlich und konnte einen wichtigen Termin nicht einhalten. In der Folge stellte sich heraus, dass der Taxifahrer gar nicht wusste, wo sich das gesuchte Stadtviertel befand, weil er gerade erst vom Land zugewandert war. Auch um den Zustand vieler Taxis steht es so schlecht, dass die Kairener von „rollenden Särgen" sprechen; kaputte Stoßdämpfer und Bremsen, Abgase im Innenraum, fehlende Türgriffe und Fenster, zwei statt vier Zylindern: „Ma'alesh" („Macht nichts!"). Solche und ähnliche Geschichten sind mehr oder weniger in allen arabischen Ländern an der Tagesordnung. Lediglich den Emiraten und Katar stammt die Mehrzahl der Taxifahrer aus fernen Ländern, kann gut Englisch und kennt sich wenigstens einigermaßen aus und in den Golfstaaten sind die Taxis natürlich neu.

Teilweise ist dieser Mangel an Gewissenhaftigkeit auf einen Mangel an beruflicher Ausbildung zurückzuführen, gibt es doch (fast) keine geregelte *berufliche Ausbildung* außerhalb der Universitäten. Sind für eine berufliche Tätigkeit kleinere Prüfungen vorgeschrieben, so ist doch die eigentliche Hürde die Beschaffung der behördlichen Genehmigung – und die kauft man. Die Kohl-Mubarak-Initiative, die die außeruniversitäre berufliche Bildung in Ägypten und der Region fördern soll, kann bisher allenfalls punktuelle Erfolge verzeichnen und soll nun neue Impulse erhalten. Die alten, einst hoch stehenden Handwerke sind bis auf wenige Reste verschwunden. Orientalischer Schmuck wird fast ausschließlich in Indien hergestellt, traditionelle bunte Töpferware industriell in Tunesien. Zwar sind Teppichknüpferinnen, Kupferkessel- und Maschrabeija-Bauer noch einigermaßen häufig, werden Einlegearbeiten in Stein, Holz, Halbedelstein oder Elfenbein etwa in Syrien oder Ägypten noch handwerklich hergestellt, die große Masse der Handwerksprodukte wird jedoch aus Indien eingeführt. Nur ganz vereinzelt gibt es noch die alten gehobenen Handwerke wie Kunstdrechsler, Buchbinder, Weber, Papierer und Parfümeure. Schreiner liefern oft eine erbärmlich schlechte Arbeit ab; die Füße von Sitzmöbeln oder Tischen sind ungenügend

verzapft, Türen stören einander beim Öffnen, Beschläge sind nach Augen-
maß und daher unregelmäßig angebracht. Auch moderne Handwerke sind als
Ausbildungsberufe verschwunden. Elektriker, Automechaniker, Installateure
sind ausschließlich angelernt und dementsprechend oberflächlich.

Abb. 4.3   Privatauto in Kairo, 2007

Da viele Positionen beim Staat und in der Wirtschaft durch Verwandte besetzt werden, leiden Kompetenz und Motivation auch anderswo. Da alle
Entscheidungen ganz Oben getroffen werden, ist die Sachkenntnis vielfach
gering, ist dem Dilettantismus Tür und Tor geöffnet. Es wird nach Augenschein, sozialen Gesichtspunkten oder eigenen Interessen entschieden, nicht
aber nach sorgsamer, fachkundiger Planung. Angesichts der Kurzatmigkeit
der arabischen Wirtschaft leiden *Qualitätsbewusstsein* und Wartung. Qualität zu liefern ist teuer. Ist sie nicht beim Kauf zu erkennen, so stellt sie sozusagen eine Investition in die Kundenzufriedenheit, also in die Zukunft dar.
Wer weiß aber, was in Zukunft sein wird? So wird immer nur repariert, was

zum unmittelbaren Aufrechterhalten der Funktion notwendig ist. Man macht keinen Ölwechsel und repariert das Auto stattdessen notdürftig am Straßenrand. Bereits Muhammad Alis Bemühungen, eine funktionierende staatliche Baumwollindustrie in Ägypten aufzubauen, scheiterten in den 1830er Jahren an Unwillen und Unverständnis der – allerdings zwangsverpflichteten – Arbeiter, die die Maschinen nicht warteten, Werkzeug, Material und Betriebsmittel stahlen, Sabotage durch Beschädigung der Maschinen und Brandstiftung verübten und sich der Arbeit durch Selbstverstümmelung und Flucht entzogen (Landes 1999, S. 210–215).

Auch im arabischen Raum gibt es natürlich Lichtblicke. Die reichen Bewohner der arabischen Halbinsel haben Qualität für sich schon länger als erstrebenswert erkannt. Die Textil- und Bekleidungsindustrie Ägyptens drängt mit Macht in höherwertige Segmente und macht den gehobenen europäischen Marken zumindest im eigenen Land heftige Konkurrenz. Ganze neue Industrien auf internationalem Niveau sind entstanden. Dazu zählen Mobilfunk und Bankwesen in mehreren arabischen Ländern. Es ist daher zu erwarten, dass sich berufliche Ausbildung, Methodenkompetenz und Sorgfalt in dem Maße verbessern werden, in dem die wirtschaftlichen, rechtlichen und Rahmenbedingungen verlässlicher und längere Zeithorizonte sinnvoll werden. Bis dahin heißt es oft für Expatriates und Geschäftspartner, sich in Geduld zu üben.

4.4 Emotionalität und Teamfähigkeit

Kommunikation vermittelt im arabischen Raum viele *Emotionen*. Man spricht viel, wiederholt sich, verwendet vielfach Gesten, schwört bei Gott und schreit auch einmal herum, wenn man erregt ist. Mittel- und Nordeuropäer würden sagen: Man spricht theatralisch. Aber so empfindet ein Araber nicht. Für ihn ist eine Rede oder ein Gespräch nur dann authentisch, wenn sie genau solche Elemente enthält. Westliche Besucher müssen (und können) sich dem nicht vollständig anpassen, sie sollten sich aber bewusst sein, dass einfache, ruhige Sätze vielfach nicht gewürdigt werden. Ein Araber mag sich in einem solchen Fall fragen, ob man das Gesagte auch ernst meint – nicht weil er den sachlichen Inhalt bezweifelt, sondern weil er eine Bestärkung erwartet. Der westliche Gesprächspartner tut in diesem Fall gut daran, emphatisch „Ja, ja, ja!" zu sagen. (Nydell 2002, S. 120f.)

AraberInnen sind es gewöhnt, die Welt unter einem persönlichen Blickwinkel zu betrachten. Der objektivierende Blickwinkel westlicher Ausländer erscheint ihnen oft als kalt und an den wesentlichen Dingen vorbei zu gehen. Persönliche Aspekte wiegen auch bei Entscheidungen schwer. Will man im arabischen Kulturraum überzeugend wirken, so sollte man seine Rede mit emotionalen Aspekten bereichern wie dem Hinweis auf eine bestehende Freundschaft. Regeln werden im arabischen Raum nicht als unveränderlich empfunden; sie müssen sich vielmehr im Lichte der Beziehungen zu anderen Personen bewähren. AraberInnen werden daher immer versuchen, durch persönliche Intervention Ausnahmen von belastenden Regeln zu erreichen. Das gilt für Behördengänge ebenso wie für Prüfungen und wirtschaftliche Verträge, ja man macht in jedem Fall noch einen letzten Versuch der persönlichen Intervention, trotz ungenügender Voraussetzungen und Ablehnung einen Studien- oder Arbeitsplatz zu erhalten oder die Freistellung von Gebühren zu erreichen. Dementsprechend wichtig sind persönliche Gespräche. Einen Fall abzulehnen, ohne zu einem klärenden persönlichen Gespräch bereit zu sein, wird auf Unverständnis stoßen. Das geht vielfach so weit, dass vom Vorgesetzten Hilfe beim Ausfüllen von Formularen und die persönliche Intervention beim obersten Vorgesetzten des Empfängers erwartet wird. In der Tat macht eine solche Intervention Sinn, weil Entscheidungen in arabischen Ländern ja wirklich zentral gefällt und revidiert werden. Hat eine Intervention Erfolg, so zeigt das auch, dass der Intervenierende Einfluss hat, und er steigt im Ansehen aller Beteiligten.

Überzeugung ist also im arabischen Kulturraum nicht allein eine Sache der Logik. *Argumentation* und Überzeugung sind vielmehr interaktive Künste, argumentativ fein verwoben mit Emotionalität. Dabei haben Empörung und Freude ebenso ihren Platz wie sachliche und poetische Vergleiche, Stimmmodulation und emotionale Gesten. Solche „Verhandlungen" brauchen natürlich ihre Zeit. Vordergründig logische Argumentation transportiert oft nur eine tiefer gehende Emotionalität. Man sollte sie nie abrupt abbrechen; das wäre ein Affront gegenüber dem arabischen Gesprächspartner. Gespräche und selbst Geschäftstermine laufen im arabischen Raum oft in großer *Unruhe* ab. Man trommelt auf den Tisch, das Telefon klingelt, ein Anwesender verlässt kurzzeitig den Raum, es werden Unterschriften eingeholt, man telefoniert selbst etc. etc. Das ist alles ganz normal, lässt sich nicht ändern und muss einfach einberechnet werden. Kennt man einander kaum oder sind die Hierarchie- oder Altersunterschiede zu groß, so werden Diskussionen dagegen auch im arabischen Raum recht ruhig ablaufen. Außerdem gibt es geografische Unterschiede. So sind die Menschen der arabischen Halbinsel im Allgemeinen deutlich ruhiger und distinguierter als die übrigen AraberInnen. Straff geführte Diskussionen sind möglich, aber selbst in westlich orientierten Unternehmen oder Ländern die Ausnahme.

Abb. 4.4   Tee begleitet auch die unbedeutendste „Verhandlung"

Europäer und Nordamerikaner unterliegen dem Vorurteil, kalt und emotionslos zu sein. Entsprechende Signale bestätigen und bestärken solche Vorurteile. Zu emotionslosen Menschen kann ein Araber kein *Vertrauen* aufbauen und Vertrauen ist die Basis für Geschäfte im Orient. Westliche Besucher und Expatriates sollten daher entsprechende Klippen vermeiden und nach Möglichkeit entkräften. So lieben jeder Araber und vor allem jede Araberin Kinder. Es wirft deshalb ein sehr schlechtes Licht auf einen westlichen Besucher, wenn er erkennen lässt, dass er mit Kindern nichts anfangen kann. Das gilt natürlich besonders für Frauen. Wer keine Kinder liebt, zu dem kann man kein emotionales Verhältnis aufbauen und auch geschäftlich kein Vertrauen fassen. AraberInnen haben große Achtung vor dem Alter. So besagt ein arabisches Sprichwort: „Einen Tag älter als Du, ein Jahr weiser als Du!" Wenn ein Westler bei Gelegenheit zeigt, wie gern er seine Eltern hat, so sammelt er (weitere) Sympathiepunkte. Auch Mitleid ist außerordentlich positiv besetzt. Ein westlicher Expatriate kann durch kaum etwas so schnell

Sympathie erringen wie durch Mitgefühl, besonders gegenüber seinen Mitarbeitern. Distanziertes Verhalten in einer Mitleid heischenden Situation wird auch dem zupackendsten Manager übel genommen.

AraberInnen sind in starkem Maße soziale Wesen. Auf die Frage, wie Individuen ihre Lebensqualität erhöhen könnten, optierten in Ägypten mit 30% so wenige Personen wie in keinem anderen Land für größtmögliche Freiheit. Mehr als zwei Drittel entschieden sich für die Alternative, der konstanten Sorge um die Mitmenschen, selbst wenn dies die individuelle Freiheit beeinträchtigen sollte. (Trompenaars 1997, S. 51) ÄgypterInnen sind allerdings auch unter den AraberInnen ungewöhnlich verträglich. AraberInnen der Halbinsel sind distanzierter, MaghrebinerInnen gelten als impulsiver und aggressiver. Im Vergleich zu EuropäerInnen sind AraberInnen aller Regionen jedoch vergleichsweise höflich und verträglich. Sie legen viel Wert auf freundschaftliche Kontakte und sind sehr darauf erpicht darauf, im Guten auseinander zu gehen.

Während Sozialisation und Ideale im arabischen Raum auf Verträglichkeit zielen, bewirkt die weithin repressive Erziehung in Schulen und vielen Familien *Neurotizismus*. Hohe Werte gehen einher mit emotionaler Labilität, Nervosität, Neigung zu körperlichen Schmerzen, Ärger, Ängsten und Stressanfälligkeit. Sie führen zu unausgeglichenem Verhalten und (Auto-) Aggression. Da Höflichkeit und Rücksichtnahme mit der sozialen Distanz zunehmen und Emotionalität sozial weithin akzeptiert ist, gehen in arabischen Ländern bei manchen Auseinandersetzungen die Wogen hoch; man schreit einander an, wenn ein Auto den Weg blockiert oder im Verkehr ein Blechschaden entstanden ist, greift einander an den Kragen und wird nur mit Mühe von den Umstehenden zur Raison gebracht. Anschließend kann es durchaus sein, dass man im nächsten Café zusammen einen Tee trinkt.

AraberInnen lieben es zusammenzuarbeiten. Es gibt eine ganze Reihe von Sprichwörtern, die das thematisieren:

- „Eine Hand allein kann nicht klatschen." (d.h. Kooperation ist notwendig)
- „Die Hand Gottes schützt die Gruppe." (d.h. Einigkeit macht stark.)

Teamwork ist daher im Regelfall kein Problem in arabischen Ländern. AraberInnen sind meist sogar ungewöhnlich teamfähig, weil sie kommunikationsfreudig sind und sich gut in Gruppen einordnen. Allerdings sollte man bei der Zusammensetzung von Teams darauf achten, dass die Teammitglieder in etwa denselben Rang haben. Ansonsten bestimmt der Ranghöchste und die anderen verstummen. Da informeller Rang und formale Stellung nicht zwangsläufig deckungsgleich sein müssen, empfiehlt es sich dabei zumindest für den unerfahrenen Expatriate, arabische Vertrauenspersonen zu befragen.

5 Abgrenzung nach Innen und Außen

5.1 Offenheit

Die meisten arabischen Länder haben auf Grund ihrer geografischen Lage und ihrer Geschichte eine ungewöhnlich *vielfältige Bevölkerung* (Teebi/ Faraq 1996). So gibt es in den Staaten Nordafrikas mindestens zehn Millionen Berber. Sie stellen in Marokko vermutlich die Mehrheit, sind aber auch in den anderen Mahrebstaaten prominent vertreten. Hinzu kommen namhafte Anteile dunkelhäutiger Araber, die von subsaharischen Sklaven abstammen sowie Abkömmlinge aus dem gesamten Mittelmeerraum und dem Kaukasus eingewanderter Personen. Die Gesichter der Menschen etwa im ägyptischen, tunesischen oder syrischen Straßenbild sind so vielfältig wie in keinem europäischen und in kaum einem amerikanischen Land – von Asien ganz zu schweigen. Inzwischen gibt es auch genetische Hinweise auf eine ungewöhnlich hohe Biodiversität im Nahen Osten (Ramachandran 2005). Vor einigen Jahrzehnten war die Arabische Halbinsel mit Ausnahme des Oman, zu dem über Jahrhunderte das ostafrikanische Sansibar gehörte, ethnisch sehr viel einheitlicher. Der Ölreichtum hat jedoch in den meisten Ländern zu einer starken Zuwanderung aus anderen arabischen Ländern, Europa und Südasien geführt.

In den meisten arabischen Ländern kommt es nur zu einer geringen Durchmischung der verschiedenen Ethnien, weil diese streng darauf achten, bei Heiraten unter sich zu bleiben (Teebi/ Faraq 1996). Auf diese Weise werden ethnische Unterschiede auch sozial konserviert. So sind die immer noch nach Hunderttausenden zählenden Sklaven in Mauretanien von schwarzer, ihre Herren weit überwiegend von hellerer Hautfarbe. Auch in anderen arabischen Ländern sind die Gesichter in den Elendsvierteln am dunkelsten und an Privatuniversitäten und in Vorstandsetagen am hellsten. Die Nachkommen der jahrhundertelang aus Schwarzafrika verschleppten Sklaven haben es bis heute meist nicht geschafft, aus elenden Dörfern und Slums auszubrechen und die ehemals aus dem Norden eingewanderten Kaufmanns- und

Spezialistensippen verfügen seit langer Zeit über den gleichen großen Einfluss. Man kann dasselbe Phänomen gut in Internetforen und Onlineagenturen zur Partnersuche beobachten, wo Kategorien wie „Race" und „Religion" akribisch und differenziert bezeichnet werden und offenbar eine wichtige Rolle spielen. Hintergrund sind zum Teil massive Vorurteile sowohl gegenüber anderen Religionen als auch gegenüber den aus einer früheren Sklavenpopulation hervorgegangenen negroiden Mitbürgern.

Eine wichtige Rolle spielt die Religion. Da Mischehen lediglich zwischen muslimische Männern und Frauen der Schriftreligionen möglich und dementsprechend selten sind, weisen religiöse Gruppen oft genetische Unterschiede auf. So haben Christen im Libanon genetische Gemeinsamkeiten mit Westeuropäern und dortige Muslime solche mit Bewohnern der arabischen Halbinsel (Zelloua 2008). Die koptische Minderheit in Ägypten sieht sich als Nachfahren der Alten Ägypter. Ihre (traditionelle, heute sakrale) Sprache, das Koptische, ist tatsächlich die letzte Entwicklungsstufe des (Alt-) Ägyptischen. Ob die Kopten aber tatsächlich direkt von den alten Ägyptern abstammen, ist angesichts mehrerer nahezu kompletter Bevölkerungsaustausche fraglich. Immerhin erinnern manche Physiognomien moderner Kopten verblüffend an Abbildungen aus dem Alten bis Neuen Reich.

Bemisst man die *Offenheit* von Kulturen für Einflüsse von Außen, so stellen die verschiedenen europäischen Kulturen mit ihrer weit ausgreifenden Entdeckerfreude und Neugier das eine Extrem dar und der Arabische Raum erscheint zwischen dem 14. und 18. Jahrhundert besonders verschlossen. Das ist umso bemerkenswerter, als sich gerade der arabische Raum in seiner frühen Blütezeit sehr offen für fremde Einflüsse gezeigt hatte. Verschiedene Entwicklungen haben jedoch zur Isolation geführt:

- Seitdem die Abbassiden Ende des 9. Jahrhunderts ein System von Militärlehen („Iqta-System") eingeführt hatten, erstarrte das Herrschaftssystems und schloss sich nach Außen ab: Die Zuweisung von Steuerbezirken an Berufssoldaten entzog dem Kalifen den größten Teil der Steuereinnahmen und verschob gleichzeitig die Loyalität der Soldaten zu ihren Offizieren, die nun für ihre Entlohnung zuständig waren. Da die Militärlehen bald erblich wurden, bildete sich ein Grund besitzender Militäradel heraus und übernahm zunehmend Aufgaben der Zivilverwaltung.

- Im Laufe des 12. und 13. Jahrhunderts setzte sich im arabischen Raum eine Glaubensrichtung orthodoxer Sunniten mit einheitlich ablehnender

Haltung gegenüber dem Rationalismus durch. Die „Schließung der Tore", also der Abschluss des Kanons der Hadithe und der Koraninterpretation, war im 9. und 10. Jahrhundert vorausgegangen.

Im Laufe des Hochmittelalters trieb eine Reihe weiterer innerer und äußerer Einflüsse die *Erstarrung* der meisten arabischen Gesellschaften weiter voran:

- Es war über Jahrhunderte üblich, dass Privatleute wohltätige Stiftungen („Waqf") tätigten. Diese Pfründe kamen vielfach der Ulema zu Gute und wirkte sich in ihrer Vielzahl negativ auf die Beweglichkeit der Wirtschaft aus.

- Im 13. und 15. Jahrhundert bewirkten Angriff und Schreckensherrschaft der Mongolen die weitgehende Zerstörung des Zweistromlandes als des politischen und geistigen Zentrums der arabischen Welt.

- Das Aufblühen Europas bedeutete seit dem Hochmittelalter einen relativen Rückschritt des Nahen Ostens. Die Basisinnovationen dieser Zeit (Schiffstechnik, Feuerwaffen, Räderuhr, Brille, Hochöfen, später Buchdruck etc.) verschafften Europa in den folgenden Jahrhunderten einen immer größeren Vorsprung.

- Seit Ende des 15. Jahrhunderts umgingen die weltweiten Handelsströme den arabischen Raum weiträumig und bewirkten einen gravierenden ökonomischen Bedeutungsverlust.

- Kurz darauf eroberten die Osmanen die gesamte Region. Sie konnte die Fremdherrschaft erst nach dem Zweiten Weltkrieg wieder nach und nach abschütteln.

In den letzten 200 Jahren unterlagen die einzelnen arabischen Länder wechselnden *westlichen Einflüssen*. Bereits in der zweiten Hälfte des 19. Jahrhunderts waren die Mittel- und Oberschichten von Algerien, Tunesien, Ägypten und der Libanon intensiven Verwestlichungstendenzen ausgesetzt. Länder wie der Irak, Marokko, Syrien, Libyen und Jordanien folgten in der ersten, die Golfstaaten in der zweiten Hälfte des 20. Jahrhunderts. Heute sticht die Offenheit der Mittel- und Oberschichten für westliche Lebensart in jeder arabischen Metropole ins Auge:

- Westliche Reklame dominiert das Straßenbild, westliche Produkte die Läden und westliche Bekleidungs-, Hotel- und Restaurantketten trifft man an jeder zweiten Ecke.

- Die Menschen tragen durchweg westliche Mobiltelefone, Kleidung und Accessoires – und wenn es sich nur um Stöckelschuhe und Schweizer Uhren unter traditioneller Kleidung handelt.

- Reisen nach Europa zu medizinischen, beruflichen oder Einkaufszwecken sind absolut üblich.

Dringt man etwas tiefer, so fällt auf, dass die arabischen Volkssprachen ungewöhnlich viele Fremdwörter enthalten, dass nahezu alle modernen Begriffe mit Wörter aus fremden Sprachen bezeichnet sind. Die arabischen Mittelmeeranrainer werfen seit jeher einen mehr oder weniger offenen Blick auf Europa. Das gilt auch für *Fernsehprogramme*, die ohnehin schon immer in Ländern wie Tunesien und Marokko zu empfangen waren. Seit den 1990er Jahren machten Fernsehsatelliten den Empfang westlicher Stationen in nahezu der gesamten arabischen Welt möglich. Wie groß das Bedürfnis nach unzensierten Sendeinhalten war, zeigt die drastische Zunahme von Satellitenschüsseln selbst in ärmeren Stadtvierteln und auf dem Land. Viele arabische Regierungen trugen dem Rechnung, traten die Flucht nach vorne an und duldeten oder erlaubten Satellitenschüsseln. Durch die Verbreitung des *Internets* verschärft sich dieses Problem für die Regierenden seit Mitte der 1990er Jahre zumindest im Hinblick auf die Mittel- und Oberschichten. Einige Staaten der arabischen Halbinsel, Syrien, Libyen und sogar Tunesien versuchen immer noch, der Invasion Herr zu werden. Dort haben manchmal nur wenige Einwohner die Erlaubnis online zu gehen, die Benutzung von Webmails wird möglichst verhindert, Seiten mit unliebsamen politischen, religiösen oder sexuellen Inhalten sind gesperrt. Dagegen darf das Internet in Ägypten seit einigen Jahren weitgehend frei benutzt werden und auch in Marokko, Jordanien, dem Libanon, dem Oman und dem Jemen fehlen Restriktionen weitgehend.

Trotz westlicher Einflüsse besinnt man sich in den arabischen Gesellschaften seit einigen Jahrzehnten auf islamische Traditionen:

- Die Bärte der Männer, Kopftuch, Halb- und Vollschleier der Frauen werden häufiger,

- die religiösen Pflichten werden ernster genommen und

- orthodoxe sunnitische Ansichten sind ebenso auf dem Vormarsch wie islamistische Organisationen und Parteien.

Damit wird eine Entwicklung umgekehrt, die seit dem 19. Jahrhundert vorübergehend zu einer stärkeren Öffnung gegenüber dem Westen geführt hatte.

Die Re-Islamisierung knüpft an eine Abschottung an, die spätestens seit Beginn des Spätmittelalters typisch für die Region war. Dennoch ist es natürlich die Frage, welche Kräfte letztendlich die Oberhand gewinnen werden.

5.2   Selbstbild

Araber sind *stolz* auf viele Dinge:

- dass sie dem einzig wahren Glauben anhängen und die Gebote Allahs einhalten, während dies die Ungläubigen beharrlich verweigern,

- dass sie dem auserwählten Volk angehören, in dessen Sprache Allah den Koran diktiert hat,

- dass sie den halben (damals bekannten) Erdkreis erobert haben.

- dass sie anders sind als der Westen, spontaner, herzlicher und solidarischer sind sowie

- auf die früh- und hochmittelalterliche kulturelle und wissenschaftliche Blüte ihres Kulturraums.

Viele Araber sind auch stolz auf ihre jeweiligen Länder:

- Ägypter auf ihre Rolle als kulturelle Drehscheibe, als Zentrum der arabischen Welt und vor allem als Wiege der Zivilisation,

- Libanesen auf ihre Geschäftstüchtigkeit, ihre Abstammung von den Phöniziern und die Vielfalt ihres Landes,

- Omanis auf die jahrhundertelange Beherrscher Sansibars und von Teilen Ostafrikas,

- Marokkaner auf ihre Kultur und Vielfalt und die lange Befruchtung und Beherrschung Spaniens und Portugals etc.

Oft ist dieser Stolz religiös fundiert:

- So grenzen sich Omanis als Vertreter der strengen islamischen Glaubensrichtung der Ibaditen auch von anderen Muslime ab.

- Besonders ausgeprägt ist diese Geistesrichtung bei den Saudis, bei denen sich der Stolz auf ihre strenge Auslegung des sunnitischen Islam als Wahabiten, ihre Rolle als Beschützer der heiligen Stätten von Mekka und Medina, die weltweite Unterstützung des Islam und ihren Reichtum vereint, der als Belohnung durch Allah verstanden wird.

Die *Realität* wird jedoch meist als schmerzlich empfunden. Die Stichworte
sind schnell aufgezählt:

- die Zersplitterung der arabischen Nation in 22 Länder,

- das jahrhundertelange wirtschaftliche, wissenschaftliche, technische und
  kulturelle Zurückfallen, das die arabische Welt innerhalb von 800 Jahren
  von der Spitze auf einen der hintersten Plätze geführt hat,

- die technische und ökonomische Abhängigkeit von westlichen Ländern,

- die Demütigungen, die der Islam dem Westen gegenüber immer wieder
  empfindet – vom Karikaturenstreit bis zur Regensburger Rede des Paps-
  tes,

- die Schmach, zusammen das kleine Israel nicht überwinden zu können
  und von ihm ständig vorgeführt zu werden etc.

Dabei ist es doch offensichtlich, dass das arabische Volk von Gott auserwählt
ist, aber warum stellt er dann „Franken und Kreuzritter" über sie? Ob und wie
das zu ändern wäre, darüber gehen die Meinungen auseinander. Während die
einen sich geduldig in ihr Schicksal ergeben, wollen andere auf dem Pfad der
Modernisierung kräftig voranschreiten und eine dritte Gruppe vermutet religiöse Laxheit der Araber selbst als Grund für die offenkundige Abwendung
Allahs. Nur wenn die idealen Zustände unter Mohammed und den ersten vier
„rechtgeleiteten Kalifen" (622–661) wieder hergestellt würden, könnten die
islamischen Länder zu alter Größe aufsteigen. (Diner, S. 238ff.)

Allein die wenigen Sätze dieses Kapitels machen deutlich, wie widersprüch-
lich die Empfindungen vieler Araber westlichen Ausländern gegenüber sind.
Sie reichen von Verachtung über Schmerz über die vergangene Größe bis
hin zu Unterlegenheitsgefühl und Wunsch nach Anerkennung. Die wohlwol-
lende, aber dennoch herablassende Überheblichkeit, mit der viele Europäer
und Amerikaner arabische Gesprächspartner behandeln, verletzt deren Stolz.
Hinweise auf Entwicklungsrückstände oder auf leuchtende westliche Beispiele sind auch dann unangebracht, wenn die arabischen Gesprächspartner
selbst Kritik an ihrem Land üben. Höflich wäre dagegen, eine solche Kritik
zu relativieren.

5.3 Kulturelle Stereotype

Der Abgrenzung im Inneren entspricht eine deutliche, allerdings *gestufte Abgrenzung* nach Außen. Den weitesten Kreis um jeden Araber zieht die Gemeinschaft aller Gläubigen („Umma"). Ein ähnliches, aber differenzierendes Konzept bilden die unter islamischer Herrschaft stehenden Gebiete. Sie werden als Haus des Islam („Dar al-Islam") im Gegensatz zum Haus des Krieges („Dar al-Harb") bezeichnet, das Länder unter nicht-muslimischer Herrschaft umfassen. Mit letzteren sind nach traditioneller islamischer Rechtsauffassung nur zeitlich befristete Waffenstillstände, nicht Frieden möglich. Allerdings ist umstritten, wer als Muslim und wer als Abtrünniger anzusehen ist. Bahai zählen wohl unzweifelhaft zu letzteren, aber wie steht es mit Sufis oder Aleviten, gar Drusen ? Den nächsten Kreis zieht die Gemeinschaft aller Araber. Von der Wiederherstellung der arabischen Einheit träumen viele Araber. Ihr kommt daher auch eine gewisse politische Realität zu (s. Kap. „Arabische Einheit"). Durch die sakrale Überhöhung der gemeinsamen arabischen Hochsprache erhält dieses Ziel eine gewisse religiöse Einfärbung. Die kleinsten Kreise um jeden Araber sind seine Ethnie, sein Stamm und seine (Groß-)Familie. Je enger sich ein Kreis um das Individuum zieht, desto intensiver ist dessen Einfluss.

Araber sind stolz und schauen auf viele herunter: auf die im Süden sowieso, aber auch auf Inder, Südost- und Ostasiaten. Und wenn sie nicht herunter schauen, dann mögen sie die betreffenden Völker oft nicht. Das gilt natürlich besonders für Israelis („der Feind"), aber auch für Amerikaner oder die Türken als die Vertreter der Besatzungsmacht durch drei bis vier Jahrhunderte. Europäer, zumal deutschsprachige stehen auf der Leiter der Sympathie etwas höher. Sie gelten als fleißig und genau, ja akribisch. Deutsche müssen sich gerade gegenüber einfacheren Personen oft begeisterter Sympathiebekundungen für Adolf Hitler erwehren. Da hilft nur der kurze, höfliche, aber in festem Ton gesprochene Hinweis, dass man hinsichtlich dieses Herrn gänzlich anderer Meinung ist und im Übrigen darüber nicht weiter diskutieren möchte. Ganz ungetrübt ist das Verhältnis vieler AraberInnen zu Europäern jedoch nicht. Deutsche und viele Osteuropäer gelten als unhöflich, wenig feinfühlig, Engländer als Saufköpfe, Europäer allgemein und vor allem Russen und Italiener als libertinär. Da Alkohol und sexuelle Freizügigkeit im Islam bekämpft werden, legt all das auch einen Schatten auf die Beziehungen der Araber zu den Europäern, die ohnehin durch Kolonisierung und Interventionen der Vergangenheit belastet sind. Kommt dann schroffes oder als überheblich empfundenes Verhalten hinzu, entsteht schnell eine als unüberwindbar empfundene Distanz.

Ganz allgemein werden *Europäern und Amerikanern* – je nach ihrer Nation in unterschiedlicher Zusammensetzung – viele, oft negative Eigenschaften zuassoziiert:

- moralische Verkommenheit: sexuelle Freizügigkeit, mangelnder Familienzusammenhalt, ja Desinteresse selbst an den engsten Familienmitgliedern, geschmackloser Humor, Unhöflichkeit und Arroganz, mangelnde Gastfreundschaft, Alkoholkonsum, Ungläubigkeit bzw. Kirchenferne,

- Aggressivität: Kreuzzüge, Kolonialismus, Globalisierung,

- Verlogenheit und Kulturimperialismus: Kaschierung dieser Aggressivität und von Geschäftsinteressen durch passende Ideologien (Entwicklungsmodelle, Menschenrechte, Humanismus, Orientalismus etc.),

- Kälte, Disziplin und einseitig materielle Ausrichtung,

- Organisiertheit, Zielgerichtetheit, logische Rationalität und Effizienz.

AraberInnen sehen sich vielfach bedrängt vom Westen:

- Er agierte schon immer aggressiv gegenüber dem Islam – von den Kreuzzügen über den Kolonialismus bis hin zu seinem „Ableger" Israel und den Kriegen gegen den Irak.

- Er überschwemmt die arabischen Länder mit seinen Waren und seiner Lebensweise und es steht zu befürchten, dass diese die arabischen Werte korrumpieren.

- Von den westlichen Medien und Wissenschaften wird ein negatives Zerrbild des arabischen Raums gezeichnet. Seine großen kulturellen und zivilisatorischen Leistungen werden keineswegs anerkannt.

Dagegen sehen sich AraberInnen naturgemäß wesentlich positiver. Wie die Angehörigen vieler anderer Kulturen verabsolutieren Araber vielfach ihr gewohntes Kommunikations- und Sozialverhalten und schreiben ihm – im Gegensatz etwa zu dem der Europäer und Amerikaner – sehr positive Eigenschaften zu. Typische arabische Selbstbilder umfassen Großzügigkeit, Menschlichkeit, Höflichkeit, Tapferkeit, Ehrenhaftigkeit, Loyalität, Sittsamkeit, Familienehre, Humor, Religiosität und Gastfreundschaft (Melikian 1977).

Kulturelle Stereotype dieser Art werden ein gutes Verhältnis zu einem einzelnen Europäer nicht verhindern, stehen aber sofort im Raum, wenn es einen entsprechenden Anlass gibt. Sie werden von Arabern oftmals in persönlichen Gesprächen von selbst thematisiert. Vorurteile sind vielfach durch Erziehung, Medien und Predigten so stark verankert, dass Gesprächspartner auch nach einem solchen Gespräch nicht bereit sind, sie aufzugeben oder zu relativieren. Am besten ist also, man entspricht den auch von Arabern als positiv empfundenen Stereotypen wie Verlässlichkeit und Pünktlichkeit und straft die negativen Stereotype Lügen.

Abb. 5.1   Stereotyp der Rückständigkeit: Holztransport in Ägypten im Jahr 2006

Auch im Westen gibt es genügend *kulturelle Stereotype gegenüber Arabern*, dem Islam und dem Orient – und durch mehr als ein Jahrtausend der Konfrontation mit dem Islam sitzen auch in Europa die Vorurteile fest. Der amerikanisch-palästinensische Kulturwissenschaftler Edward Said (1935–2003) hat in seinem Buch „Orientalismus" dargelegt, dass der Westen bis hin zu großen Teilen der modernen Islamwissenschaften und Arabistik den Orient schon lange aus seinem eigenen, verzerrten Blickwinkel betrachtet: Er misst ihn am eigenen Modell und wird damit dessen Eigenarten wenig gerecht (Said 1979). Derselben Gefahr unterliegt jeder Einzelne, wenn er die Zustände in arabischen Ländern und deren Bewohner weitgehend an seinen heimatlichen Zuständen misst, ohne kulturelle Gegebenheiten zu bedenken. So werden mangelnde Pünktlichkeit oder Verlässlichkeit, ungewohnte Kommunikationsmuster oder falsche Aussagen oft auf nicht bekannte soziale Regeln zurückgehen. Solche Regeln gilt es, in einem fremden Land kennen zu lernen, soll der unvermeidliche Kulturschock nicht in eine generelle Ablehnung der fremden Kultur münden. Zunächst jedoch haben kulturelle Stereotype auch wichtige Funktionen. Sie dienen der Orientierung in einer komplizierten Welt, über die der Einzelne nicht alles wissen kann. Außerdem dienen negative Stereotype dem eigenen Selbstwert und dem Gruppenzusammenhalt. Entscheidend ist nur, dass eine Person bereit ist, seine Vorurteile an der Realität zu messen und ggfs. zu ändern. Dass das nicht einfach ist, zeigt der Kulturschock, dem nahezu jeder Expatriate nach einigen Wochen unterliegt. Dass sich kulturelle Stereotype nicht automatisch auflösen, zeigen Untersuchungen unter langjährigen Expatriates, die Fortdauer und Verfestigung vieler Vorurteile konstatieren (Jammal/Schwegler 2007, S. 55f).

DRITTER TEIL
Institutionen der arabischen Gesellschaft

6 Staat und Unternehmen

6.1 Nepotismus und Professionalität

Wo außerhalb der Familie fein abgestuftes Misstrauen herrscht, stellt man im Zweifel Familienmitglieder ein und bewirbt sich daher im Zweifel bei einem solchen. Wo Verwandtschaft und Beziehungen jedoch zum hauptsächlichen Besetzungskriterium werden, macht sich Mittelmaß breit. Das gilt selbst für ganz junge Institutionen. So wurde die Verwaltung einer neu gegründeten privaten ägyptischen Universität in kurzer Zeit auf die Anzahl des akademischen Personals aufgebläht. Mindestens ein Drittel dieser Verwaltung besteht aus Verwandten der Universitätsleitung. Sie sind spürbar weniger motiviert als ihre auf dem freien Markt akquirierten KollegInnen. Diese haben zudem im Regelfall die passende Ausbildung. Das ist in vielen anderen Fällen nicht der Fall. Deshalb hat sich in vielen arabischen Unternehmens- und Staatsverwaltungen bis in die Spitzen hinein *Dilettantismus* ausgebreitet. Das Besetzungskriterium wirkt zudem als Moment der Beharrung. So stellten die 1811 von Muhammad Ali noch fast ausgerotteten Mamluken auf Grund ihrer Verbindungen spätestens seit dem ägyptisch-osmanischen Ausgleich 1867 wieder die meisten Offiziere im ägyptischen Heer sowie Schlüsselpositionen im Staatsapparat.

Ein besonders fatales Erbe sozialistischer Regimes der 1950er und 60er Jahre in den ärmeren arabischen Ländern ist die Beschäftigungsgarantie für Universitätsabsolventen. Mit der Bevölkerungsexplosion drängten ab den 1970er Jahren immer mehr junge Leute auf den Arbeitsmarkt. Wegen dieser Beschäftigungsgarantie und des traditionell überragenden Images höherer Beamter wandten sie sich in starkem Maße dem öffentlichen Dienst zu. Die Anzahl der Bewerber nahm noch zu, weil ein immer größerer Teil der Jugendliche einen Universitätsabschluss anstrebte. Der Staat reagierte in Ägypten, Syrien und einigen anderen Ländern ausweichend: Zwar stellte man nach wie vor jeden Bewerber ein, man erhöhte aber die Nominalbezüge trotz galoppierender Inflation kaum und teilte im Gegenteil volle in halbe oder

Viertelstellen. Das Resultat war eine starke Unterbezahlung des öffentlichen Dienstes. In Ägypten z.B. verdienen selbst ordentliche Universitätsprofessoren nur durchschnittlich 500 € im Monat. Manche AssistentInnen werden mit einem Zehntel abgefunden. Mit solchen Löhnen kann auch in Kairo niemand eine Familie unterhalten. Man ist daher erfinderisch, benutzt keine Lehrbücher, sondern die eigenen, von den Studenten teuer zu erwerbenden Skripten und bereitet Studenten gegen Bezahlung auf die eigenen Prüfungen vor. Ohne Nachhilfe kommt kaum jemand durch die Eliteschulen Ägyptens. Mit ihr lässt sich – insbesondere in Mathematik und Naturwissenschaften – richtig viel Geld verdienen, sind die Stundensätze doch oft deutlich höher als in Deutschland. *Überbesetzung* ist aber nicht nur ein Problem des öffentlichen Sektors, auch Privatunternehmen leiden darunter. Die Lohnstückkosten sind daher in der chinesischen Textilindustrie wesentlich geringer als in Ägypten, obwohl dort die Löhne im Durchschnitt nur die Hälfte betragen.

Sind die beschriebenen Praktiken der ägyptischen Professoren noch halbwegs legal, so lässt sich das von der in arabischen Ländern grassierenden *Bestechlichkeit* nicht mehr sagen. Andererseits reicht in Ländern wie Ägypten Lohn oder Gehalt vieler Personen einfach nicht aus, so dass sie auf Bakschisch und Nebenverdienst außerhalb ihres Jobs angewiesen sind. Es wird daher in ärmeren arabischen Ländern nicht als verwerflich angesehen, sich kleinere Gefälligkeiten – wie Bedienung kurz vor Schalterschluss – durch eine Aufmerksamkeit zu erkaufen. Dieses Prinzip lässt sich verallgemeinern: Kein Staatsangestellter kommt mit seinem Gehalt aus. Jeder ist auf kleinere oder größere Zuwendungen angewiesen: Der einfache Polizist „bewacht" das Auto des Wohlsituierten für ein paar Pfund im Halteverbot. Der Bewacher einer Bank schließt kurz nach Dienstschluss das Sicherheitsgitter gegen ein paar Scheine noch einmal auf und der Schalterbeamte bedient dann gegen einen kleinen Extra-Obulus. Bei Bauvorhaben stehen die „Bedenkenträger" geradezu Schlange: städtische Beamte und Notabeln, hohe Polizeibeamte, die örtlichen und in den Zentralen zuständigen Mitarbeiter diverser Ministerien, das Militär, zuständige Personen für Wasser-, Strom-, Telefon- und Abwasseranschlüsse, Straßenbau und Müllabfuhr, Nachbarn und andere wichtige Personen – alle erwarten und bekommen nicht zu geringe Geldbeträge. Wie weit Bestechung in manchen arabischen Ländern verbreitet ist, wurde der deutschen Öffentlichkeit 2007 klar, als nach der Aufdeckung eines Visa-Skandals alle einheimischen „Ortskräfte" der deutschen Botschaft in Kairo ausgetauscht werden mussten.

Corruption Perception Index, World and Arab Countries, 2003

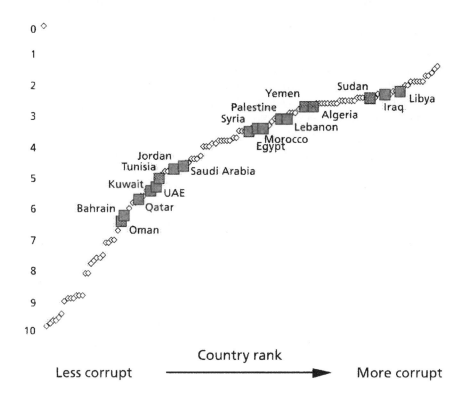

Source: Transparency International, 2003

Abb. 6.1   Korruption in den arabischen Ländern. Quelle: United Nations Development Programme 2004, p. 136.

Nur von subalternen Personen wie Hausmeistern wird ganz offen nach Bakschisch gefragt. Ansonsten muss man wissen, wie die Regeln lauten. Das gilt vor allem für Uniformträger. So kann man in Ägypten einfachen Polizisten ohne Gefahr ein paar Pfund in die Hand drücken, Polizeioffiziere jedoch sind kaum empfänglich. In Tunesien jedoch würde man einen Bestechungsversuch an einem Polizisten kaum wagen. Bürokratie ohne Dienstweg und Bestechlichkeit, machen den allgegenwärtigen Staat für jeden Außenstehenden zu einem undurchdringlichen Dschungel. Ein solches Dickicht sollte man Spezialisten überlassen. Derartige Bürokratie-Sachverständige gibt es in jedem orientalischen Land zuhauf. Ihre Kompetenz und Verbindungen sind höchst unterschiedlich. Man verlässt sich daher am besten auf Empfehlungen. Die wirklichen Spezialisten kennen an den entscheidenden Stellen die richtigen Personen und wissen, wie die Bakschisch-Taxen gerade stehen. Diese Spezialisten sind nicht billig. Sie kosten im Regelfall ein Vielfaches der offiziellen Gebühren. Trotzdem lohnen sie sich: Bakschisch und offizielle Gebühren sind immer noch billiger als tagelanges Herumirren und Selbstbedienung der Beamten. So wurden dem Autor nach Zahlung von 50 EGP für ein Jahr nur 150 EGP an Strafmandaten in Rechnung gestellt, während eine Bekannte ursprüngliche 3000 EGP trotz Charme und bester Sprachkenntnisse nur auf 1500 EGP herunterhandeln konnte. Sobald Staatsdiener auskömmlich bezahlt werden, verschwindet auch in arabischen Ländern Bestechlichkeit sehr schnell. So ist die Korruption in den reichen Golfstaaten weit seltener als in den meisten anderen arabischen Ländern.

Da Korruption insgesamt noch sehr weit verbreitet ist, führt sie in der arabischen Welt zu unvergleichlich hohen *Transaktionskosten*. Unternehmerische Ideen sind in einem Land wie Ägypten wohlfeil. An jeder Straßenecke fällt den wachen Geist eine Geschäftsidee in den Schoß, die so offensichtlich ist, dass man Lust bekommt, sofort die Ärmel aufzukrempeln. Allein, man kennt niemanden im zuständigen Ministerium und wird sich hüten, ohne solche Unterstützung auch nur ein Pfund in die Hand zu nehmen. Dafür ist jenes schöne Restaurant um die Ecke zu abschreckend, das voll eingerichtet und mit allen Mitarbeitern ohne Genehmigung seit Monaten auf die Eröffnung wartet.

Wenn die Bürokratie jederzeit eingreifen kann, dann sollte man nicht zu langfristig investieren, sondern den Erfolg schnell ernten. Das legt auch eine relativ hohe, zudem stark schwankende Teuerung nahe. Wenn zukünftige Gewinne ökonomisch hoch abgezinst werden müssen, sind auch in nur fünf Jahren zu erwartende Gewinne irrelevant. Die gesamte Wirtschaft wird kurzatmig, auf den *schnellen Gewinn* ausgerichtet. Es macht mehr Sinn, den Kunden heute zu übervorteilen, als ihn als Stammkunden für morgen oder übermorgen zu gewinnen. Auf längere Sicht investiert man nur, wenn man sich der Gunst seiner Förderer im Staatsapparat auf Dauer sicher sein. Das aber ist nur dann der Fall sein, wenn es sich um ein Familienmitglied handelt.

Die autokratische Verfasstheit arabischer Institutionen führt in Verbindung mit einer geringen Bestimmtheit von Zuständigkeiten und Kompetenzen dazu, dass der oberste Chef eines Unternehmens im Prinzip alles bestimmt. Das gilt selbst für Kleinigkeiten wie Urlaubsanträge, die regelmäßig der Vorstandsvorsitzende oder der Minister unterzeichnet. Stellvertreter im Amt gibt es meist nicht, so dass Abwesenheit zur Verzögerung führt. Ein Vorgesetzter kann natürlich nicht alles wissen (obwohl manch einer diesen Anspruch erhebt); er hat aber Freunde und Verwandte, die sich gerne mit ihm unterhalten und denen er auch einmal einen Gefallen tun kann. Es ist daher in arabischen Ländern besonders wichtig, *Beziehungsnetzwerke* aufzubauen. In diese Richtung wirken weitere Faktoren:

- Arabische Kulturen sind stark verbal ausgerichtet und präferieren ohnehin das persönliche Gespräch.

- Der Dilettantismus vieler arabischer Verwaltungen führt zu undurchdachten, inkonsistenten, kurzatmigen, vielfach nicht befolgten Ad-hoc-Regelungen.

- Clan- und Familienstrukturen sind stark verwurzelt. Je wichtiger sie sind und je größer ihre informelle Bedeutung ist, desto größer ist das Misstrauen gegenüber formalen Regelungsmechanismen wie offiziellen Hierarchien und Anweisungen.

Nicht alles ist schwarz-weiß. Seit hundert und mehr Jahren gibt es in manchen Ländern des Nahen Ostens das Phänomen der Exzellenz als Familientradition: Die Nachkommen werden in Auslandsschulen und später in das betreffende Land zum Studium geschickt. In Ägypten, im Maghreb und im Libanon bestehen solche Verbindungen nach Frankreich, in Jordanien, Ägypten und im Irak nach Großbritannien, in Ägypten, der Türkei, im Irak und im Iran nach Deutschland und in nahezu allen orientalischen Ländern in die USA. So gibt es spezielle Familientraditionen der Ingenieure, Ärzte, Wissenschaftler und Juristen. Für arabische Gesellschaften ist auch typisch, dass sich der Chef eines Unternehmens oder einer Behörde ähnlich wie für seine Familie auch für die persönlichen Belange aller Mitarbeiter verantwortlich fühlen oder sich zumindest für sie interessieren wird. *Entlassungen aus betrieblichen Gründen sind auch bei privaten Unternehmen unüblich; bei Aufgabenverlagerungen werden stattdessen neue Abteilungen geschaffen.* Übernimmt ein westliches ein arabisches Unternehmen, so darf aus diesem Grund das Einsparungspotential nicht zu hoch angesetzt werden. In einigen ehemals sozialistischen Ländern wie Ägypten sind Entlassungen im Staatsdienst sogar gesetzlich ausgeschlossen. So konnten sich mehrere Hundert

Buchhalter des Cairo International Airport, für die nach Einführung von Computern keine adäquate Arbeit mehr vorhanden war, wegen ihrer bisherigen Stellung erfolgreich weigern, dem Bodenpersonal zugeteilt zu werden. Die im arabischen Raum verbreitete Einstellungspraxis nach Verwandtschaftsgrad behindert die *Professionalisierung* vieler nahöstlicher Institutionen. Organisatorische Regelungen in der Wirtschaft wie beim Staat sind daher vielfach undurchdacht und fügen sich in kein übergeordnetes System. Allgemeine Verwaltungsgrundsätze wie Gleichheit, Nachvollziehbarkeit und Verlässlichkeit sind unbekannt oder werden nicht befolgt. Da ein Erlass dem anderen folgt, ertrinken die Adressaten vielfach in einer Regelungsflut, die – so strikt die Erlasse auch formuliert sein mögen – allenfalls kurzfristig Erfolg zeitigt. Da die so entstandenen Regelungssysteme auf inkonsistenten Einzelregelungen beruhen und somit weitgehend unbekannt sind, werden sie auch nicht beachtet. Jede(r) verstößt laufend gegen irgendeine Vorschrift und jede(r) Vorgesetzte hat daher gegen jeden Mitarbeiter etwas in der Hand, das sich im Bedarfsfall verwenden ließe. Auch für einen langjährigen Expatriate bleiben staatliche Verwaltungsstrukturen und -vorschriften der meisten arabischen Länder undurchsichtig. Selbst wenn er einen Führer durch den Dschungel der Behörden anheuert, weiß er nie, was er vorlegen muss. Daher sollte man sich im Verkehr mit Behörden immer mit den wichtigsten Dokumenten ausstatten: Reisepass und mehrere Kopien davon, Meldebescheinigung der Botschaft und Mietvertrag der Wohnung, ein Dutzend Passbilder, Dienstausweis, Bescheinigungen wie Kontoauszüge, Flugticket oder Umtauschquittungen etc. etc.

6.2   Zuverlässigkeit, Gesetzes- und Staatstreue

Ein gängiges kulturelles Stereotyp von Europäern ist die vermeintliche oder tatsächliche *Unzuverlässigkeit* von Arabern. In den ersten Monaten des Aufenthalts in einem arabischen Land scheint es sich ständig zu bestätigen: nicht eingehaltene Gesprächstermine, vergessene Aufträge von Mitarbeitern, überzogene Abgabetermine an der Universität, Verschusseln der dringend benötigten gebügelten Hemden etc. etc. Ein Teil dieser Unbill mag tatsächlich auf eine lockere Lebens- und Arbeitseinstellung der AraberInnen zurückgehen. Aufträge werden gar nicht oder nicht so und bis dann ausgeführt, wie dies gewünscht war; es mögen andere Dinge wichtiger gewesen sein oder die Zeit zwischen Auftragsvergabe und Termin war einfach zu lang.

Möchte man, dass eine Sache so erledigt wird wie gewünscht, dann muss man insistieren. Das gilt für alle Ebenen: Bei höher Positionierten muss man immer wieder antichambrieren, Gleichgestellte immer wieder anrufen und sich bei niedriger Gestellten gegebenenfalls einfach niederlassen, bis die Sache erledigt ist. Bei all dem gilt es allerdings, freundlich zu bleiben, weil sonst gar nichts passiert. Schriftlich detaillierte Anweisungen zu hinterlassen ist zwar oft sinnvoll, es könnte aber für die Zukunft erwartet werden. Hier gilt es abzuwägen.

Vielfach finden vermeintliche Unzuverlässigkeiten einfache Erklärungen in Lebensumständen und Regeln:

- AraberInnen kommunizieren indirekt und verklausuliert. Vielleicht hat das Gegenüber etwas ganz anderes gemeint als der Westeuropäer verstanden hat oder umgekehrt.

- Die kurzfristige Ausrichtung der Wirtschaft und die ständige Möglichkeit eines Eingriffs „von oben" führen dazu, dass man sich in regelmäßigen Abständen versichern muss, dass alles wie geplant läuft. Das gilt für private Einladungen genauso wie für Geschäftstermine und Aufträge an Mitarbeiter. Geschieht dies nicht, so nimmt der Ansprechpartner an, man habe es sich anders überlegt und die Sache verläuft im Sande. Ausnahmen sind natürlich westliche Unternehmen, die ein festes Terminsystem haben.

- Der Chef mag gerufen haben. In einem solchen Fall kommt man zwangsläufig zu spät (oder gar nicht).

- Der Verkehr in arabischen Großstädten ist chaotisch und es ergibt sich leicht eine größere Verspätung.

- Zeitpunkte werden von vielen AraberInnen – zumal in traditionellem Umfeld – nicht als exakt und unverrückbar verstanden. Es kann immer etwas dazwischen kommen – und wenn es „nur" das Gespräch mit einem Freund ist.

- Dabei gibt es durchaus Regeln, um wie viel man zu spät kommt. Bei Besprechungen rechne man je nach Rangunterschied zwischen dem Besprechungsleiter und den TeilnehmerInnen mit Verspätungen zwischen 15 und 45 Minuten, bei privaten Einladungen zwischen 45 Minuten und zwei Stunden, bei Hochzeiten und Partys zwischen 1,5 und 3 Stunden.

- Manche Dinge haben sich einfach eingebürgert. So ist es üblich, nach Vertragsabschluss nachzuverhandeln.

Viele dieser Regeln wird ein westlicher Expatriate im Laufe der Zeit kennen lernen und berücksichtigen. Eine wichtige Rolle bei der Entstehung des Stereotyps spielt die Unzuverlässigkeit der öffentlichen Verwaltung. Der *öffentliche Dienst* wird in arabischen Ländern traditionell in mehrerlei Hinsicht instrumentalisiert:

* Die Positionen werden im Regelfall nicht nach Eignung, sondern nach Verwandtschaft, Beziehungen oder gegen Bezahlung vergeben.

* Bevor ein Kandidat eine solche Position erlangt, fallen bedeutende Investments in Ausbildung, Beziehungspflege und Geschenke an, die später wieder hereingewirtschaftet werden müssen.

* Das gesellschaftliche Prinzip der Reziprozität verlangt Gegenleistungen für hoheitliche Tätigkeiten.

* Das ist auch wegen der vielfach schlechten Bezahlung der Bediensteten notwendig.

Die Bevölkerung erwartet daher von ihren Amtsträgern nichts anderes als Willkür. Da Regierung und Bürokratie weder durch eine klare Gewaltenteilung noch durch eine funktionierende, unabhängige Öffentlichkeit kontrolliert werden, hat die Bevölkerung nur die Chance, sich systemkonform zu verhalten und Beziehungen und Bakschisch spielen zu lassen. Die Unberechenbarkeit des Staates hat vielfache Auswirkungen für die arabischen Gesellschaften:

* Wenn Staat und Justiz unzuverlässig sind, muss man sich auf das Netzwerk der eigenen Familie und Freunde verlassen. Parallelstrukturen entstehen wie etwa Familiengerichte.

* Wenn man ständig den Zugriff des Staates und seiner Repräsentanten befürchten muss, weicht man in ungefährliche Bereiche aus. So kauft man keine Wertpapiere oder gibt sein Geld gar der Bank – hier ist es zu sehr diversen Zugriffen durch Staat oder Schuldner ausgesetzt –, sondern investiert in Immobilien, Konsum oder Freunde.

* Wo es geht, schafft man Kapital oder ein berufliches Standbein im Ausland.

So gering die Solidarität vieler AraberInnen zu ihren Regierungen ist, so sehr verurteilen die meisten von ihnen *kriminelle Handlungen*. Der Islam beinhaltet strikte Regeln insbesondere für Gewalt-, Eigentums- und Sexualdelikte. Jeder Gläubige ist zur Wahrung dieser Regeln aufgerufen, also zum unmittelbaren Eingreifen. Je intakter das soziale Umfeld, vor allem die Familien sind, desto sicherer ist daher ein islamisches Land. So gibt es weltweit keine Megacity mit einer so geringen Straßenkriminalität wie Kairo. Mehrere Umstände konterkarieren zwar diese Sicherheit:

• Viele AraberInnen leben unter elenden Verhältnissen.

• Die arabische und ganz allgemein die islamische Erziehung ist ganz allgemein durch eine große Repressivität gekennzeichnet.

• Viele AraberInnen verachten die Ungläubigen, vor allem ihre Sexualmoral und daher ihre Frauen.

• Imame einer bestimmten Ausrichtung halten Hasspredigten.

Dennoch sind viele arabische Länder ausgesprochen sicher. Das gilt etwa für Ägypten, Jordanien, Syrien, Libyen, Tunesien, den Oman und die Emirate. So haben Familienmitglieder des Autors iPod und Geldbeutel in einem Kairener Taxi liegen gelassen. Sie kehrten über die deutsche Botschaft zum Fundbüro seiner Heimatstadt zurück. Andere arabische Länder – man denke nur an Algerien, den Jemen, den Libanon, den Irak, Somalia und Palästina – sind besondere Fälle. Sie sind entweder durch Krieg und Bürgerkrieg aus dem Lot geraten oder Zentralregierung und traditionelle Clanstrukturen stehen in Konflikt miteinander.

Die allgemeine Ablehnung krimineller Handlungen betrifft nicht *Betrügereien und Übervorteilungen*. Sie gelten keineswegs als ehrenrührig – im Gegenteil: Wer trickst und sich damit einen Vorteil verschafft, erwirbt die Achtung Außenstehender, und die Betroffenen sind im Regelfall nicht empört, sondern nehmen sich vor, das nächste Mal besser aufzupassen. Solche kleinen und großen Betrügereien sind daher weit verbreitet und stellen ein ernsthaftes Hindernis in der wirtschaftlichen Entwicklung der arabischen Welt dar. Das gilt umso mehr, als die allgemeine politische und ökonomische Unsicherheit den zeitlichen Horizont wirtschaftlichen Handelns in vielen arabischen Ländern stark einengt. In dieselbe Richtung wirken verbreitete weltanschauliche und religiöse Überzeugungen: Die Zeit gehört Gott; die Zukunft lässt sich daher nicht planen. Die längerfristige Bindung von Geschäftspartnern und Kunden wird daher oft gar nicht in Erwägung gezogen. Dagegen hilft nur Freundschaft. Freundschaft mit Arabern gibt es in vielen Abstufungen – und mit jeder Stufe der Intensität sinkt die Wahrscheinlichkeit, über den Tisch gezogen zu werden.

7 Der soziale Raum

7.1 Öffentlicher und privater Raum

Die arabische Kultur hat ein anderes Verhältnis zum privaten Raum als der Westen, zumal Mittel- und Nordeuropa. Das gilt in zweierlei Hinsicht:

- Es gibt ein striktes Innen und Außen. Der Lebensraum der Familie und speziell der Frauen darf keinesfalls von Außen einzusehen sein und ist traditionell auch von dem der Männer getrennt.

- Gleichzeitig gibt es innerhalb von Familie und Freunden keinen Raum für individuelle Privatheit. Auch in großen Häusern hat kein Familienmitglied einen eigenen Raum. Man besucht einander ständig und das Individuum hat keinerlei Rückzugsmöglichkeit.

- Im Arabischen gibt es keine volle Entsprechung für das deutsche Wort „Privatheit" oder das englische Wort „privacy". Stattdessen wird ein Wort verwandt, bei dem stark die Bedeutung „Einsamkeit" mitschwingt. Die arabische Entsprechung für „Privatheit" ist also wie das deutsche Wort „Alleinsein" negativ konnotiert.

Das orientalische *Haus* ist im Gegensatz zum europäischen nach Innen gerichtet. Seine Fassade ist weitgehend schmuck- und fensterlos. Sind Fenster vorhanden, so lassen sie keine Blicke von Außen zu, haben Blenden oder geschlossene Rollos oder sind abgeklebt. In traditionellen Häusern fällt natürliches Licht nur durch die Ritzen der Maschrabeija, gedrechselter hölzerner Wandschirme, ins Innere. In modernen Wohnungen dominiert künstliches Licht. Nur Fehlverhalten, das öffentlich wird, kann bestraft werden. So trinken – zumal in den etwas liberaleren arabischen Ländern – die Menschen in ihren eigenen vier Wänden durchaus Alkohol. Das Recht des Staates endet im Regelfall an der Haustüre. Selbst Beziehungs- und Ehrenmorde werden daher vielfach nicht verfolgt.

Abb. 7.1 Maschrabeija im Bet al-Suhajmi, Kairo

Das arabische Haus eignet sich möglichst viel öffentlichen Raum an, so dass in der Antike noch breite Straßen im Laufe der Jahrhunderte immer enger geworden und vielfach auf die vom Koran vorgeschriebene Mindestbreite zweier sich begegnender beladener Tragtiere geschrumpft sind. Große Plätze sind selten, Straßen winden sich und Gassen enden vor einer Hausmauer. Der Grund liegt darin, dass nicht der Staat oder die Kommune über den öffentlichen Raum wacht. Vielmehr ist derjenige, der sich beschwert fühlt, auf den privaten Klageweg verwiesen ist. Die Beweislage ist oft schwierig, ist doch in den allermeisten arabischen Ländern bis heute kein Kataster vorhanden, aus dem Lage und Bemessung der Grundstücke und Häuser hervorgehen. Die traditionelle arabische Stadt unterscheidet streng zwischen (öffentlich zugänglicher) Straße („Scheria") und (dem nachbarschaftlichen Raum zugehörenden) Gasse („Hara"). Dort sitzen Nachbarn zusammen, es werden Mahlzeiten zubereitet, Töpfe gereinigt, Wäsche gewaschen und im Sommer sogar geschlafen (und damit insgesamt ein hohes Maß an sozialer Kontrolle ausgeübt). Dringt ein Fremder in eine solche Gasse ein, so sollte er eine gute, nicht-touristische Erklärung haben, sonst wird er von den Kindern der Gasse vielleicht sogar mit Steinen vertrieben. Man wende sich in einem solchen Fall an einen der anwesenden älteren Männer und setze ihm das eigene Anliegen auseinander. Vielfach wird man daraufhin zum Tee eingeladen.

Haus und *Familie* werden als weitgehend identisch erlebt. Man verlässt sich auf die Familie, weil Staat und Gerichte unzuverlässig sind und Fremde wegen der allgemeinen Kurzfristigkeit des wirtschaftlichen Horizonts primär an ihren kurzfristigen Vorteil denken. Die gesamte Familie besucht einander zumindest zu den wichtigsten Feiertagen. Sind die Familienmitglieder verstreut, so versammeln sie sich wenigstens einmal im Jahr an ihrem Ursprungsort. Die Roll jedes Familienmitglieds ist streng festgelegt. Auch hier begegnet wieder die Trennung zwischen Innen und Außen: Die Väter wachen über Unterhalt und Ehre ihrer Familien. Die Autorität des Vaters und Familienoberhaupts wird von niemandem hinterfragt. Als Stellvertreter und Nachfolger hat auch der älteste Sohn eine herausragende Stellung in der Familie. Die Mutter gebietet über den größten Teil des Hauses, den Haushalt, die Hausangestellten, die Söhne bis zu ihrem siebten Lebensjahr und die unverheirateten Töchter. Ihre Schwiegermutter ist zwar im Regelfall abwesend, das Haus ihres Sohnes kann sie aber als das ihre betrachten. Sie steht über der Schwiegertochter. Dagegen ist deren Mutter ihre mütterliche Freundin. Ganz allgemein haben alte Frauen ein hohes Prestige – besonders wenn sie viele Söhne haben. Frauen stehen Zeit ihres Lebens unter dem Schutz eines Mannes. Zunächst gebietet ihr Vater bzw. nach dessen Tod oder während dessen Verhinderung durch Abwesenheit oder Krankheit ihr ältester Bruder über sie und nach ihrer Hochzeit ihr Mann. Geschiedene Frauen kehren zu ihren Ursprungsfamilien zurück. Es kommt aber auch vor, dass geschiedene oder verwitwete Frauen mit eigenem Einkommen alleine leben.

Hochzeiten sind auch heute noch in den meisten arabischen Ländern von den Eltern arrangiert. Dabei haben zwar die Brautleute im Regelfall ein Wort mitzureden, insgesamt läuft das Verfahren aber doch auf eine Vernunftehe hinaus. Dagegen versuchen junge Leute immer wieder eine Liebesheirat durchzusetzen, was im Regelfall zu schweren Konflikten mit ihren Familien führt. Als Kompromiss sind lange Verlobungszeiten immer häufiger, die dazu dienen sollen, dass sich die Verlobten gründlich kennen lernen. (Die Erlaubnis zu sexuellem Verkehr ist darin natürlich nicht enthalten.) Die Ehe hat im Islam keinen sakramentalen Charakter und Eheverträge über Unterhalt, Verfügung über das Vermögen, Erbe etc. sind zumindest in der Mittel- und Oberschicht üblich. Zwar sind nach dem Koran bis zu vier Ehefrauen legitim. Allerdings gibt es schon seit vielen Jahren die Tendenz zur Einehe. So sind heute lediglich 15% aller Ehen von Emiratis Vielehen (Kabasci 2006 S. 114).

7.2   Freunde

In einer Welt, in der man sich auf Institutionen nicht verlassen kann, werden Freunde besonders wichtig. Das Konzept von Freundschaft im arabischen Raum unterscheidet sich daher von dem im Westen: In beiden Kulturkreisen möchte man sich in Gegenwart eines Freundes wohl fühlen und ihn schätzen, im arabischen sind Freunde darüber hinaus verpflichtet, sich gegenseitig zu unterstützen. Daher ist in Ägypten der Prozentsatz von Personen besonders hoch, die angeben, sie würden ggfs. zu Gunsten eines engen Freundes ein Auge zudrücken. (Trompenaars S. 39) Die Verlässlichkeit von Freunden ist ein ganz, ganz großes Thema. So gibt es im Arabischen ein gutes halbes Dutzend Ausdrücke, um die unterschiedliche Intensität einer Freundschaft von der flüchtigen Bekanntschaft bis hin zum langjährigen, engen Freund zu bemessen. Vor die Wahl gestellt, ob Freiheit und Entwicklungsmöglichkeiten oder aber die Rücksichtnahme auf seine Mitmenschen die Lebensqualität erhöht, entscheiden sich in Ägypten so wenige Personen für die erste Variante (30%) wie in keinem anderen Land (Japan 39%, Deutschland 53%, Schweiz 66%, USA 60%, Israel 89%). (Trompenaars S. 51) Dabei haben Ägypter in allererster Linie die Freunde unterschiedlicher Intensität im Auge.

AraberInnen versuchen bei jeder Gelegenheit emotionale Nähe herzustellen. Jeder offiziellen Besprechung, jedem Telefongespräch gehen möglichst ein paar persönliche Worte voraus; man erkundigt sich nach dem Befinden der Familie, fragt, ob man zufrieden ist mit dem neuen Auto, stöhnt ein Wenig über die Hitze und klagt über die Teuerung. Das Benehmen Freunden und völlig Fremden gegenüber unterscheidet sich gravierend. Flüchtige „Freunde" macht man schnell, ohne eine solche „Freundschaft" jedoch herrscht eine gewisse Unnachsichtigkeit. Der Verkehr in einer arabischen Großstadt ist von Drängeln, Schneiden und großer Rücksichtslosigkeit geprägt, ein

Abb. 7.2   Freundinnen in Ägypten

Lächeln oder ein freundliches Winken jedoch genügen, um vorgelassen zu werden. Ähnliches lässt sich in Schlangen – etwa bei Behörden oder am Flughafen – beobachten. Sobald man ein paar freundliche Sätze gewechselt hat, wird man zuvorkommend behandelt. Auch beim Einkauf im Basar sollte man sich die Zeit für einen Tee und ein freundliches, meist schnell persönlich werdendes Gespräch nehmen, um als „Freund" einen besseren Preis zu erzielen. AraberInnen fühlen sich meist unwohl in unpersönlichen, im Deutschen bezeichnenderweise „korrekt" genannten Beziehungen. Diese kommen daher selbst im beruflichen Umfeld selten vor. Jeder, der begegnet, ist vielmehr ein potentieller Freund. Da informelle, freundschaftliche Beziehungen außerhalb der offiziellen Hierarchie in arabischen Ländern so wichtig und für Außenstehende oft so undurchschaubar sind, ist es notwendig, die eigenen Beziehungen auszubauen. In der Tat sind persönliche Beziehungen der wichtigste Einzelfaktor für erfolgreiche Geschäftsbeziehungen im arabischen Raum.

Beziehungsnetze basieren – wie überall auf der Welt – auf Sympathie, Geschenken und Gefälligkeiten. *Verpflichtungen* ohne Verwandtschaft gründen meist auf Großzügigkeit. Selbst Ausgaben für Geschenke, Einladungen und Prestigekonsum machen aus diesem Blickwinkel Sinn, weil „Investments" in Freundschaften und einen guten Ruf langfristig Erträge bringen. „Tun Sie's mir zu Liebe" ist die übliche Aufforderung zu einer Gefälligkeit, verbunden mit der impliziten Zusicherung, bei Gelegenheit selbst einen Gefallen zu erweisen. Der Austausch solcher Gefälligkeiten geschieht ritualisiert und unterscheidet sich von einem arabischen Land zum anderen. Solche Riten gleichen vielfach Verhandlungen; sie sind relativ kompliziert, so dass es erst nach längerer Zeit möglich ist, sich in einem Land in dieser Beziehung geübt zu bewegen. Dennoch sind die ausgehandelten Obligationen keineswegs so eindeutig festgelegt wie in westlichen Verträgen. Zudem ist das Gefüge von Verpflichtungen einem steten Wandel unterworfen: Jede neue „Verhandlungsrunde" bewirkt neue Ungleichgewichte und dringt auf Ausgleich. Je aktiver Länder und Industrien auf den Weltmärkten konkurrieren müssen, desto unwichtiger werden allerdings informelle und desto wichtiger werden formale Regelungen. Daher überwiegen in der sehr rückständigen ägyptischen Glasindustrie informelle, im weltweit kompetitiven Mobilfunksektor desselben Landes jedoch formale Regelungen.

Angesichts der Kompliziertheit der Verhältnisse ist es für westliche Newcomer sinnvoll, einfach herzlich zu sein; das wird überall verstanden. Wichtig ist darüber hinaus, die Anfrage eines „Freundes" nie offen zurückzuweisen. Sieht man sich zu dem erbetenen Dienst nicht in der Lage, so hört man dennoch aufmerksam zu und sagt dann, dass man sich kümmern wird. Sieht man gute Aussichten, so wird man dies auch sagen. Unverbindliche Antworten bedeuten meist, dass keine Hoffnung besteht. Zu den frustrierendsten Erfahrungen westlicher Besucher und Expatriates im arabischen Raum gehört, dass auch ein wiederholtes „Ja" nicht bedeutet, dass der Sprecher Erfolgsaussichten sieht. Nach ein paar Tagen wird er dann aber vielfach sein Bedauern ausdrücken und versichern, dass er ansonsten jederzeit zu Diensten steht. Höflichkeit ist in der arabischen Welt wesentlich wichtiger als Erfolg; Erfolg hängt von vielen Umständen ab, Höflichkeit jedoch nur von den Beteiligten. Ein arabischer Freund wird im Fall eines Misserfolgs nicht weiter nachfragen; er könnte sein Gegenüber ja beschämen.

7.3 Einladungen und Feste

Araber feiern gerne und ausgiebig. Die Zahl ihrer Feiertage übersteigt die westlicher Länder bei Weitem. Das heißt aber nicht unbedingt, dass die Zahl der arbeitsfreien Tage höher ist als in Europa. Zum einen umfasst das Wochenende vielfach nur den Freitag – und selbst an diesem müssen viele Menschen geringen Standes arbeiten. Zum anderen gelten bestimmte Feiertage in manchen Ländern und manchen Institutionen nur für die jeweiligen Religionsangehörigen. Lediglich die staatlichen und die höchsten islamischen Feiertage sind allgemein arbeitsfrei. Auch die Zahl der Urlaubstage kann geringer sein als in Europa. (Allerdings kommt es insbesondere in den Golfstaaten auch vor, dass westliche Expatriates doppelt so viel Urlaub haben wie in Deutschland.)

Abb. 7.3 Festlicher Straßenschmuck im Ramadan in Kairo

Fremden erscheint der Fastenmonat *Ramadan* als endloser Reigen an Festen, Einladungen und Gegeneinladungen. Vielfach laden reiche Araber ihre är- meren Nachbarn im Ramadan zum „Frühstück" („Iftar") nach Sonnenunter- gang ein. Zu diesem Zweck sieht man überall große bunte Zelte mit langen Reihen von Tischen und Bänken aufgebaut. Obwohl Muslime im Fastenmo- nat von der Morgendämmerung bis Sonnenuntergang nicht essen und trinken dürfen, nimmt der durchschnittliche Ägypter in dieser Zeit drei Kilogramm zu. Bei den üppigen Mahlzeiten am Morgen, vor allem aber am Abend bie- gen sich buchstäblich die Tische; in den arabischen Ländern werden wesent- lich mehr Lebensmittel gekauft und zubereitet als gegessen. Am Ende des Ramadan feiern alle Muslime das dreitägige Fest des Fastenbrechens („Id al- Fitr"). Es ist das fröhlichste und festlichste Fest der arabischen Welt. Man geht in die Moschee und auf den Friedhof, besucht Freunde und Verwandte. Dabei werden Süßigkeiten und andere süße Gerichte gereicht und man macht sich gegenseitig und den Bedürftigen Geschenke. Beide Geschlechter sind möglichst neu und schön gekleidet, die Häuser perfekt gereinigt und aufgeräumt.

Das höchste *muslimische Fest* jedoch ist das fünf- bis siebentägige Opferfest („Id ul-Adha") am Höhepunkt der jährlichen Wallfahrt nach Mekka („Haddsch"). Jeder Muslim hat die Pflicht, den Armen ein Tier – oft ein Schaf – zu schlachten. Auch die vier Tage dieses Festes verbringt man nach dem Besuch von Moschee und Friedhof festlich gekleidet mit gegenseitigen Besuchen von Verwandten und Freunden. Dabei werden Geschenke aus- getauscht und diverse Gerichte und Getränke angeboten. Neben diesen mehrtägigen Festen gibt es weitere eintägige religiöse Feste. Zu ihnen zählen Mohammeds Geburtstag, die Himmelfahrt des Propheten sowie – bei den Schiiten – der Todestag des Märtyrers Hussein, eines Sohns des letzten „rechtmäßigen" Kalifen Ali.

Familienfeste haben im arabischen Kulturraum eine besondere Bedeutung. Wie in vielen Kulturen ist die Hochzeit auch in der arabischen eines der wichtigsten und kostspieligsten. Es werden oft Hunderte von Gästen geladen und es kann durchaus passieren, dass auch ein westlicher Geschäftspartner darunter ist. Jeder von Ihnen bringt ein Geschenk für die Brautleute mit, aber auch zwischen den Hauptakteuren gehen Geschenke und andere Gaben hin und her. So handeln zukünftiger Brautvater und Ehemann den Brautpreis („Mahr") aus. Dieser schenkt seiner Verlobten auch eine umfangreiche Kol- lektion an Goldschmuck („Schabka"), die deren Absicherung übernimmt für den Fall, dass sie nach dem Tod des Mannes oder der Scheidung von ihm auf eigenen Füßen stehen muss. Dagegen bringt die Braut die Aussteuer in die Ehe ein. Insbesondere das Kupfergeschirr („Nahas") hat einen beträchtlichen Wert. Es wird daher nur zu besonderen Anlässen verwandt (um Wohlstand zu dokumentieren) und dient darüber hinaus als Rücklage für Notzeiten. Weitere Familienfeste werden anlässlich der Geburt eines Kindes, besonders eines Sohne und ganz besonders des ersten Sohnes und der Beschneidung der Söhne gefeiert. Dagegen wird die Bestattung eines Muslim eher schlicht begangen; bei einem einfachen Totenmahl werden Koranverse gesprochen.

AraberInnen laden ständig gute Freunde ein; sie sind der Meinung, dass gute Freunde und Nachbarn einander alle paar Tage sehen sollten. Für westliche Besucher und Expatriates ist das gewöhnungsbedürftig, weil dadurch privater Raum und private Zeit dramatisch schrumpfen können. *Gastfreundschaft* ist ein hohes Gut. So bringen AraberInnen mit oder ohne Anlass Süßigkeiten, Kuchen oder Knabbereien an ihren Arbeitsplatz mit und bieten sie jedem an. Es wäre sehr unhöflich, nicht ausreichend vorgesorgt zu haben und nicht jeden teilhaben zu lassen. Als Gast ist es üblich, sich ein wenig bitten zu lassen, bevor man zugreift, aber das kennen Mitteleuropäer ja auch aus ihren Reisen nach England, Süd- und Osteuropa. Großzügigkeit gegenüber Gästen ist eine wichtige Voraussetzung für eine gute Reputation. Eine Kleinigkeit zu trinken wird einem überall angeboten – beim Gespräch im Büro wie in einem Geschäft bei einem auch nur mittleren Einkauf. Ein Zufallsgast wird ablehnen, aber er würde das Fehlen des Angebots negativ bemerken. Auch unerwarteter Besuch wird auf jeden Fall eingelassen und bewirtet – es sei denn dieser Gast wäre männlich und nur eine weibliche Person zu Hause.

Zu förmlichen Einladungen werden eintreffende Gäste wortreich willkommen geheißen, man bietet ihnen einen Sitz an und etwas zu trinken. Den gesamten weiteren Abend kümmert man sich ständig persönlich um die Gäste, erkundigt sich immer wieder nach ihrem Befinden, schenkt nach und bietet dies und das an. Wichtiger Teil der Gastfreundschaft ist auch ein reichlich gedeckter Tisch. Die Sitzordnung folgt zumindest bei traditionell orientierten Arabern streng der Hierarchie; vielfach wird jedoch dem ausländischen Gast ein Ehrenplatz zugewiesen. *Einladungen durch Araber* unterliegen ihren eigenen Gesetzen. Man sollte eine Stunde später kommen als eingeladen; Pünktlichkeit erwartet ohnehin niemand. Allerdings muss man sein Erscheinen auf die Gebetszeiten abstimmen, vor allem auf das nach Sonnenuntergang stattfindende Abendgebet. Bei länger geplanten Einladun-

gen werden Geschenke erwartet. Mit (einheimischen) Süßigkeiten kann man
nicht falsch liegen. Blumen empfehlen sich wegen ihrer Symbolik dagegen
nicht. In manchen arabischen Ländern wie am Persischen Golf kann man
auch gar nichts mit ihnen anfangen. Ist ein größeres Geschenk angebracht, so
mag man der Dame ein Parfüm, dem Gastgeber eine Figur für die Vitrine
schenken. Aus Europa Mitgebrachtes hat dabei besonderen Symbolwert.
Geschenke sind immer prächtig einzupacken. Sind kleine Kinder vorhanden,
so sollten auch ein paar Kleinigkeiten wie Süßigkeiten, Schul- oder Spielsa-
chen nicht fehlen. Größeren Kindern kann man auch Geld geben.

Abb. 7.4   Abitur-Ball einer deutschen Auslandsschule in Kairo

In Privatwohnungen zieht man (wie in Moscheen) die Schuhe am Eingang
aus. Bei privaten Einladungen empfiehlt sich trotzdem immer formelle Kleidung (dunkler Anzug mit Krawatte, Kostüm/ Hosenanzug), bei offiziellen
Anlässen festliche Kleidung (dunkler Anzug oder Smoking mit Fliege, A-
bendkleid). Die Kleidung arabischer Frauen bei festlichen Anlässen differiert

je nach Land und religiöser Überzeugung stark. Voll verschleierte Frauen wird man bei solchen Gelegenheit allerdings nicht treffen; sie bleiben zu Hause. In manchen Ländern (z.B. in Ägypten und im Libanon) kann man im Gegenteil u.u. bei jüngeren Damen der Oberschicht auch für westliche Verhältnisse sehr freizügige Abendkleidung sehen. Dazu gehören sogar sehr kurze Miniröcke, tiefe Ausschnitte, halb-durchsichtige Blusen über Spitzen-BHs etc. Auch in einer solchen Umgebung sollten westliche Frauen jedoch dezent gekleidet sein, weil davon auszugehen ist, dass sich andere Teilnehmer der Abendeinladung an gewagter Kleidung stoßen – und man möchte doch einen guten Eindruck machen. Gerade ein solcher Teilnehmer könnte ja der nächste sein, auf den man angewiesen ist. Italienische Länge ist bei Röcken also die Grenze. Eleganz dagegen ist eine Verbeugung vor Gastgebern und Gästen. Araberinnen tragen hohe Schuhe. Dem können sich westliche Frauen anschließen, wenn es für sie keine zu große Quälerei ist. Ganz flache Schuhe jedoch gelten nicht als festlich.

Araber sehen es gern, wenn man sie einlädt. Dabei muss man nicht die hohe Frequenz seiner arabischen Gastgeber einhalten. Erfolgen die *Einladungen durch Expatriates* jedoch zu selten, so fragt sich ein arabisches Gegenüber, ob man ihn nicht schätzt, krank oder beleidigt ist. Probate Erklärungen in diesem Fall wären, man sei sehr beschäftigt, ertrinke in Arbeit oder widme im Moment seine ganze Aufmerksamkeit Besuchen aus der Heimat. Ständige Ausflüchte dieser Art werden aber übel genommen. In Europa übliche Floskeln wie „Kommen Sie doch mal vorbei!" werden vielfach als Hinweise auf nahe bevorstehende Einladungen aufgefasst. Danach hat man noch etwa eine Woche Zeit, bevor das arabische Gegenüber ernsthaft irritiert sein wird. Lädt man AraberInnen zum ersten Mal in die eigenen vier Wände ein, so heißt man sie besonders überschwänglich willkommen: Man sollte viele Male, mindestens jedoch fünfmal hintereinander „achlän we sachlän!" („herzlich willkommen!") sagen, worauf jedes Mal „achlän bik! („sei ebenfalls willkommen!") erwidert wird. Geschäftspartnerinnen, die durchaus nicht selten vorkommen, darf man nie allein, sondern immer nur mit Ihrem Mann einladen. Man geht im Übrigen direkt nach dem Abendessen. Das Dinner wird daher sehr spät gelegt und beginnt oft erst um 23 oder 24 Uhr. Viele Besuche dauern nicht übermäßig lang; man sollte sich also darauf einrichten, dass sie nach etwa zwei Stunden wieder vorbei sind. Eine einmal ausgesprochene Einladung muss unbedingt aufrechterhalten werden. Eine Absage, aus welchen Gründen auch immer, wird mit Sicherheit fehlinterpretiert. Lieber sollte man improvisieren – etwa Essen aus einem Lokal kommen lassen. Absolut immer muss bei einer Absage sofort ein Ersatztermin vereinbart werden.

Dagegen darf man als Ersatz für eine private Einladung nicht in ein *Lokal* ausführen: Die Einladung ins eigene Haus ist ein Vertrauensbeweis und eine Ehre, die Ausladung drückt daher Misstrauen aus. Lädt man einen Araber von vorne herein in ein Lokal ein, so sollte man ihn dieses – zumindest beim ersten Mal – aussuchen lassen, damit er sich wohl fühlt und sicher ist, dass alle für ihn wichtigen Speisevorschriften beachtet werden. Außerdem gibt es immer einen kritischen Punkt: Die Einladung in ein Restaurant mit Alkohollizenz könnte so aufgefasst werden, der westliche Einladende vermutete, der arabische Eingeladene trinke Alkohol. Manche muslimischen Araber tun das nämlich durchaus – zumindest in den liberaleren Ländern des Nahen Ostens. Sie wollen aber nicht darauf gestoßen werden – zumal nicht von einem Ungläubigen –, sondern sich frei entscheiden können. Daher sollte man den Eingeladenen das Lokal wählen lassen. In diesem Fall ist er frei, ein Lokal mit Alkohollizenz zu wählen und dem Gastgeber später bei Bier oder Wein Gesellschaft zu leisten, weil der Eingeladene dadurch ja dem westlichen Fremden einen Gefallen tut. Restaurants mit Alkohollizenz gehören meist einer höheren Kategorie an.

7.4   Stellung und Rolle der Geschlechter

Die traditionelle arabische Gesellschaft ist *streng patriarchalisch* – und zwar in weit stärkerem Maße als viele angrenzende islamische Gesellschaften wie die der Berber, Perser oder Kurden. Die Sphären der Männer und Frauen sind getrennt; die der Männer sind Geschäft und Gemeinde, die der Frauen Haus und Familie. Dahinter steht die Überzeugung, dass sich Frauen und Männer in ihrem Wesen deutlich unterscheiden. Zwei Drittel der Wohnfläche des traditionellen Hauses auf der Arabischen Halbinsel ist den Frauen vorbehalten. Diese Rollenverteilung findet sich auch im Koran. Sie wird in der Praxis durchbrochen, wo sich vorislamische oder westliche Einflüsse Geltung verschaffen. Ersteres ist beispielsweise bei den ägyptischen Fellachen der Fall, bei denen die Feldarbeit durch die Frauen verrichtet wird. Auch bei ihnen steht jedoch der Mann höher als die Frau. In der Ehe wird – zumal in der Unterschicht – oftmals brutal zugeschlagen. Die Putzfrau des

Autors wurde von ihrem Mann krankenhausreif geprügelt, weil sie diesem nicht gesagt hatte, dass im Haushalt des Autors keine Frau mehr lebte. Ob die Unterdrückung auf Dauer Bestand haben wird, ist mehr als fraglich. Schon sind in Katar als dem ersten arabischen Land mehr Frauen als Männer alphabetisiert. Unter Studenten und Hochschulassistenten sind die Frauen ohnehin die Mehrheit. Erst frühe Verheiratung und die Sphalanx der Männer in gehobenen Positionen stoppen diese Powerfrauen. Man kann sich also darauf einstellen, dass sich das Patriarchat nicht kampflos ergeben wird.

In den letzten Jahrzehnten sind Rolle und Stellung der Frau in den arabischen Ländern durch zwei gegenläufige Entwicklungen gekennzeichnet:

- Einerseits führt die zunehmende Islamisierung und Besinnung auf alte Traditionen zu Einschränkungen der weiblichen Entfaltungsmöglichkeiten. Hinzu kommt die rigoroseste Abschirmung der weiblichen Familienmitglieder von fremden Männern: So friedlich es auf Kairos Straßen hergeht, so häufig kommt es in den Familien zu gewalttätigen Disziplinierungsmaßnahmen . Sie sind gesellschaftlich sanktioniert – sogar von den Frauen selbst. Nach Umfragen befürworten drei Viertel aller ägyptischen Landbewohnerinnen Gewalt von Männern in der Ehe, weil der Koran dies erlaube und sie ein Fehlverhalten der Frauen selbst unterstellen. In Nord- und Ostafrika ist darüber hinaus die Beschneidung der Frauen weit verbreitet (und zwar unabhängig von der Religionszugehörigkeit). In Ägypten wird die radikale pharaonische Beschneidung gepflegt, bei der die äußeren und inneren Schamlippen komplett entfernt werden und die Frauen z.T. dauerhafte Probleme beim Wasserlassen haben. Nach der Beobachtung westlicher Krankenhäuser sind heute über 90% aller ägyptischen Frauen im heiratsfähigen Alter solcherart beschnitten. Es bleibt zu hoffen, dass dieser Anteil mit dem offiziellen Verbot 2007 wieder zurückgehen wird. Die Unterdrückung erreicht ihr Ziel: Es gibt keine, auch keine historische Gesellschaft, in der vor- und außereheliche Befruchtungen so selten sind wie die derzeitige arabische.

- Andererseits haben sich Erziehung und Berufstätigkeit von Frauen in den letzten Jahrzehnten in nahezu allen arabischen Ländern deutlich verbessert. Frauen haben bei der Alphabetisierung sogar schnellere Fortschritte gemacht als in jeder anderen Weltregion (United Nations Development Programme 2002, S. 3). Dennoch bleibt bis zur Gleichberechtigung ein weiter Weg zurück zu legen. Immer noch kann mehr als die Hälfte der erwachsenen arabischen Frauen nicht lesen und schreiben und die Müttersterblichkeit ist zweimal höher als in Lateinamerika und viermal höher als in Ostasien.

Percentage of female students in selected specialisations in Arab universities, 2002/2003

Country	Humanities and literature	Business, law, social sciences	Science	Engineering, industry and construction
Bahrain	83	60	71	24
Djibouti	52	52	18	25
Jordan	37	37	51	30
Lebanon	56	56	42	21
Mauretania	23	23	14	–
Morocco	45	45	34	22
Palestine	34	34	49	35
Qatar	65	65	72	16
Saudi Arabia	30	30	41	1

Source: http://gmr.uis.unesco.org/ (14/2/2006 assembled from various tables).

Tab. 7.1   Anteil von Studentinnen an arabischen Universitäten.

Die Entwicklung geht trotz aller aktueller Probleme in die richtige Richtung. Das gilt vor allem für die Bildung. Bereits 1995 gingen 75,6% der Mädchen in die Primarstufe (1980: 66,7%), während der Wert bei den Buben im selben Zeitraum bei 91,7% verharrte. Bemerkenswerter noch waren die Veränderungen im höheren Bildungssegment. Auf der Sekundarstufe war zwischen 1980 und 1995 bei Mädchen ein Anstieg von 30,5 auf 48,8% zu verzeichnen, bei Buben von 42,4 auf 58,4%, auf der Tertiärstufe, also den Universitäten, bei Mädchen ein Anstieg von 5,9 auf 10,5%, bei Buben von 12,5 auf 14,5% (United Nations Development Programme 2002, S. 151f.). In einzelnen arabischen Ländern dominieren Frauen inzwischen im Studium. So sind in den Emiraten heute 65% aller Studierenden weiblich. Inzwischen hat dieser Trend in mehreren arabischen Ländern auf akademische Berufe durchgeschlagen. In Algerien sind 60% der Universitätsstudenten weiblich, bis zu 70% der Rechtanwälte und immerhin 60% der Richter. Frauen dominieren auch die Medizin dieses Landes. Heute sind 20% der berufstätigen AlgerierInnen Frauen – mehr als doppelt so viel wie eine Generation zuvor. (Slackman, 2007) In Marokko sind 35% aller UniversitätsprofessorInnen weiblich (in Deutschland jedoch nur 5%). Allein in den Emiraten gibt es 10.000 Unternehmerinnen. Hat eine Frau Erfolg im Leben, so nimmt sie denselben Rang ein wie ein Mann.

Eine Bastion der Männer ist bis heute die Geistlichkeit. Nur Männer dürfen Männer im Gebet leiten. Die meisten sunnitischen Rechtsschulen erlauben Frauen jedoch, Imam für Frauen zu sein. Das ist in Europa und Nordamerika inzwischen häufig der Fall, aber auch in der Türkei und in Marokko gibt es bereits weibliche Imame. In Ländern der islamischen Peripherie zielt man heute auf die Rechtsgelehrten („Ulema"). Im indischen Haidarabad sind 2003 die ersten drei Frauen zu „Muftiyye", also Rechtsgelehrten, ernannt worden und die türkische Religionsbehörde Diyanet plant, Frauen zunächst zu stellvertretenden Muftis zu ernennen (Zaptcioglu 2004).

Inzwischen sind – zumindest in den größeren Städten – auch die Frauen des einfachen Volkes auf dem Vormarsch. So tragen nach einer Untersuchung der Kairo University die Frauen inzwischen in 40% der Kairener Haushalte mehr zum Einkommen bei als die Männer. Das liegt auch daran, dass weibliche Tätigkeiten nicht selten besser bezahlt sind – wie Putzfrauen oder Hausangestellten in ausländischen Haushalten. Solche Frauen lassen sich weniger in die traditionellen Familienstrukturen einfügen, wie der Autor selbst erfahren konnte. An Stelle der oben erwähnte Putzfrau erschienen nach den Gewalttätigkeiten des Ehemannes zwei Mal die Schwester der Putzfrau und eine weitere Schwester gemeinsam, bis sich die wiederhergestellte jüngere Schwester durchgesetzt hatte und ab da mit dem Segen der Familie allein putzte. Die Familie benötigte einfach dringend das zusätzliche Einkommen von umgerechnet 7 € pro Woche. Inzwischen hat sie sich von ihrem Mann getrennt und lebt mit ihrem Kind wieder bei ihren Eltern. Der Volksmund hat die Veränderungen bereits aufgegriffen. Über Frauen, die in der Ehe die Hosen anhaben, wird allenthalben gewitzelt und Kairos Zeitungen sind voll von Berichten über Gewalt durch Frauen in der Ehe. Die größte ägyptische Zeitung, die regierungsamtliche Al Ahram hat sogar eine regelrechte tägliche Kolumne eingerichtet.

In Algerien, Ägypten und anderen arabischen Ländern könnte ein wichtiger Grund für diese relativ schnelle emanzipatorische Entwicklung der Trend zu einer späteren Heirat sein: Algerische Soziologen betonen, dass Frauen in ihrem Land noch vor einem Jahrzehnt mit 17 oder 18 Jahren geheiratet haben; heute sei das im Durchschnitt mit 29 der Fall. Die Entwicklung könnte aber auch andere Gründe haben. Frauen sind vielfach leistungsbereiter. Das gilt insbesondere in traditionellen Händler- und Rentnergesellschaften wie am Golf, in Ägypten und Syrien. Das mag an der im Vergleich zu Männern unterschiedlichen Erziehung liegen. Mädchen müssen schon früh der Mutter zur Hand gehen, während Buben wie kleine Prinzen behandelt werden. Solche jungen Frauen streben mehr als bisher höhere Bildungsabschlüsse an. So verwundert es denn nicht, dass in jeder der drei Gründungsfakultäten einer der führenden ägyptischen Privatuniversitäten neun der zehn besten Studenten und 90% der Assistenten weiblichen Geschlechts sind.

Unter dem Druck der Frauen könnte sogar der Trend der Wiedereinführung für Frauen ungünstiger Vorschriften der Scharia in arabischen Ländern umgekehrt werden. So hat der marokkanische König auf eine Kampagne von Frauen gegen die Ungleichbehandlung vor dem Gesetz reagiert; seit 2004 haben marokkanische Frauen dieselben Rechte wie Männer. Im Iran sammeln seit dem November 2006 Frauen aller Schichten und Weltanschauungen Unterschriften für ihre rechtliche Gleichstellung. Innerhalb von zwei Jahren soll trotz Todschweigen und Repressionen eine Million beisammen sein. Von diesem großen islamischen Land könnte durchaus ein Signal ausgehen.

Die Resultate für die betreffenden arabischen Gesellschaften werden sicherlich keine reine Imitation des Westens sein. Frauen werden noch öfter und selbstverständlicher in Augenhöhe mit Männern arbeiten – wie dies in manchen arabischen Gesellschaften wie in Ägypten auch in höheren Etagen bereits heute ab und zu der Fall ist. Dem widerspricht nicht unbedingt der Trend zur Islamisierung der Gesellschaft. Kopftücher hindern Emanzipation nicht. Das Heiratsalter ist nicht nur in Algerien drastisch angestiegen. Ähnliche Trends berichten Länder wie Ägypten und Tunesien. Dementsprechend weniger Kinder bekommt eine Frau im Laufe ihres Lebens. Dadurch gehen die Geburtenraten in den meisten arabischen Ländern seit 10 bis 15 Jahren schneller zurück als die Sterberaten. Die Familien werden kleiner. Sie sind nicht mehr im selben Maße auf die Verwandtschaft angewiesen, die damit an Bedeutung verliert. Das Bevölkerungswachstum geht zurück und das inzwischen anziehende Wirtschaftswachstum kann pro Kopf durchschlagen. Auf diese Weise werden die Kleinfamilien finanziell unabhängiger. Auch dadurch geht der Trend also zur autonomen Kleinfamilie, in der die Stimme der Frau ein ihrer ökonomischen Stellung entsprechendes Gewicht hat. Eine Spirale kommt in Gang, an deren Ende die durchaus pragmatischen arabischen Gesellschaften stillschweigend eine bessere Stellung der Frau akzeptiert haben dürften als dies heute der Fall ist. Der Soziologieprofessor Abdel Nasser Djabi von der Universität Algier hat dazu einen viel zitierten Spruch geprägt: „Frauen und die Frauenbewegung könnten uns in die Moderne führen." (Slackman, 2007).

8   Der persönliche Umgang

8.1   Gespräche und Gesten

Die arabische ist eine weitgehend *mündlich geprägte Kultur*. Man redet ständig. Der Fremde sollte daher soviel wie möglich mitreden – allein schon, weil darin seine Wertschätzung für sein Gegenüber und dessen Kultur zum Ausdruck kommt. Auf grammatikalisch richtige Sätze kommt es dabei weniger an. Allenfalls lacht man herzlich, jedoch nie unfreundlich über ungeschickte Formulierungen. Akzeptiert wird man ohnehin durch die eigene Haltung, also Gestik, Kleidung und Mimik. Wer kein Arabisch kann, spricht Englisch oder Französisch, aber einige arabische Worte lassen bereits die Augen leuchten und führen zu üppigen Komplimenten. Man sucht das persönliche Gespräch, wo auch eine schriftliche Mitteilung möglich gewesen wäre und Vertrauen kann sich mehr noch als im Westen nur durch persönlichen Kontakt und viele Gespräche bilden. Schon die pure Menge mündlicher Mitteilungen ist für westliche Besucher gewöhnungsbedürftig. Das gilt manchmal auch für die Art des Gespräches. Erzählungen haben einen wichtigen Platz. Sie sind oft farbiger als in Deutschland und folgen eher einem vorgegebenen Aufbau. Gewöhnungsbedürftig ist auch die für Mitteleuropäer vielfach aufgesetzt wirkende Rhetorik, die vor allem dort Platz greift, wo Gespräche formalisiert sind wie beim Willkommensgruß, einer ersten Einladung, der Vorstellung einer Person etc. Dabei unterhalten sich Araber auch gerne über ernsthafte Themen, die sie bewegen. Darin treffen sie sich mit Europäern und unterscheiden sich von US-Amerikanern.

Wie unter Europäern und selbst innerhalb des deutschsprachigen Raums ist der unterschiedliche *Kommunikationsstil* der Araber zu beachten. Süddeutsche und Österreicher passen für eine Antwort den Moment des Satzendes ihres Gegenübers ab und Schweizer lassen sogar eine kleine Pause entstehen; alles andere empfänden sie als unhöflich. Dagegen sprechen Norddeutsche und Angelsachsen leicht überlappend, beginnen also bereits, wenn sich die Satzmelodie des Gegenübers senkt. Ein solches Verhalten gilt dort als

aufgeweckt und intelligent. Franzosen und Italiener unterbrechen sogar häufig, weil sie damit Interesse am Gesagten signalisieren. Im arabischen Raum
sind beide Kommunikationsstile üblich. Einerseits bekundet man Respekt,
indem man das Gegenüber aussprechen lässt. Andererseits bekundet man
Interesse, indem man den Gesprächspartner unterbricht. Welcher von beiden
Kommunikationsstilen angemessen ist, richtet sich nach Umfeld und Thema,
Rangdifferenz und Beziehung zwischen den Sprechern. Außerdem bestehen
natürlich regionale Unterschiede: Ägypter gelten in der arabischen Welt als
besonders höflich, Maghrebiner als eher forsch.

Abb. 8.1   Ein höfliches Gespräch

Zu beachten ist, dass gerade verfängliche Themen wie Kritik am Gegenüber
nie direkt formuliert werden. Diese „hohe *Kontextualität*" der arabischen wie
anderer östlicher Kulturen steht im Gegensatz zur „geringen Kontextualität"
des Westens: Gerade Kontinentaleuropäer sind es gewohnt, dass verbale
Kommunikation explizit formuliert; Themen werden direkt angesprochen.
Im arabischen Raum dagegen ist der Kontext der Vorgeschichte, des Ambi-
entes, von Gesten und kleinen Aufmerksamkeiten sehr wichtig. Dies gibt
insbesondere dort Anlass zu Missverständnis und Verärgerung, wo Aussagen

in den Augen von Europäern entweder wahr oder falsch sind. Araber dagegen verwenden auch nachprüfbare Aussagen als Signale. „Wir sind Freunde" bedeutet in diesem Zusammenhang die Aufforderung, sich darum zu bemühen, dass Freundschaft entsteht. Der Sprecher signalisiert ferner, dass er das Seine dazu beitragen wird. Die Schwierigkeit solcher performativen Aussagen für Europäer liegt darin, dass sie nicht ohne weiteres als solche erkennbar sind. Ist ein Satz erkennbar nicht wahr, so sollte man sich davon jedenfalls nicht irritieren lassen.

Themen, die zu privat sind, sollten vermieden werden. Dazu gehört der Verwandtschaftsgrad von Eheleuten (wegen der traditionell häufigen Parallelkusinenheirat) ebenso wie die Frage nach der Befinden der Ehefrau und überhaupt dem Privatleben konkreter Personen, seien diese nun anwesend oder nicht. Außerdem sind Tabus zu beachten. So darf man als Nicht-Muslim das Gespräch keinesfalls auf religiöse Themen bringen; es könnte als Missionierungsversuch ausgelegt werden und ist vielfach als solcher schon strafbar. Männliche Christen sollten daher Kreuze nicht offen tragen. Christinnen sind dagegen gerade an Kreuzanhängern zu erkennen; sie signalisieren damit der Bevölkerungsmehrheit, dass sie als Partnerin nicht zur Verfügung stehen. Muslime bringen ihrerseits das Gesprächsthema sehr wohl auf religiöse Fragen und versuchen, Andersgläubige offen zu überzeugen. Mission unter Nicht-Muslimen ist ja geboten. Wenn westliche Besucher solche Gespräche lieben, ist das eine gute Gelegenheit, ein persönliches Verhältnis zu einem Einheimischen aufzubauen. Die Gespräche werden immer höflich und interessant verlaufen und eine Menge Wissen vermitteln. Ist einem westlichen Besucher das Thema jedoch nicht angenehm, so kann er es durch den Hinweis beenden, dass er gläubiger Christ ist. Dagegen würde ein Muslim kein Verständnis dafür haben, wenn man sich als Atheist zu erkennen geben würde. Wie kann man nichts glauben! Er wird angesichts des Nahostkonflikts auch wenig freundschaftliche Gefühle hegen, wenn man sich als Jude outen würde, und ein gläubiger Muslim wird mit Unverständnis reagieren, wenn man einer anderen, im Regelfall als heidnisch angesehenen Religion angehört. Erst recht wird er ärgerlich sein, wenn man darauf beharrt, Anhänger einer als ketzerisch angesehenen muslimischen Gemeinschaft zu sein; Bahai, evt. auch Aleviten oder Ismailiten sind für streng gläubige Muslime unrein und ein Kontakt mit ihnen ist eine Beleidigung.

Araber haben meist einen anderen *Humor* als Westler. Sie können mit Ironie und Anspielungen vielfach nichts anfangen und fühlen sich leicht durch sie angegriffen. Man kann nicht über sich selbst lachen, geschweige denn über Themen der Religion, der Nation oder der Ehre, d.h. die eigene Gruppe, die eigene Familie, insbesondere ihre weiblichen Mitglieder und deren Tugendhaftigkeit. Stattdessen lieben es gerade Ägypter, nahezu kindisch herumzualbern. Das gilt für alle Gesellschaftsschichten bis ins Alter. Nur sehr würdige ältere Personen vermeiden ein solches Verhalten. Der arabische Raum stellt also keineswegs eine humorfreie Zone dar. Allerdings gilt strengen Muslimen zu viel Lachen als würdelos. Regelmäßig wird das World-wide Web von religiösen Eiferern nach respektlosen Witzen über den Islam und seine Autoritäten durchkämmt. Dabei war der arabische Raum einmal eine Hochburg des Witzes; in keiner Kultur außer der chinesischen ist im Mittelalter so viel Humoristisches geschrieben worden. Der arabische Witz des 9. bis 13. Jahrhunderts machte – außer vor Gott und seinem Propheten – vor nichts halt. Man machte sexuelle Zoten und sogar Witze über den Koran. (Marzolph 1992) Heute dagegen überwacht ein Heer von Spitzeln in den meisten arabischen Ländern die staatlichen Vorschriften, die noch geringe „Respektlosigkeiten" gegenüber staatlichen und religiösen Autoritäten und Institutionen verbieten. Natürlich blüht der politische Witz trotzdem in der arabischen Welt und Karikaturen sind absolut üblich.

Wie in allen Kulturräumen hoch kontextualer Kommunikation sind auch im arabischen Raum *Gesten* wichtig. So gilt die linke Hand als schmutzig, weil sich Araber traditionell das Gesäß mit ihr abwischen. Daher sollte man mit ihr (auch wenn die rechte nicht frei ist) niemals etwas reichen oder sie gar zur Begrüßung entgegen strecken. Das gilt selbst für Verletzte oder Behinderte, die sich zur Begrüßung lieber verbeugen sollten. Des weiteren sollte man – etwa beim Sitzen auf einem Kissen oder dem Übereinanderschlagen der Beine – niemals die Schuhsohlen zeigen; sie gelten als schmutzig und man möchte diesen Anblick dem Gegenüber daher ersparen. Stattdessen ist beim Sitzen auf dem Boden oder auf einem Kissen der Schneidersitz angebracht. Wird eine Hand aufgehalten und mit der anderen eine schneidende Bewegung über das Handgelenk gemacht, so bittet man um irgendwelche Papiere. Eine solche Handbewegung machen Polizisten, um Führer- und Fahrzeugschein bei einer Verkehrskontrolle oder den Ausweis beim Betreten einer Behörde zu verlangen. Genauso signalisiert man aber auch einem Kellner quer durch den Raum, dass man die Rechnung haben möchte („Hisáp min fadlak").

Abb. 8.2 Karikatur zum Nahostkonflikt
Quelle: Al-Watan, August 10, 2002

Handeln im Sinne von Verhandeln oder Feilschen ist im Orient seit Jahr-
tausenden üblich. Es geht jedoch nicht primär darum, den eigenen Vorteil
zu suchen. Vielmehr ist Handeln eine Kommunikationstechnik, die sicher-
stellen soll, dass der ausgehandelte Preis beiden Geschäftspartnern gerecht
wird. Das Ergebnis mag dennoch unfair sein. Bei größeren Anschaffungen
sollte man sich deshalb vorher bei einheimischen Bekannten nach den üblichen Preisen erkundigen. Beim Handeln versichert man sich sozusagen
der gegenseitigen Wertschätzung. Handeln unterliegt deshalb bestimmten
Regeln. Zunächst gibt es eine Phase des Small Talk. Hat die Ware einen
gewissen Wert, so wird ein Getränk gereicht, das man nicht zurückweisen
sollte. Überhaupt bleibt man beim Handeln höflich. Man muss sich Zeit
nehmen. Drängt die Zeit, so erklärt man dies und verspricht, gleich morgen
zurückzukehren. Mit zunehmendem Eindringen westlicher Waren und Sit-
ten wird das Handeln zumindest in arabischen Großstädten zurückgedrängt. In Hotels, Restaurants, bei Preisschildern oder der Akzeptanz von
Kreditkarten ist Handeln ohnehin nicht möglich. (Es sei denn, man wohnt
längere Zeit in einem Hotel.) Taxifahrern drückt man nach Verlassen des
Taxis im Nachhinein den richtigen Geldbetrag in die Hand. Sie werden
Europäern gegenüber zwar oft protestieren, sich aber zufrieden geben,
wenn der Betrag einigermaßen korrekt war. Vor einzelnen markanten
Punkten wie Flughäfen, Sehenswürdigkeiten oder internationalen Hotels

müssen Taxifahrer Standgebühren bezahlen. Dort wie in einigen Touristenorten gelten höhere als die üblichen Tarife.

8.2   Höflichkeit

Araber (und ganz besonders Ägypter) sind überaus höflich. *Briefe* und sogar eMails sollten immer mit der Frage nach dem Befinden und der Hoffnung beginnen, dass es dem Angesprochenen gut geht. AraberInnen bedanken sich meist nicht einfach mit „shukran!"; es muss schon „alf shukr!" („tausend Dank!") sein. Man wünscht vielfach nicht einfach einen guten Morgen („Sabah al cher!"), sondern einen rosigen („Sabah al ward!"), jasminigen („Sabah al full!"), erleuchteten („Sabah al nur!") oder sahnigen Morgen („Sabah al ischta!"). Daraufhin erkundigt sich der so Angesprochene immer nach dem Befinden: „izzajjak" bzw. „izzajjik", je nachdem, ob ein Mann oder eine Frau angesprochen sind. Die Antwort lautet immer: „Lob sei dem Herrn!" („al hamdullilah!"). Diesen Ausspruch hört man ständig und auch der westliche Fremde kann ihn gar nicht häufig genug gebrauchen. Überhaupt finden sich in der arabischen Alltagssprache mannigfache Bezüge auf Gott. So hört man neben Ausrufen wie „ja Salam!" („Oh Friede!") auch ständig „a uzu bil-lah!" („Gott behüte!), „win nabil!" („beim Propheten!") und „wallahi!" („bei Gott!"). Auch wird statt des üblichen Abschiedsgrußes „ma'a Salama!" („Geh in Frieden!") oft auch das sehr höfliche „allah jisallimak!" („Gott möge Dich schützen!") gebraucht. Die übliche *Grußformel* untertags ist das auch im Westen bekannte „as Salamu aleikum!" („Friede sei mit Dir!"). Der Angesprochene antwortet „aleikum as Salam!" („Auch mit Dir sei Frieden!"). Seltener hört man den Gruß „marhaba!", der ursprünglich von den Beduinen verwandt wurde. Gegenüber Christen allerdings ist er der gegebene Gruß. Bei sakral stark aufgeladen verbalen Formen fällt die Ähnlichkeit zu, die manchmal wortwörtliche Übereinstimmung mit Formen auf, die noch vor wenigen Jahrzehnten in manchen Gegenden Europas – etwa in Süditalien, Tirol oder Altbayern – üblich waren.

Die Höflichkeit gebietet, dass man sich nach den Lebensumständen desjenigen erkundigt, mit dem man auch nur in geringen Austausch getreten ist. Das mag durchaus ein Taxifahrer sein oder der Bell Captain nach dem dritten Tag im Hotel. Man beginnt mit einem einfachen „Wie geht es Dir?" („izzajak"/ „izzajik": m/w) über Fragen nach Name („Wie heißt Du", „Ismak/

Ismik eh?": m/w), Familienstand und Kinderzahl. Dazwischen erfolgen Ausrufe wie „Glückwunsch!" („Mabruk") und „Gelobt sei Gott!" („al hamdullilah!"). Die Höflichkeit hat allerdings auch einen Haken: Ein Araber, um eine *Auskunft* gebeten, wird diese immer erteilen, ob er die Antwort nun weiß oder nicht. Ein anderes Verhalten erschiene ihm unhöflich. Man kann sich also nicht auf die Richtigkeit einer einzelnen Auskunft verlassen und holt daher mehrere ein – in der Hoffnung, dass sich die Mehrzahl der Befragten auskennt. Diese Taktik wenden auch die Araber selbst an. Vielfach ist das aber gar nicht notwendig, weil ein ortkundiger Befragter den Fremden einfach selbst zum gesuchten Ort führt. Dank wird danach oft abgewehrt mit dem Satz: „Für eine Pflicht muss man sich nicht bedanken."

Europäer und Nordamerikaner werden bei Höflichkeit und sozialen Beziehungen im Laufe der Zeit oft nachlässig. AraberInnen verwenden jedoch auf Personen, die zu ihrem täglichen Umfeld gehören wie ArbeitskollegInnen oder NachbarInnen, meist eine gleich bleibende Sorgfalt. So wird nachlässiges oder pauschales Grüßen im arabischen Raum in jedem Kontext als unhöflich empfunden. Daher sollte man sich die Zeit nehmen, jeden Anwesenden persönlich mit ein paar herzlichen Worten zu begrüßen. Selbst nach einer kurzen Abwesenheit ist es üblich, jemanden willkommen zu heißen („achlän we sachlän!"), worauf die Antwort wieder lautet: „achlän bik!"

Auch die *Anrede* ist meist überschwänglich. „(Oh) Präsident!" („ya rajjis!") ist eigentlich jeder, ob Taxifahrer, Kellner oder Schuhputzer. Wer eine kenntnisreiche Bemerkung gemacht hat, wird sofort zum „Professor" oder „Gelehrten" („ya ustaz"), der Handwerker zum „Ingenieur" („ja muhandis"), der würdevoll Auftretende zum „Fürsten" („ja Beh"). Wer eine gewisse Vertrautheit annimmt oder auch nur wünscht, greift meist zur Anrede „ya habbib". VertreterInnen mit „habbibi" („mein[e] Freund[in]") anzureden, klingt jedoch anzüglich. Überhaupt sollte man sich des Umfeldes bewusst sein. Je förmlicher es ist, desto eher sind die tatsächlichen Ränge und Funktionen als Anrede zu gebrauchen. Ein Kellner in einem vornehmen Hotel oder Restaurant als „Präsidenten" anzusprechen, könnte sehr wohl zur Folge haben, dass man nicht bedient oder sogar des Lokals verwiesen wird.

Bei der ersten *Vorstellung* geben AraberInnen oft weit mehr Informationen über sich als im Westen üblich. So erfährt man vielfach in kurzer Folge alles über Titel, Familie, Besitz, Auslandsaufenthalte und Beziehungen. Das mag in den Ohren westlicher Beobachter übertrieben oder gar peinlich klingen, es hat aber die wichtige Funktion, über das eigene Umfeld und Beziehungsnetzwerk aufzuklären. Solche Informationen sind alles andere als irrelevant und mögen sich später noch als sehr nützlich erweisen. Genau solche Informationen möchte ein Araber natürlich auch vom westlichen Gegenüber erhalten. Es ist daher wichtig, die eigenen Familienverhältnisse darzustellen, zu sagen, woher die Familie stammt, Vermögen und Kontakte in höheren Positionen zu erwähnen – auch wenn das einem Europäer schwer fallen mag.

Lob und *Komplimente* eröffnen jedes Gespräch. Bei der Vorstellung einer anderen Person wird diese über den grünen Klee gelobt. Auch MitarbeiterInnen, KollegInnen und Vorgesetzte sehen es gerne, von Zeit zu Zeit überschwänglich gerühmt zu werden. Expatriates aus dem Westen geben in den Augen ihrer arabischen Gegenüber meist viel zu wenig und viel zu schwaches Lob. *Kritik* ist in einem solchen Umfeld naturgemäß besonders heikel. Es gibt keine offene „konstruktive Kritik" im arabischen Raum. Freimütige Kritik wird immer persönlich genommen und als destruktiv angesehen. Westliche Vorgesetzte müssen daher unbedingt mehrere Regeln beachten:

• Kritik muss immer unter vier Augen geschehen. Vor den Augen Anderer kritisiert zu werden, bedeutet im arabischen Raum Gesichtsverlust.

• Möchte man einen Mitarbeiter oder eine Mitarbeiterin kritisieren, so lobe man sie zunächst ausführlich und in warmen Worten – konkret wegen einer kürzlichen Aktion und ganz allgemein wegen bestimmter guter Eigenschaften.

• Kritik sollte möglichst nur indirekt angebracht und nur kurz angetippt werden. Sie sollte möglichst unpersönlich formuliert sein.

Die Befürchtung, dass eine solche Kritik nicht ernst genommen wird, ist nicht berechtigt. Vielmehr ist das Gegenteil der Fall: Zu stark empfundene Einzelkritik wird als Fundamentalkritik an der Person selbst und ihrem gesamten Handeln verstanden und führt gerade nicht zu einer Änderung des gerügten Verhaltens, sondern zu innerem Rückzug, Intrigen, Meidung des Vorgesetzten oder Kündigung.

Jedenfalls steht überschwängliche Höflichkeit und Behutsamkeit im Umgang mit einander – ob nun formelhaft oder echt – nicht im Gegensatz dazu, dass AraberInnen auch *Offenheit* zu würdigen wissen. Man schätzt das ehrliche, auch Probleme berührende Gespräch. Nach einiger Zeit wird man ein Gefühl dafür entwickeln, welche Themen man lieber nicht berühren sollte. Dazu gehören Religion und Familie des Gegenübers ebenso wie seine Vermögensverhältnisse oder Bildung. Er/ Sie wird solche Themen von sich aus ansprechen, wenn er/ sie das möchte. Politik ist ein ganz beliebtes Thema. Da sich AraberInnen unter einander wegen der allgegenwärtigen Geheimdienste über solche Themen kaum unterhalten, sind Ausländer umso willkommenere „Opfer". Vorsichtige, Tabuthemen vermeidende Offenheit ist vermutlich sogar der Königsweg des Westlers in die Herzen der Einheimischen, da er die vielen sozialen Regeln und Zwischentöne ohnehin nicht vollständig beherrschen wird. Vorsicht ist allerdings geboten, vor allem bei Kritik, damit nicht das alte Vorurteil vom rüden Europäer bestätigt wird.

Eine der wichtigsten Regeln im Umgang mit Orientalen besagt, dass man ihnen erlauben muss das *Gesicht zu wahren*. Dabei darf der Mittel- und Nordeuropäer nicht von seinem eigenen Empfinden ausgehen. Ein Araber verliert sein Gesicht bereits, wenn eine beliebige Schwäche offenbar wird. Offenbar ist sie, wenn sie angesprochen wurde. Daher wird bei Verhandlungen in arabischen Ländern die Lösung von kritischen Punkten nicht direkt angesteuert. Das würde ja bedeuten, dass Probleme angesprochen und sehr wahrscheinlich das Gesicht eines der Beteiligten nicht gewahrt werden kann. Vielmehr spricht man allgemein über das Projekt, bis das arabische Gegenüber keine neuen Vorschläge mehr einbringt und offenbar nicht mehr bei der Sache ist. Dann ist es an der Zeit, durch vorsichtiges Nachfragen und Erklärungen eine gemeinsame Basis zu finden. Man entwickelt also in endlosen Sitzungen ein Gefühl für die Position der Gegenpartei und bildet so Vertrauen. Sollten die Verhandlungen einmal ernsthaft stocken, so kann man sein arabisches Gegenüber auch auf bestehende Loyalitäten wie die bisherige gute Zusammenarbeit hinweisen.

Es ist üblich, Anliegen nicht direkt vorzubringen, sondern sich auch in unproblematischen Fällen eines *Vermittlers* zu bedienen. Dagegen reagieren Mittel- und Nordeuropäer gewöhnlich ausschließlich auf persönlich vorgebrachte Wünsche, weil ihnen das „Kämpfen mit offenem Visier" als Wert an sich gilt und sie die direkte Auseinandersetzung bevorzugen. In den arabischen Ländern sollten dagegen überbrachte Wünsche, ja selbst indirekte Hinweise ernst genommen werden. Auch Westler können sich gut eines Vermittlers bedienen. Dies ist beispielsweise bei Behörden angezeigt, wo man sich solche „Vermittler" regelrecht mieten kann. Es ist aber auch geboten, wenn ein geschäftliches Problem auftritt – etwa bei Verhandlungen. Vermittler in geschäftlichen Dingen sollten immer einen höheren Rang haben als die übrigen Beteiligten. Sie werden sich diesem Anliegen keineswegs verschließen, weil es zu ihrer Rolle gehört. Netzwerke dieser Art entstehen sowohl durch deutsch-arabische Institutionen als auch durch zufällige persönliche Kontakte. Eine solche Vermittlung ist im arabischen Raum überaus üblich. Sie hat eine ganze Reihe von Vorteilen:

- Die sorgsame Auswahl des Vermittlers garantiert größtmöglichen Einfluss.

- Eine Vermittlung vermeidet Gesichtsverlust im Falle eines Misserfolgs.

- Expatriates können sich auch bei heiklen Angelegenheiten sicher sein, in keine Fettnäpfchen zu treten.

Ein Vermittler („Wasta") sollte gerade in wichtigen Angelegenheiten sorgsam ausgewählt werden. Um hier keine Fehler zu machen, empfiehlt es sich ggfs., einen Kollegen oder Bekannten um einen Namen oder das Kontaktieren eines geeigneten Vermittlers zu bitten. Dieser Kollege oder Bekannte sollte im Rang über dem Vermittler und der Konfliktpartei stehen. Ausländische Unternehmen stellen in arabischen Ländern regelmäßig ranghohe Kontaktpersonen mit guten Verbindungen für solche Vermittlungen ein. Oft ist das ein ehemaliger General, an denen meist ohnehin kein Mangel besteht. Den richtigen Vermittler zu wählen, ist mehr als der halbe Erfolg.

Araber möchten *als Freunde auseinander gehen.* Sie machen daher, sofern zuvor keine unüberwindlichen Verletzungen eingetreten sind, am Ende eines Besuchs oder einer Beziehung noch einen Schritt auf den Anderen zu. Das ist vielfach mit deutlichen Zugeständnissen bei den zuvor so fest gefügten Positionen verbunden. Manchmal ist das nur die Umarmung eines Rangniedrigeren durch den Ranghöheren, die zuvor völlig ausgeschlossen war, verbunden mit einer Lobeshymne und dem Versprechen, das Gegenüber nie zu vergessen und dem Angebot, immer für den Anderen da zu sein. Bestanden finanzielle Differenzen, so erfolgt oft ein mehr oder weniger großzügiges Angebot. So hatte der Autor seine Wohnung gekündigt. Gewarnt durch die Aussagen von Kollegen, dass ein Kairener Vermieter die Kaution eigentlich nie zurückzahlt, hatte er die letzte Monatsmiete einbehalten und war den bald nach Fälligkeit einsetzenden Mahnungen der Vermieterin gegenüber mit Ausflüchten reagiert. Einige Tage vor dem Umzug rief dann der Mann der Vermieterin an und drohte in einem lautstarken Gespräch mit Gericht, Polizei und Gefängnis, wenn nicht die letzte Monatsmiete bezahlt würde. Die Kaution würde er selbstverständlich zurückbezahlen, wenn keine größeren Schäden an der Wohnung zu beklagen wären. Der Autor blieb hart. Am Tag des Umzugs erschien dann der Mann und schlug einige kleinere Schönheitsreparaturen zu einem nur wenig erhöhten Preis vor. Man trennte sich unter Lobeshymnen und unter Zusicherung ewiger Freundschaft. Bei diesem positiven Ausgang mag auch eine Rolle gespielt zu haben, dass Ägypter und andere Araber große Hochachtung vor Personen haben, die durch geschicktes Verhalten einen schnellen persönlichen Vorteil herausholen.

8.3   Umgang der Geschlechter

Im Spannungsfeld von Islam, traditionellem und westlichem Rollenverständnis ist der Umgang zwischen westlichen und arabischen Personen unterschiedlichen Geschlechts nach wie vor problematisch. Auch wenn westliche Besucher und Expatriates nicht mit demselben Maßstab wie Einheimische gemessen werden, weil ihnen eine gewisse Unkenntnis der Gepflogenheiten zu Gute gehalten wird, gibt es noch genügend Fallen, in die zu tappen sie vermeiden sollten. Selbst in relativ westlich orientierten Kreisen und Ländern ist die Regelungsdichte des Verhältnisses zwischen den Geschlechtern sehr hoch.

Je nach Land und religiöser Einstellung differiert angemessenes Verhalten stark. Schon die *Begrüßung* zwischen den Geschlechtern erfordert Fingerspitzengefühl. Ältere werden vor Jüngeren, höher vor niedriger Gestellten, Männer vor Frauen begrüßt. Westliche Männer können westlich gekleideten Frauen ohne Kopftuch ohne weiteres die Hand geben. Bei Kopftuchträgerinnen sollte man dagegen warten, bis sie von sich aus diesen Schritt unternehmen. Bei voll verschleierten oder (meist schwarz) behandschuhten Damen darf man darmit keinesfalls rechnen. Religiöse arabische Männer sehen es nicht gern, wenn ihnen eine Frau, zumal eine Nicht-Muslima die Hand zur Begrüßung reicht. Vorsicht ist erst recht beim Wangenkuss geboten. Einerseits sind bei strengen Muslimen auch Wangenküsse unter Westlern verschiedenen Geschlechts verpönt (und gegenseitige Küsse auf den Mund werden schon einmal mit Geld- oder Haftstrafen geahndet). Andererseits begrüßen gut bekannte Einheimische desselben Geschlechts einander mit einem Wangenkuss. Ein arabischer Bekannter wird erkennen lassen, wann er die Zeit für einen solchen Wangenkuss gekommen sieht. Wangenküsse zwischen den Geschlechtern verbieten sich dagegen immer.

Die Liste strikter Regeln ließe sich beliebig fortsetzen. So sollte vermieden werden, dass sich Männer mit ranggleichen oder -niedrigeren Frauen im

gebärfähigen Alter allein in einem Raum befinden. Im Taxi sitzen Frauen
hinten, in öffentlichen Verkehrsmitteln keinesfalls neben einem fremden
Mann. Direkter Blickkontakt zwischen den Geschlechtern gilt als anzüglich.
Keinesfalls darf man einen zweiten Blick auf eine fremde Frau werfen. (Der
erste Blick gilt als zufällig.) Das *Ansprechen* unbekannter arabischer Frauen
durch arabische Männer ist sehr unschicklich, das westlicher Frauen mag
angehen. Am Unschicklichsten jedoch ist es, wenn ein westlicher Mann eine
unbekannte arabische Frau anspricht, zumal eine solche in traditioneller
Kleidung. Eine Unterhaltung mit einer muslimischen Frau ist jederzeit möglich, wenn sie durch einen Verwandten vorgestellt wurde. Das wird jedoch
nur bei einigermaßen liberalen Familien geschehen.

Abb. 8.3   Frauen in der islamischen Altstadt Kairos

Viele westlich eingestellte Araberinnen träumen von einem Leben im Westen. Da kann es in Ausnahmefällen, vor allem in liberaleren arabischen Ländern geschehen, dass eine arabische Frau einen westlichen Mann anspricht,
obwohl dies in ihrer Gesellschaft als absoluter Faux Pas gilt. Wenn es sich
um eine Muslima handelt – Christinnen sind durchweg am offen getragenen

Kreuz kenntlich –, sollte ein westlicher Mann auf ein solches Ansinnen keinesfalls eingehen, um Schwierigkeiten mit ihren Verwandten zu vermeiden. Damit die Dame jedoch ihr Gesicht nicht verliert, mag er einige wenige höflich-unverbindliche Sätze wechseln und sich dann unter einem Vorwand verabschieden. In traditionellen Familien, zumal auf dem Land sollte sich ein außen stehender Mann, auch wenn er mit der betreffenden Familie gut bekannt ist, nicht direkt nach dem Befinden der Frau erkundigen oder ihr Grüße ausrichten. Er fragt stattdessen nach den Kindern oder grüßt diese – selbst wenn das betreffende Paar noch gar keine Kinder hat.

Von Personen ab einem gewissen Alter wird erwartet, dass sie verheiratet sind und Kinder haben. Um die ewig gleichen, oft genug lästigen Diskussionen zu vermeiden, könnten Männer Zufallsbekanntschaften wie Taxifahrer oder Friseure ab einem Alter von vielleicht dreißig Jahren ja ein wenig anschwindeln, wenn ihnen das nicht zuwider ist. Bei Frauen gibt es allerdings ein Problem: Von verheirateten Frauen wird erwartet, dass sie nicht ohne ihren Mann außer Haus gehen. Tun dies westliche Frauen doch, so werden sie recht scheel angesehen. Frauen ab Mitte Zwanzig sollten also Zufallsbekanntschaften gegenüber angeben, sie wären ledig. Gegenüber Geschäftsfreunden und Arbeitskollegen kann man dagegen ehrlich sein; man kennt und schätzt einander (hoffentlich) als Person.

Männer und Frauen haben im Islam klar definierte Rollen zugewiesen. Das beinhaltet auch *Kleidung und Frisurtracht*. Männer sollten kurze, Frauen zumindest mittellange Haare tragen, wenn sie in ein arabisches Land reisen, wollen sie nicht auf Unverständnis stoßen und endlose Fragen provozieren. Die Haare können in den meisten arabischen Ländern offen getragen werden – außer in vielen Moscheen. Bei den muslimischen Araberinnen sind Kopftuch-Trägerinnen inzwischen in der Mehrheit und auch der Gesichtsschleier („Niqab") ist deutlich auf dem Vormarsch. Noch wehren sich gerade laizistische Regimes wie in Ägypten, Algerien, Tunesien und Syrien gegen Kopftuch und Gesichtsschleier, als „unislamisch" wollen aber auch sie nicht gelten. Allerdings verkünden selbst islamische Autoritäten wie Suad Seleh, Fernsehpredigerin und Professorin für islamisches Recht an der altehrwürdigen Kairener Al-Azhar-Universität, dass der Niqab nicht im Koran vorgeschrieben ist, sondern einer alten Beduinentradition folgt. Auch westliche Frauen sollten sich hinsichtlich ihrer Kleidung anpassen. So gelten Hosen als männlich. Röcke müssen die Knie bedecken, Schuhe Absätze haben. Blusen sollten hochgeschlossen, die Arme bedeckt sein. In Moscheen ist letzteres ohnehin Pflicht. Im Allgemeinen ist westliche Kleidung erlaubt und wird sogar erwartet. Nur in Saudi Arabien ist für Ausländerinnen der schwarze Ganzkörperumhang („Abaya") vorgeschrieben. Bei festlichen Einladungen gelten wiederum andere Regeln.

Westliche Gesellschaften werden in vielen arabischen Medien und Moscheen als notorisch libertinär dargestellt. *Westliche Frauen* – zumal solche mit unbedeckten Schultern oder gar kurzen Röcken – werden daher gerade von einfachen Arabern als Freiwild angesehen. Sie dürfen sich nicht wundern, wenn sie angesprochen, an den Oberarm gefasst und ihnen eindeutige Angebote gemacht werden. Auch Freundschaft und selbst Verliebtheit schützen eine europäische Frau nicht automatisch vor der Verachtung arabischer Männer. Das gilt vor Allem, wenn sie intime Beziehungen ohne Heirat haben können. Vor einer Heirat ist unbedingt ein Ehevertrag abzuschließen, weil arabische Rechtsordnungen vielfach für die Frauen ungewohnt nachteilige Bestimmungen enthalten. Eine Ehe zwischen einem Nicht-Muslim und einer Muslima ist ohnehin nach der Scharia und daher auch offiziell in vielen arabischen Ländern nicht möglich.

VIERTER TEIL
Entwicklung der arabischen Gesellschaft

9   Geschichte und Politik

9.1   Die goldenen Jahrhunderte

Bis zu Mohammed (um 570–632) siedelten Araber nahezu ausschließlich auf der Arabischen Halbinsel. Er und seine Nachfolger, die vier „rechtgeleiteten Kalifen" Abu Bakr, Omar, Otman und Ali (632–661) eroberten innerhalb von knapp 30 Jahren ein riesiges Gebiet, das sich im Westen bis zum Golf von Gabès, der Kleinen Syrte im heutigen Grenzgebiet zwischen Libyen und Tunesien, im Osten bis an die Grenzen Afghanistan und im Norden bis zum Kaukasus erstreckte. Das persische Sassanidenreich und große Teile des Byzantinischen Reichs einschließlich Ägyptens waren unterworfen. Die nächsten 90 Jahre kamen unter den Umayyaden-Kalifen (661–750) Gebiete in Zentralasien und bis zum Indus, die Maghrebstaaten und die Iberische Halbinsel hinzu. Im übrigen Europa konnten sich die Araber nicht auf Dauer etablieren – abgesehen von ihrer Herrschaft in Sizilien vom ausgehenden 9. bis zum beginnenden 11. Jahrhundert. Auch im Süden Frankreich setzten sie sich über 250 Jahre fest. Der Stützpunkt Fraxinet bei Fréjus diente fast ein Jahrhundert zu Überfällen auf Norditalien, die Provence und sogar die Zentralschweiz. Während seiner maximalen Ausdehnung war das arabische Weltreich mit 28 Mio km² größer als das der Spanier und nur wenig kleiner als die der Briten und der Mongolen. Dieses Riesenreich trat bereits im 8. und 9. Jahrhundert in eine Phase regionaler Emanzipation ein. Zunächst gelang es den von den Abassiden (749–1258) gestürzten Umayyaden, in Spanien auf Dauer ein Gegenkalifat einzurichten. In dieser Zeit machten sich immer wieder Provinzen unter eigenen, oft nicht arabischen Dynastien de facto selbständig, wenn sie auch offiziell Teil des Kalifats von Bagdad blieben: 800–909 die Aghlabiden in Tunesien und Tripolitanien, 868–906 die türkischen Tuluniden und 935–969 die Ichschididen in Ägypten, 821–873 die persischen Tahiriden in Nordostpersien und 873–999 die Samaniden in Transoxanien. Das Kalifat zerfiel im 11. Jahrhundert endgültig mit der

Schaffung neuer politischer Gebilde: der Türken im Osten und der Almoraviden im Westen.

Im politischen Niedergang des 11. und 12. Jahrhunderts blühte die arabische Kultur, Philosophie und Wissenschaft auf. Große Namen wie der Philosoph und Arzt Ibn Sina („Avicenna", 980–1037), der Mathematiker und Physiker Ibn al-Haitham („Alhazen", um 965–1039/40), der Universalgelehrte al-Biruni (973–1048), der überragende religiöse Denker Muhammad al-Ghazali („Algazel", 1058–1111) und der Philosoph und Arzt Ibn Ruschd („Averroes", 1126–1198) gehören dieser Zeit an. In Medizin, Astronomie, Mathematik, Schifffahrt und Bewässerungstechnik, aber auch in Poesie, Musik und Ornamentik war die arabische Welt Europa damals weit voraus. All diese Denker wurden auch im christlichen Europa weithin rezipiert, wie allein schon die in Anführungsstrichen beigefügten Latinisierungen zeigen. Nicht alles hatte der Nahe Osten selbst entwickelt. Die arabische Welt war vielmehr offen für Anregungen anderer Regionen und stellte eine veritable Drehscheibe des Wissens dar. Eine Fülle von Neuigkeiten vom Kompass über die Null in der Mathematik bis hin zu einer Vielzahl von Nutzpflanzen wie Spinat, Dill, Estragon und verschiedene Zitrusfrüchte übernahmen die Araber und vermittelten sie weiter an das christliche Europa.

Abb. 9.1   Koran aus dem 9. Jahrhundert, Telyashayakh-Moschee, Taschkent.

Es ist kein Wunder, dass die Araber auf die frühe Geschichte des Islam stolz sind, kein Wunder ist es aber auch, dass sich in Orient und Okzident Mythen gebildet haben:

- So gilt die arabische Welt Europa das ganze Mittelalter hindurch in jeder Hinsicht weit überlegen. Das lässt sich in technischer Hinsicht jedoch nur für das Frühmittelalter sagen und sogar damals gab es einzelne Bereiche wie Metallverarbeitung und Bergbau, in denen Europa durchaus ebenbürtig, wenn nicht überlegen war. Byzanz und Italien glänzten zudem in Architektur, Malerei und Mosaik. Im Hochmittelalter jedoch machten Orient und Okzident gegenläufige Entwicklungen durch: Während sich der arabische Raum politisch und wirtschaftlich in einem steilen Niedergang befand, blühte Europa wissenschaftlich, technisch, wirtschaftlich und kulturell auf – und dies teilweise mit Hilfe aus der Levante importierter Ideen und Techniken.

- Auch der alte Mythos von der großen Toleranz des Islam bedarf der Relativierung. Zwar wurden Juden und Christen (meist) nicht zum Übertritt gezwungen, es kam jedoch bei der Eroberung eines Gebiets und danach periodisch zu Verfolgungs- und Unterdrückungswellen. Außerdem dürfen Muslime nicht übertreten, Christen und Juden keine Glaubenssymbole zeigen oder gar missionieren, neue Gotteshäuser bauen oder zerstörte in den Vierteln der Muslime wiederherstellen und mussten höhere Steuern bezahlen. Mischehen sind zwar erlaubt, dürfen aber nur muslimische Kinder hervorbringen etc. etc. Um keine Missverständnisse aufkommen zu lassen, muss allerdings an dieser Stelle darauf hingewiesen werden, dass die Christen im Mittelalter und zu Beginn der Frühen Neuzeit meist noch wesentlich intoleranter waren.

- Vielleicht sitzen wir sogar einem Mythos auf, was die Entstehung des Islam selbst angeht. Die Quellenlage ist nämlich außerordentlich dünn. So war der Koran selbst in seinem Wortlaut zunächst noch mehrdeutig. Seinen frühen Exemplaren fehlen nämlich die so genannten diakritischen Punkte, die für die Unterscheidung aller Vokale und der meisten Konsonanten notwendig sind. Sie wurden erst im Laufe des 9. Jahrhunderts festgelegt. Fast zwei Jahrhunderte gibt es auch keine zeitgenössischen islamischen literarischen Texte und die Vielzahl gleichzeitiger christlicher Quellen spricht zwar von der Herrschaft der Araber, nicht jedoch von einer neuen Religion. Dagegen lassen sich auf den zeitgenössischen Münzen wie auch den Bauten der Umayyaden christliche Symbole nachweisen. In den letzten Jahren werden daher Theorien diskutiert, dass sich der frühe Islam in den ersten zwei Jahrhunderten seines Bestehens gar nicht prononciert als eigene und neue Religion sah, sondern als Wiederherstellung des abrahamitischen Glaubens, und in der unitarischen Tradition des frühen syrischen Christentums stand, wie sie sich im Sassanidenreich erhalten hatte und von dort nach Arabien gelangt war. (Ohlig, 2007)

9.2   Jahrhundertelange Erstarrung

Spätestens mit dem europäischen Spätmittelalter ging die fruchtbare und dynamische Anfangperiode des arabischen Raums in eine Stagnationsphase von rund einem halben Jahrtausend über, die auch heute noch ihre Schatten wirft. Bereits für das Spätmittelalter lässt sich die Wachstumsschwäche im direkten Vergleich zwischen Ägypten und England in etwa quantifizieren. In beiden Ländern ging die Bevölkerung in der zweiten Hälfte des 14. Jahrhunderts durch die Verluste in der großen Pest um ein Drittel bis zur Hälfte zurück (Borsch 2005, S. 24f.). In etwas geringerem Maße dürfe in beiden Ländern auch das Einkommen gesunken sein. Am Ende des Spätmittelalters jedoch fanden sich beide Länder auf einem höchst unterschiedlichen Niveau. Zwar lag auch das englische Bruttoinlandsprodukt 1526 nach überschlägigen Berechnungen real noch um 17% unter dem des Jahres 1300, das agrarische BIP Ägyptens jedoch unterschritt 1517 das Niveau doch von 1315 um ganze 58% (Borsch 2005, S. 67–90). Dabei lag die eigentliche Beschleunigungsphase Kerneuropas zeitlich noch in weiter Ferne, erzielte dieser Raum doch erst in der zweiten Hälfte des 18., vor allem aber im 19. und 20. Jahrhundert weit überdurchschnittliche Wachstumsraten.

Manche arabische Länder mögen sich etwas positiver als Ägypten entwickelt haben. Das mag insbesondere für die Maghrebstaaten gelten, die andere Strukturen aufwiesen, stärker in die aufblühende europäische Wirtschaft einbezogen waren und nicht so sehr von negativen kriegerischen und weltwirtschaftlichen Entwicklungen beeinträchtigt waren. Auch dort jedoch war das auf persönlichen Verbindungen, Reziprozität und einem kollektivistischen Regelwerk aufbauende Handelsnetz maghrebinischer Händler bereits im Spätmittelalter deutlich ineffizienter als das ihrer Genueser Konkurrenten, deren Motivation individueller war und die sich auf ein relativ verlässliches, ansatzweise rationales, durch private Absicherungen ergänztes Handelsrecht stützen konnten (Greif 1994). Andere arabische Länder jedoch haben mit Sicherheit zunächst eine noch wesentlich schlechtere Entwicklung genommen, weil sie entweder ihre Vermittlerrolle im Indien- und Ostasienhandel einbüssten wie der Süden der Arabischen Halbinsel oder unter lang anhaltenden Kriegen und Zerstörungen litten wie der Irak und Syrien.

Insgesamt zeigt die arabische Welt seit dem Hochmittelalter klar die Symptomatik eines relativen Rückschritts. Während *Kerneuropa* auf der Grundlage gravierender Veränderungen kurz vor und in der Wachstums- und Bevölkerungskrise des späten Hochmittelalters auf allen Gebieten in Bewegung kam, erstarrte der Nahe Osten zusehends. Zu nennen ist in Europa neben einer Fülle hochmittelalterlicher Basisinnovationen (von der Räderuhr über Brille, Schiffstechnik, Feuerwaffen bis hin zu Hochöfen und Gewölbebau) ein kulturelles Aufblühen ohnegleichen (von der Baukunst über die Literatur bis zur Bildenden Kunst). Wichtiger noch waren Verhaltens- und Mentalitätsänderungen. So stieg die Anzahl zupackender Meinungsführer im Laufe des Hochmittelalters durch Stadt- und Klostergründungswellen, Kreuzzüge und Reconquista, Binnen- und Ostkolonisation stark an. Dadurch wurde ein Individualisierungsprozess initiiert, der bis heute anhält und sich bei den Grabmälern direkt nachvollziehen lässt. Gleichzeitig förderte die Wiederentdeckung der Antike einen Prozess der rationalen Durchdringung, der ebenfalls bis heute Wissenschaften, Recht und Technik antreibt. Zunehmende Arbeitsteiligkeit erzeugte einen Zeitdruck, der sich bis in die Gegenwart verschärft. Und schließlich bildete sich im Laufe des Spätmittelalters im Bereich der neu geschaffenen Zünfte und Gilden eine Arbeitsmoral heraus, die Genauigkeit, Qualität, Disziplin und Fleiß förderte und über ethische Vorgaben Vertrauen begründete und Transaktionskosten verminderte.

Dagegen fielen die *arabischen Kernländer* relativ und absolut zurück. Mehrere Faktoren waren dafür verantwortlich:

- Mitte des 13. Jahrhunderts vernichteten die Mongolen das Kalifat und unterwarfen Persien, Afghanistan, das Zweistromland und (zeitweise) Syrien. Das Bewässerungssystem des Irak und damit die Quelle seines Reichtums wurden ein für alle Mal zerstört. Die Mongolen gingen auch in der Folge äußerst grausam vor. Vor allem die verheerenden Eroberungszüge Timurs warfen wichtige islamische Gebiete wie Iran und Irak, Syrien und Aserbeidschan um Jahrhunderte zurück.

- Die mongolische Bedrohung trug auch maßgeblich zur institutionellen Erstarrung der Mameluckenherrschaft ab 1250 in Ägypten und Syrien bei, die sich zwar gegen die Mongolen behaupten, dies trotz einer Belebung des internationalen Handels aber nur über die starre Auspressung der Landbevölkerung realisieren konnten (Cahen 1968, S. 319f.). Das Resultat war eine dauerhafte Ausschaltung der Marktmechanismen, was nach den Bevölkerungsverlusten der großen Pest ab 1347 zu steigenden Getreidepreisen, sinkenden Löhnen und auf Dauer zu einer Lähmung der ägyptischen Wirtschaft führte (Borsch 2005). Dieses System bestand auch in türkischen Zeiten (1527–1798) fort und hat die fatalistische Mentalität der ägyptischen Unterschichten bis heute geprägt.

- Religionen tendieren in Zeiten der Bedrängung dazu, formale Vorschriften in den Vordergrund zu rücken. Wie die Juden nach ihrer Zerstreuung hat sich auch der Islam in der Mongolenzeit verstärkt auf seinen Charakter als *Gesetzesreligion* besonnen. Mystische Bewegungen wurden zurückgedrängt und das orthodoxe Sunnitentum zur weithin bestimmenden Glaubensrichtung. Dadurch wurden mehrere hemmende, ja blockierende Meinungen und Tendenzen verstärkt, die im Islam ohnehin angelegt waren:

  – Der Islam kennt keine Trennung von Religion und Staat. Vielmehr ist das Recht religiös fundiert und jeder Muslim, ob er nun ein Amt innehat oder nicht, ist nicht nur zu seiner Befolgung, sondern auch zu seiner Überwachung verpflichtet. Diese Rechtsauffassung steht in einem diametralen Gegensatz zum Grundsatz des Christentums, Gott zu geben, was Gottes ist, und dem Kaiser, was des Kaisers ist.

  – Als Zeit idealer Herrschaft gilt die Mohammeds und seiner vier Nachfolger, der „rechtgeleiteten Kalifen" (622–661). Diese Zustände wieder herzustellen muss daher das Ziel sein. (Diner 2006, S. 227ff.)

  – Der Koran ist nicht durch Menschen unter göttlicher Inspiration geschrieben, sondern wörtlich durch Allah diktiert worden. Er ist daher nicht in einem zeitlichen und gesellschaftlichen Kontext entstanden und kann nicht historisch-kritisch interpretiert werden. Vielmehr unterliegt seine Auslegung keinem zeitlichen Wandel.

  – Gott ist durch nichts gebunden – auch nicht durch die Logik. Daher ist der Koran logischen Überlegungen nicht zugänglich. Das gilt auch für die Scharia, an der sich ja das private und öffentliche Handeln in aller Welt ausrichten muss.

– Die Verwendung des Hocharabischen als Sprache Allahs ist eingeschränkt. Es muss in der von Allah verwandten Form erhalten bleiben.

– Im Laufe der Zeit wurde im islamischen, vor allem sunnitischen und ganz besonders im arabischen Raum eine fast einmaligen Regelungsdichte von Tabus und Verboten aufgebaut, die die arabischen Gesellschaften je länger desto mehr immobilisierte.

Abb. 9.2   Nomadenknaben aus dem Sinai

Dagegen sind konkrete Vorschriften des *Wirtschaftsrechts* der Scharia kaum für die Stagnation des islamischen Raums verantwortlich; es gibt sie nämlich kaum und die wenigen bestehenden haben kaum negativen Einflüsse auf die Wirtschaftsentwicklung:

– Der Koran fordert als eine der fünf Grundpflichten eines Muslim das Almosengeben. Dieser Zakat dient der Unterstützung von Armen und Bedürftigen, Konvertiten, frei zu kaufenden Sklaven, Kämpfern für den Islam, mittellosen Reisenden und Pilgern, unschuldig in Not geratenen Schuldnern und den Verwaltern des Zakat. Heute behält der Staat diese Abgabe ein; sie ist also eine Sozialsteuer, die die Wirtschaftsdynamik keinesfalls beeinträchtigt. (Wenn der Staat der Scharia vollständig folgt, so darf er daneben nur noch Grund- („Kharadj") und Kopfsteuer („Dschizya") erheben, die Nichtmuslime für ihre Duldung bezahlen müssen.)

– Auch das Zinsverbot des Islam ist ökonomisch unschädlich. Wie im mittelalterlichen und frühneuzeitlichen Christentum ist die entgeltliche Kapitalüberlassung ohne Risikobeteiligung im Islam heute noch untersagt. Wie im mittelalterlichen und frühneuzeitlichen Christentum ist der Ausweg einfach: Der Kapitalgeber übernimmt ein bestimmtes Risiko und erhält dafür eine meist variable Erfolgsbeteiligung. Damit bleiben Vermittlungs- und Steuerungsfunktion der Finanzmärkte erhalten.

• Demgegenüber waren und sind *institutionelle Entwicklungshindernisse* gravierender. Sie nahmen dem nahöstlichen Raum viel von der Innovationsfreude, die ihn zuvor ausgezeichnet hatte:

– Die Staaten des Nahen Ostens knüpften wieder an altorientalische Herrschaftstraditionen an, die Wittfogel als „Orientalische Despotie" beschrieben hat. Sie sind durch eine starke Verunsicherung der Bevölkerung gekennzeichnet und schränken so deren Eigeninitiative und -verantwortlichkeit stark ein. (Wittfogel 1957)

– Seit Ende des 9. Jahrhunderts gingen die Abassiden dazu über, aus Kostengründen vor allem im Irak, Syrien und dem Iran ihren Offizieren statt einer Besoldung Steuerbezirke zuzuweisen, aus denen sie dann eine bestimmte Anzahl an Soldaten erhalten mussten. Dieses Iqta-System führte zu geringeren Steuereinnahmen und einer Verlagerung der Loyalität der Soldaten. Bald schon waren diese Militärlehen vererblich; mit dem Grund besitzender Militäradel verfestigte sich die Feudalisierung. Als dieser Adel zunehmend Aufgaben in der Zivilverwaltung übernahm, verstärkten sich auch Tendenzen zur politischen Zersplitterung des Nahen Ostens.

- Bereits im 12. und 13. Jahrhundert förderten die Seldschuken im Irak und Syrien, aber auch im Iran und Anatolien wohltätige Stiftungen durch Privatleute. Diese sog. „Waqf" konnten durchaus Infrastrukturprojekte wie Brücken, Karawansereien, Wasserräder, Bewässerungskanäle, Mühlen und öffentliche Brunnen begünstigen oder Sozialeinrichtungen wie Armenspeisungen oder Krankenhäuser. Die meisten von ihnen finanzierten jedoch geistliche, unter der Kontrolle der Ulema stehende Einrichtungen wie Moscheen, Sufi-Konvente („Tekken") oder Schulen („Medresen"). Die Osmanen übernahmen die Institution der Waqf und verbreiteten sie in der Neuzeit über den gesamten arabischen Raum und den Balkan. Da die in den Waqf gebundenen Mittel der Warenzirkulation auf Dauer entzogen waren, trug ihr massenhaftes Auftreten wie ihre Steuerbefreiung (wie die der geistlichen Stiftungen im Spätmittelalterlichen und Frühneuzeitlichen Europa) zur Immobilisierung von Staat, Wirtschaft und Gesellschaft bei.

• Und last but not least drehten sich im 15. und 16. Jahrhundert langsam die Welthandels gewichte und –ströme:

- Die Europäer – zunächst die Portugiesen, später auch Niederländer, Engländer und Franzosen – fanden um Afrika herum den Seeweg nach Indien, Südost- und Ostasien und schalteten den arabischen Zwischenhandel aus.

- Mit der Entdeckung Amerikas war Europa nicht mehr auf afrikanisches, durch arabische Länder verhandeltes Gold angewiesen und der wirtschaftliche Schwerpunkt verlagerte sich ganz allgemein hin zu den Atlantikanrainern.

Allerdings darf man auch nicht vergessen, dass mit dem Anlegen europäischer Maßstäbe die Latte sehr hoch gelegt wird, ist Kerneuropa doch der einzige Raum, der aus sich heraus die institutionellen, gesellschaftlichen und personellen Voraussetzung für eine nachhaltige Beschleunigung des Wirtschaftswachstums gelegt hat. Einige dafür wichtige Entwicklungen gehen bereits auf die Antike und das Frühe, viele andere auf das Hohe Mittelalter zurück (Mitterauer 2003).

9.3 Zeitalter des Imperialismus

Zu Beginn der Frühen Neuzeit gerieten innerhalb weniger Jahrzehnte alle arabischen Länder mit Ausnahme Marokkos und Mauretaniens im äußersten Westen unter die Herrschaft des Osmanischen Reichs. Sie hielt mit einigen Ausnahmen bis zum Ersten Weltkrieg an und bedeutete eine Zeit wirtschaftlicher und gesellschaftlicher Erstarrung. Diese Ausnahmen waren jedoch gewichtig. Sie bedeuteten meist die Unterwerfung unter einen anderen Imperialismus, den der großen europäischen Mächte:

- So kam Bahrain bereits 1820 an die britische Ostindische Kompanie. 1839 besetzte Großbritannien Aden und machte es als Stützpunkt auf dem Weg nach Indien zur Hauptstadt des Protektorats, später der Kronkolonie Südjemen. 1853 bzw. 1868 gerieten die Trucial States, die heutigen Emirate bzw. Katar zur Befriedung ehemaliger Piraten ebenfalls unter britischen Einfluss, so dass bald der gesamte Süden der arabischen Halbinsel britisch war. Er blieb es bis Anfang der 1970er Jahre.

- Während London strategische Interessen hatte, waren die 1830 bzw. 1881 erworbenen maghrebinischen Länder Algerien und Tunesien Siedlungskolonien. Algerien wurde sogar dem französischen „Mutterland" einverleibt. 1959 lebte rund eine Million „Pieds-noirs" in Algerien.

- Aus mehrerlei Gründen war *Ägypten* das wichtigste Beispiel westlichen Einflusses im arabischen Raum:

  – Es ist das bedeutendste arabische Land – bei weitem am volkreichsten, mit der ältesten Kultur, eine geschlossene Nation in natürlichen Grenzen, der geografische, kulturelle und geistige Mittelpunkt der arabischen Welt.

  – Die europäische Herrschaft begann bereits im ausgehenden 18. Jahrhundert und damit besonders früh.

  – Die Europäisierung wurde von der eigenen Herrscherdynastie, der Muhammad Alis, tatkräftig vorangetrieben, die bis 1953 fast genau eineinhalb Jahrhunderte herrschte.

Bereits die kurze Episode der Ägyptischen Expedition Napoleon Bonapartes (1798–1801) zeitigte nachhaltige Wirkungen. Die Franzosen modernisierten die ägyptische Verwaltung, bauten Windmühlen, bekämpften die Pest, führten den Buchdruck ein und kartografierten ganz Ägypten. Sie begründeten damit eine fast zwei Jahrhunderte andauernde Affinität der ägyptischen Oberschicht zu allem Französischen, die sogar die britische Herrschaft nicht brechen konnte. So beherrschen die zeitgenössischen Möbelstile Louis Seize, Regence und Empire die ägyptischen Wohnungen bis zur Gegenwart. Das Französische war die offizielle Sprache des Hofes und ist bis heute Amtssprache neben dem Arabischen. Ausfluss dieser Affinität war auch die Einführung des französischen Rechts, die Errichtung mehrerer französischer Schulen und die Entsendung vieler Generationen zum Studium nach Frankreich. Die engen Verbindungen lockerten sich erst seit den 1970er Jahren unter dem immer stärkeren Einfluss der USA. Die politischen Folgen der Expedition Napoleons waren ebenso gravierend, schwächte doch Napoleon die bis dahin fast absolut herrschenden Mamluken so sehr, dass sie von dem auf sie folgenden Muhammad Ali nahezu vollständig ausschaltet werden konnten.

Muhammad Ali stammte aus Kavala in Makedonien. Er war osmanischer Berufsoffizier und bei der Ankunft Napoleons in Ägypten fast 30 Jahre alt. Da er sich bei den Kämpfen gegen die Franzosen auszeichnete, übergaben ihm die Türken das Kommando über das albanische Korps. Zum Pascha ernannt, nahm er 1805 an Stelle des geflohenen osmanischen Gouverneurs die Zitadelle von Kairo in Besitz, besiegte und vertrieb zwei Jahre darauf die britische Armee zusammen mit den Mamluken und schaltete letztere 1811 durch ein Massaker aus. Der neue, nur noch formal Istanbul unterstellte Herrscher nahm den Aufbau des Landes energisch in Angriff. Er heuerte eine ganze Reihe europäischer Fachleute an und schickte Ägypter zur Instruktion nach Europa. Dem Entwicklungsstand des Landes entsprechend folgten seine Reformen merkantilistischen Ansätzen. So modernisierte er Verwaltung und Bildungssystem, baute ein stehendes Heer und eine Kriegsmarine nach westlichem Vorbild auf. Er verstaatlichte allen Grund und Boden und baute eine Reihe staatlicher Manufakturen auf, um damit die Ausrüstung des Militärs und den Aufbau einer Exportwirtschaft zu gewährleisten. In diesem Zuge wurden Chausseen, Häfen und Deiche gebaut sowie verschiedener Nilarme des Deltas kanalisiert. Nach Muhammad Alis Engagement im griechischen Unabhängigkeitskrieg, der Besetzung Syriens und einem erfolgreichen Angriff auf das anatolische Kernland der Osmanen intervenierten Großbritannien, Russland, Preußen und Österreich gemeinsam und zwangen Muhammad Ali 1840 zu Rückzug und Öffnung des ägyptischen Marktes für europäische, d.h. vor allem britische Waren. Dadurch wurden die frühen Industrialisierungsbemühungen entscheidend behindert. Dennoch bildeten Baumwollindustrie und -handel den Kristallisationspunkt einer neuen Mittelschicht. 1841 konnte Muhammad Ali für sich und seine Nachkommen den Titel eines erblichen Vizekönigs von Ägypten erringen. Damit erkannte die Hohen Pforte die faktische, wenn auch nicht die formale Unabhängigkeit Ägyptens an.

Abb. 9.3   Muhammad Ali, Vizekönig von Ägypten, Stich 1805

Sein europakritischer Nachfolger Abbas I. Hilmi (reg. 1848–54) machte einige seiner Reformen rückgängig, unter Muhammad Said (reg. 1854–63) jedoch kam es zu weiteren Reformanstrengungen – nunmehr mit Zielrichtung Liberalisierung. So wurden das Steuersystem von Natural- auf Geldabgaben umgestellt, die zuvor geschaffenen wirtschaftlichen Monopole abgeschafft und privater Landbesitz erlaubt, so dass sich Großgrundbesitz bilden konnte und der europäische Einfluss auf die ägyptische Wirtschaft stark zunahm. Der Erfolg gab ihm zunächst Recht, kam es doch seit 1860 zu einem Exportboom für ägyptische Baumwolle, weil amerikanische Baumwolle im Sezessionskrieg ausfiel. Das Ende der faktischen Unabhängigkeit Ägyptens und seiner Aufholjagd leitete der Bau des Sueskanals seit 1859 durch ein europäisch-ägyptisches Konsortium ein, der 1869 unter Ismail Pascha (1863–79) vollendet wurde. Er führte während seiner Regierungszeit zusammen mit einem Ausbau von Heer und Marine, dem Bau von Palästen und öffentlichen Bauten wie Oper, Theater, Museum, Bibliothek und Sternwarte, einer verschwenderischen Hofhaltung, dem Kauf des erblichen Khediventitels und hohen Geldgeschenken an ausländische Politiker zu einem Anschwellen der Auslandsverschuldung von 3 auf 100 Mio £ St. Zuletzt war alles verspielt: Die Anteile am Suezkanal mussten verkauft werden, Frankreich und Großbritannien richteten eine Kontrollkommission für die ägyptischen Finanzen ein, ein Brite wurde Finanz-, ein Franzose Arbeitsminister und der Sultan setzte Ismail Pascha schließlich ab. Dieser hatte sich jedoch auch große Verdienste um sein Land erworben, baute er doch eine zweite Eisenbahnlinie, modernisierte das Steuer- und Postwesen, errichtete große, moderne Stadtviertel in Kairo und Alexandria, förderte den Anbau von Baumwolle und schuf eine Zuckerindustrie.

Ismails Sohn und Nachfolger Tawfiq (reg. 1879–92) bat 1882 Großbritannien um Hilfe bei der Niederschlagung der nationalistischen Urabi-Bewegung. London hielt das Land danach jedoch besetzt und regierte de facto durch seinen Generalkonsul. Nach zwei ihnen gegenüber kritisch eingestellten Khediven (Abbas II. Hilmi reg. 1892–1914 und Hussein Khamil reg. 1914–17) erklärten die Briten Ägypten 1914 zum Protektorat. Zwar wurde das Land bereits 1922 unter dessen Nachfolger Fuad I. (1917–36) formal unabhängiges Königreich, die britische Herrschaft dauerte jedoch de facto bis 1946 an, als die letzten britischen Truppen das Land verließen. Wirtschaftliche Fehlentscheidungen und willkürliche Gesetzgebung, Günstlingswirtschaft und persönliche Bereicherung, Korruption und Misswirtschaft kennzeichneten die Herrschaft König Faruqs (1936–52), die mit einem Putsch junger Offiziere um Ali Muhammad Nagib und Gamal Abdel Nasser endete.

Die meisten der anderen arabischen Länder gerieten erst zu Beginn des 20. Jahrhunderts, spätestens nach dem Ersten Weltkrieg unter europäische Herrschaft: Marokko, Syrien, der Libanon und Djibuti wurden französisch, Jordanien, Palästina, der Oman, der Irak, Kuwait, der Sudan und Somaliland britisch, Libyen, Eritrea und Somalia italienisch. Lediglich Saudi Arabien und der nördliche Jemen wurden keine europäischen Protektorate oder Kolonien. Die arabischen Staaten wurden inzwischen ausnahmslos in die Unabhängigkeit entlassen: die Levantestaaten Libanon, Syrien, Jordanien und

Ägypten in den 1940er, die Maghreb-Staaten Libyen, Sudan, Marokko und Tunesien sowie der Irak in den 1950er, Mauretanien, Somalia, Kuwait, Algerien und der Südjemen in den 1960er und die Golfstaaten Oman, VAE, Bahrain und Katar in den 1970er Jahren.

9.4 Westlicher Einfluss

Die *Kolonialzeit* hat bis heute sichtbare Spuren hinterlassen. Das geht von so banalen Verbindungen wie der Vorliebe für bestimmte Sportarten oder Speisen bis hin zu einer mehr oder weniger engen kulturellen Bindung, den Austausch von Künstlern, Sportlern, Schülern und Studenten und ganz allgemein einem gegenseitigen Fokus auf die Dinge des Anderen. Die jeweiligen Mutterländer sind daher bevorzugtes Studien- und Auswanderungsziel. Deren Sprache spielt als zweite Amtssprache neben dem Arabischen vielfach eine wichtige Rolle und bis heute entsprechen auch die Rechtssysteme denen der Mutterländer. Besonders eng sind die entsprechenden Bindungen bis heute in den frankophonen Maghrebstaaten, in denen Französisch bis vor wenigen Jahren sogar allgemeine Schulsprache war. Es gibt bis heute eine frankophone Öffentlichkeit, französischsprachige Zeitungen und Literatur. Trotz blutiger Unabhängigkeitskriege gab es in den 1960er und 70er Jahren eine nach Millionen zählende Auswanderungswelle nach Frankreich.

Bereits vor der Kolonialzeit war eine Oberschicht vielfachen westlichen Einflüssen ausgesetzt gewesen. Viele der Männer studierten in den USA oder Europa. Dabei fiel die Entscheidung je nach Heimatland, Familientradition und persönlichen Vorlieben zwischen Frankreich, Großbritannien, Deutschland oder Italien. Meist war sie bereits durch den Besuch eine einschlägige höhere *Auslandsschule* prädeterminiert. So blicken in Kairo und Alexandria Ecole Française, Collège de la Mère de Dieu, Deutsche Evangelische Oberschule, die Deutschen Schulen der Borromäerinnen und das Victoria College bereits auf eine mehr als hundertjährige Geschichte zurück. Es haben sich Familientraditionen gebildet, die fest in einem europäischen Kulturraum (und einem bestimmten akademischen Beruf) verwurzelt sind. Da die Kinder dieser Familien bereits auf eine entsprechende Grundschule gegangen sind, sprechen sie die betreffende Sprache akzent- und fehlerfrei.

Abb. 9.4 Kartusche an einem gründerzeitlichen Haus in Down Town Kairo

Derzeit gibt es in Libyen, Ägypten, dem Libanon, Palästina, Saudi Arabien und den Emiraten elf deutsche Auslandsschulen. In diesen Ländern begegnet man durchaus nicht selten Angehörigen der Mittel- und Oberschichten, die fließend Deutsch sprechen und eine große Affinität zum deutschsprachigen Raum aufweisen. Allerdings weicht die Verankerung der deutschen (im Gegensatz zu den französischen und englischsprachigen) Auslandsschulen im Mutterland im letzten Jahrzehnt zunehmend auf. So ist der Anteil deutscher oder deutsch-arabischer Kinder in Kairo inzwischen von 50 auf 10% gefallen, so dass Deutsch nicht länger Umgangssprache in den Schulen ist. Die Gründe haben die Deutschen selbst zu verantworten. So hat die deutsche öffentliche Hand ihre Zuschüsse deutlich gekürzt, was zu mehr einheimischen Lehrern führt, und die Zahl deutscher Schüler geht immer weiter zurück, weil die deutschen Unternehmen aus Kostengründen meist nur noch Einzelpersonen entsenden. In den beiden deutschen Schulen in Palästina gibt es ohnehin fast nur arabische Kinder.

Seit dem späten 19. Jahrhundert richteten sich europäisch sozialisierte Familien in Kleidung, Lebensstil und -einstellung bewusst nach westlichen Vorbildern aus. Der Einfluss des Westens auf so wichtigen Gebieten wie Menschenrechte, Demokratie, Emanzipation der Frauen oder Individualität bleibt bestehen oder verstärkt sich sogar noch. Dabei spielen Satellitenfernsehen und Internet eine wichtige Rolle, die den Herrschenden ein Abschirmen arabischer Länder nach Außen immer schwieriger machen. Die Folgen zeigen sich auf vielen Gebieten:

- Im Prinzip gibt es im Islam keine Instanz zwischen Gott und den Gläubigen; jeder ist aufgerufen, den Koran selbst zu lesen und zu befolgen. Dennoch war der Einfluss der vier sunnitischen *Rechtsschulen* seit rund tausend Jahren übermächtig. Inzwischen geht dieser Einfluss langsam zurück, weil unabhängige Stimmen durch die neuen Medien vernehmbarer werden.

- Eine der wichtigsten Fragen in diesem Zusammenhang ist die der zeitlichen Bedingtheit des Koran. Erst wenn sich der Islam einer *kritisch-historischen Koran-Exegese* öffnet, können uralte Positionen heutigen objektiven Erfordernissen angepasst werden und sich der Islam der Moderne öffnen. Noch ist dies in den arabischen Ländern nicht der Fall. Bekannt wurde der Fall des damaligen Kairener Theologieprofessors Nasr Hamid Abu Zaid, nach dessen Überzeugung der Koran auch modernen literaturwissenschaftlichen Theorien zugänglich sei. Abu Zaids Ehe 1995 wurde daraufhin von dem in Ehesachen zuständigen islamischen Gericht als die eines vom Islam Abgefallenen geschieden; er lebt und lehrt seitdem in den Niederlanden. Allerdings sind solche Stimmen heute vernehmbarer als in der Vergangenheit und sie werden auch von Nichtfachleuten diskutiert.

- Zwar ist islamisches kanonisches Recht nur in wenigen Staaten vollständig eingeführt – wie in Saudi Arabien und Mauretanien, Rechtsgrundlage jedoch ist sie auf den Malediven, in Katar, Kuwait, Bahrain, in den islamischen Teilen des Sudan und neben Stammesgesetzen im Jemen. In anderen Staaten wie in Algerien und Ägypten gilt die *Scharia* zumindest im zivilrechtlichen Bereich. Die Scharia bildet die gesellschaftlichen und wirtschaftlichen Verhältnisse vor mehr als tausend Jahren ab. So erscheinen uns viele Strafen heute unnötig hart. Es ist als wären die frühmittelalterlichen Leges germanischer Stämme noch in Kraft, die jedoch meist bereits im Laufe des Hochmittelalters ihre Gültigkeit verloren haben. Es ist klar, dass die zunehmende Individualisierung auch der arabischen Länder mehr und mehr mit bestimmten traditionellen islamischen Rechtsauslegungen in Konflikt geraten.

- Die Forderung des Islam nach unbedingter Gültigkeit der Scharia wirft die Frage nach der *Trennung von Religion und Staat* auf. Da die Bibel kein einheitliches Bild entwirft, lässt sie Raum für die Flexibilität staatlichen Handelns. Typisch für diese Sichtweise ist die lutherische Zwei-Reiche-Lehre. Dagegen schreibt schon der Koran verschiedene konkrete Verhaltensweisen vor und die islamischen Rechtsschulen sind diesen Weg der religiösen Fundierung weltlichen Handelns bis in feine Verästelungen weiter gegangen. Aus islamischer Sicht soll auf der Basis des Koran die bestmögliche menschliche Gesellschaft aufgebaut werden, aus christlicher Sicht sind wir hier auf Erden alle Sünder. Die Kirchen mischen sich daher trotz all ihrer Verflechtungen schon seit Langem nicht mehr in alle staatlichen Details ein und geben Raum für die Weiterentwicklung. Inzwischen gibt es (vor allem in Europa) auch auf muslimischer Seite Stimmen, die die Trennung von Religion und Staat fordern. Der Göttinger Soziologieprofessor und gebürtige Syrer Bassam Tibi ist eine solche Stimme. Er fordert einen entsprechend ausgerichteten „Euroislam", der die westlichen Staats- und Gesellschaftsordnungen bejaht, unterstützt und sich voll in sie integriert. Loyalität und Integration der Muslime in Europa fordert auch der Schweizer Islamwissenschaftler und Publizist Tariq Ramadan, der ansonsten ein konservativeres Islamverständnis hat als Tibi. Beide Wissenschaftler sind im europäischen gesellschaftlichen Sinn bürgerlich-konservativ.

- Arabische *Frauen* sind auf dem Vormarsch. Während sie vielfach in ländlichen Gebieten noch eine wesentlich höhere Analphabetenquote als Männer haben, hat sich dies inzwischen in den größeren Städten gewandelt. Arabische Mädchen werden anders erzogen als ihre Brüder, weniger umhätschelt und müssen sich früher im Haushalt bewähren. Sie sind daher oft ehrgeiziger und disziplinierter und haben größeren Erfolg in Schule und Studium. In vielen Ländern stellen sie heute bereits rund die Hälfte der StudentInnen und die überwiegende Anzahl der UniversitätsassistentInnen. Mit zunehmendem Wohlstand und Bildungsgrad steigt auch das Selbstbewusstsein der Frauen, das Heiratsalter erhöht sich und die Zahl der Kinder sinkt. Selbst streng muslimische Frauen fordern in-

zwischen ihre Rechte ein, so dass für die Zukunft mit größeren gesellschaftlichen Veränderungen zu rechnen ist.

• Eng mit dem Thema der Frauen ist das der restriktiven arabischen *Sexualmoral* verbunden, die so effektiv umgesetzt wird wie in keinem anderen Kulturkreis. Der Druck auf die jungen, unverheirateten Menschen
nimmt seit einigen Jahrzehnten zu. Die Re-Islamisierung, eine drastische
Erhöhung des durchschnittlichen Heiratsalters aus ökonomischen Gründen und die prinzipielle oder tatsächliche Verfügbarkeit sexueller Inhalte
aus Satellitenfernsehen und Internet bilden einen unglücklich machen-
den, explosiven Cocktail. Während in diesen Jahrzehnten die mehr oder
weniger vollständige Beschneidung junger Mädchen im Osten Afrika
von Somalia bis Ägypten sowie in der gesamten Sahelzone wieder stark
im Vormarsch war, gibt es gegen sie inzwischen in mehreren arabischen
Ländern Kampagnen islamischer und christlicher Geistlicher. Insgesamt
ist zu erwarten, dass der Einfluss größerer Bildung und westlicher Mas-
senmedien auf Sicht einiger Jahrzehnte zu einer Aufweichung sowohl
des absoluten Patriarchats als auch der bisher äußerst restriktiven Sexualmoral führen wird.

• Eine weitere Aufweichung traditioneller Bezugssysteme zeigt sich im
Aufbrechen größerer Sippen- und Familienverbände. Das ist wesentlich
auf die *Migrationsbewegungen* der letzten Jahrzehnte zurückzuführen.
Da ist zum einen die Arbeitsmigration, die meist Männer aus ländlichen
Gebieten in die Städte oder in die Golfstaaten, aus dem Maghreb auch
nach Frankreich geführt haben und führen. Diese Menschen kommen
meist in größeren Gruppen, konservieren ihre Herkunftskultur, wählen
ihre Ehepartner im Ursprungsland selbst und integrieren sich daher
kaum. Auch die Arbeitsmigration verstärkt jedoch den ohnehin bestehenden Trend zur Kleinfamilie als Kernfamilie. Zum anderen kommt es
in den letzten Jahrzehnten verstärkt zu einer Bildungsmigration der städtischen Mittel- und Oberschichten in die Länder, die mit höheren Schulen vor Ort vertreten sind. Diese Menschen kommen eher individuell,
vor allem zu Studienzwecken. Sie wählen auch Ehepartner aus dem Ziel-
land und integrieren sich weitaus stärker. Beide Gruppen lockern ihre
Bindungen zu den Sippen- und Familienverbänden des Herkunftslandes.

• Die aufgezeigten gesellschaftlichen Entwicklungen führen insgesamt zu
einer Verarmung und Infragestellung traditioneller kultureller Muster.

Die *Dekulturation der Religion*, also das Verblassen der kulturellen Einbindung der Religion, die im Westen (auch in den USA) allenthalben anzutreffen ist, schreitet daher auch im Nahen Osten und unter den Muslimen in westlichen Ländern mit Riesenschritten voran. Das führt zunächst in vielen Fällen zu einer Rückbesinnung zum „reinen" sunnitischen, oft radikalen Islam. Selbst das kann nicht darüber hinweg täuschen, dass die Verankerung in der islamischen Kultur wegbricht, die in der kulturellen Gemeinschaft des jeweiligen Herkunftslandes bestand. Selbst ein radikaler „Neu-Muslim" unterliegt daher stärker der Gefahr einer Abkehr vom traditionellen Islam als ein muslimischer Arbeitsemigrant der ersten Generation.

- Entwicklungen wie diese sind Ausdruck eines in Kerneuropa seit Jahrhunderten anhaltenden und immer noch ungebrochenen Trends zur *Individualität* der Lebensstile, Einstellungen und Sozialisationen, der schon länger die Mittel- und Oberschichten der arabischen Länder, inzwischen aber auch deren Unterschichten erfasst hat. Wie immer lässt sich dieser Trend in der Namensgebung ablesen: Der Anteil der traditionell in islamischen Familien vorherrschenden Namen Mohammed und Ahmed oder Fat(i)ma geht immer mehr zurück und macht einer Fülle, zum Teil ungewöhnlicher Namen Platz. (zum Zusammenhang zwischen Individualität und Namensgebung: Wolffsohn, 1999)

- Damit sich Individualität leben lässt, muss Pluralität auf gesellschaftlicher Ebene gegeben sein – und tatsächlich fächern auch die arabischen Gesellschaften immer mehr auf. Pluralität kann nur entstehen, wenn eine Gesellschaft ein bestimmtes Maß an *Toleranz* übt. Sie ist darüber hinaus eine der Grundvoraussetzungen von Menschenrechten und Demokratie, aber auch eines gedeihlichen Miteinanders der Völker und letztlich der Globalisierung. Der Westen sieht diese Entwicklung oft mit gemischten Gefühlen, sind die größten Oppositionsbewegungen in arabischen Ländern doch meist islamistische. Dennoch dringen gerade die erstarkenden Mittelschichten immer mehr auf einen individuellen Freiraum, der letztendlich ähnliche gesellschaftlichen Wirkungen zeitigen wird wie im Westen.

- Mit der Ausdifferenzierung der Gesellschaft fällt es auch immer schwerer, die traditionelle *Klientelwirtschaft* durchzusetzen. Die bestehenden marktwirtschaftliche Inseln greifen immer weiter ums sich. Damit einher

gehen Impulse für das Wirtschaftswachstum, was wiederum Frauen-
emanzipation und Individualismus befördert – und die Spirale dreht sich
wieder etwas schneller.

9.5   Nahostkonflikt

Der Nahostkonflikt zwischen Israel und seinen arabischen Nachbarn ist das
Grundtrauma der Region. Ohne seine Kenntnis sollte kein ausländischer
Student sein Studium, kein Manager seine Tätigkeit in einem arabischen
Land aufnehmen. Der Konflikt hat seine Wurzeln bereits in der zweiten
Hälfte des 19. Jahrhunderts, als Einzelpersonen die Ansiedlung von Juden in
Palästina forderten oder förderten. 1882 kam nach Progromen in ihrem Her-
kunftsland eine erste Gruppe junger russischer Juden dorthin. 1882 und 96
erschienen viel beachtete Bücher von Leo Pinsker („Autoemanzipation")
bzw. Theodor Herzl („Der Judenstaat") mit der Forderung, den Juden eine
nationale Heimstatt zu schaffen. Der erste *Zionisten*kongress formulierte
daher 1897 in Basel das Ziel, dem jüdischen Volk eine völkerrechtlich gesi-
cherte Heimstatt in Palästina zu errichten. Bereits vor und kurz nach dem
Ersten Weltkrieg wanderten Zehntausende von Juden ins Gelobte Land aus.
Zwischen 1933 und 1941 waren es allein rund 220.000. Die 1909 gegründete
jüdische Stadt Tel Aviv hatte 1938 bereits 150.000 Einwohner. Nachdem die
Einwanderung zunächst im guten Einvernehmen mit der arabischen Bevölkerung geschehen war, entstanden nach und nach Spannungen, die ab 1936
von Seiten der Araber zu Anschlägen und einem Generalstreik führten. Die
Zahl dieser Anschläge nahm ab 1938 zu; hinzu kamen jüdische Attentate auf
die britische Kolonialmacht. Beide Seiten intensivierten ab 1946 ihre Anschläge noch einmal. Das war besonders nach dem UN-Teilungsplan 1947
der Fall.

Diese Phase war in dem Moment beendet, als David Ben Gurion im Mai
1948 den Staat *Israel* proklamierte, der unmittelbar danach von den arabischen Nachbarn Jordanien, Ägypten, Irak, Syrien und Libanon angegriffen
wurde. Diesen wie drei weitere Kriege verloren die arabischen Länder militärisch: die Suezkrise 1956, den Sechs-Tage-Krieg 1967 und den Jom-
Kippur-Krieg 1973. Bis zum Ende des sog. Unabhängigkeits- oder Palästina-
krieges wurden rd. 750.000, also ein Drittel der Palästinenser vertrieben. Sie
wurden in den angrenzenden arabischen Ländern nicht integriert, sondern

leben bis heute zu großen Teilen unter schlechten Bedingungen in Lagern. Gegenwärtig beziffert sich ihre Zahl auf mindestens sechs Millionen. Eine Rückkehr in die früheren Siedlungsgebiete erscheint schon allein deshalb unmöglich, weil dies die Juden zur Minderheit in Israel machen würde. Syrien und der Iran sowie die Terrororganisationen Hisbollah und Hamas bestreiten ebenso wie weite Teile der arabischen Öffentlichkeit nach wie vor das Existenzrecht Israels.

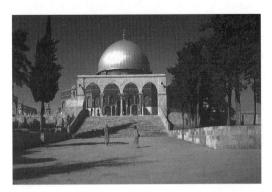

Abb. 9.5 Der Felsendom, Jerusalem, in der arabischen Welt Symbol für die israelische Besetzung

Bis zum Jahre 1997 war die Zerstörung des Staates Israel auch das erklärte Ziel der PLO (Palestine Liberation Organisation), die das Existenzrecht Israels erst im Jahr darauf offiziell in ihrer Charta anerkannte. Die 1964 zur Errichtung eines palästinensischen Staates gegründete PLO verübte seit 1967 *Anschläge* in Israel selbst und trat in den 1970er Jahren durch eine Reihe von Flugzeugentführungen auch international in Erscheinung. Eines der schwerwiegendsten Attentate geschah bei den Olympischen Spielen 1972 in München, bei dem die gesamte israelische Mannschaft getötet wurde. Die Gewalt eskalierte während der ersten und zweiten „Intifada" (arab. wie hebr. für „Aufstand"). Wie aufgeheizt die Stimmung in Palästina war, zeigte sich 1987, als der Zusammenstoß eines israelischen Militärlastwagens mit zwei palästinensischen Taxis genügte, bei dem in der Nähe des Grenzübergangs Erez vier Palästinenser starben, um einen Volksaufstand auszulösen. Während diese erste Intifada großenteils zwischen Steine-werfenden palästinensischen Jugendlichen und israelischen Soldaten ausgefochten wurde und spätestens mit dem Oslo-Abkommen 1993 beendet war, wurde die zweite oder

Al-Aqsa-Intifada (2000–2005) gekennzeichnet durch den bewaffneten Kampf beider Seiten. Auch sie brach aus verhältnismäßig nichtigem Anlass aus, dem Besuch des israelischen Ministerpräsidenten Ariel Scharon auf dem Tempelberg, forderte aber ungleich mehr Opfer: nach Erhebungen des Israeli Information Center for Human Rights B'Tselem 4812 Palästinenser (538 davon durch palästinensische Hand), 1024 Israelis und 63 Ausländer (http://www.btselem.org/english/statistics/Casualties.asp, 17.09.2007).

Die palästinensische und ganz allgemein die arabische Seite wirft Israel anhaltende Menschenrechtsverletzungen vor von der Benachteiligung arabischer Israelis und von Palästinensern über die Verweigerung der Durchfahrt an den über 500 Straßensperren und Checkpoints selbst in Notfällen und die willkürliche Zerstörung von Häusern bis hin zur Verweigerung von Bildung und der Zerstörung palästinensischer Infrastruktur. Jedenfalls hat sich durch vermeintliche und tatsächliche Übergriffe auf beiden Seiten ein Maß an Verständnislosigkeit und Hass angesammelt, dass die resultierende psychologische Barriere „70% des ganzen Problems" ausmacht, wie der ägyptische Präsident Anwar al-Sadat 1977 in seiner historischen Rede vor der Knesset betonte (http://www.knesset.gov.il/process/docs/sadatspeech_eng.htm, 17. 09. 2007). Auch heute noch stehen sich die Konfliktparteien voller Misstrauen gegenüber; die Positionen sind teilweise unvereinbar. Besonders umstritten sind ein Rückkehrrecht der Palästinenser ins israelischen Stammland, der Status von Jerusalem und der der jüdischen Siedlungen in den besetzten Gebieten. Nach wie vor führen Aktion und Reaktion auf beiden Seiten zu einer nicht endenden Spirale von Repression und Gewalt. Auch nachdem die PLO bzw. die Fatah als ihr ursprünglicher „militärischer Arm" 1993 auf Gewalt gegenüber Israel verzichtet hatte, kam es immer wieder zu Anschlägen. Sie gingen nicht nur von den konkurrierenden radikalen Milizen von Hamas, Islamischer Dschihad und Hisbollah aus, sondern während der zweiten Intifada auch wieder von Teilen der Fatah.

Immerhin gibt es seit gut drei Jahrzehnten immer wieder Anläufe, den Nahostkonflikt friedlich beizulegen. Dabei kam es sogar 1979 mit Ägypten und 1994 mit Jordanien zu förmlichen Friedensabkommen. In der Folge der Madrider Konferenz 1991 entstanden wirtschaftliche Verbindungen Israels mit einigen arabischen Staaten und sogar diplomatische Beziehungen (neben Ägypten und Jordanien) mit dem Oman, Katar, Tunesien, Marokko und Mauretanien. Seitdem ist auch die palästinensische Seite in den *Friedensprozess* einbezogen. So vereinbarten Israel und die PLO 1993–95 im Rah-

men des Osloer Friedensprozesses verschiedene Abkommen zur palästinensischen Selbstverwaltung. Verhandlungen und Umsetzung gestalteten sich
jedoch zäh und unter der erneuten Regierung des rechtsgerichteten Likud in
Israel kam der Friedensprozess nahezu zum Erliegen. Die Verhandlungen
wurden zwar 1999 wieder aufgenommen, ihre Aussichten verschlechterten
sich jedoch mit der zweiten Intifada und dem Bedeutungsverlust der seit
Längerem gemäßigten Fatah weiter. Vorübergehend flackerte sie auch 2002
auf, als das sog. Nahostquartett (USA, UK, F, RUS) seine Roadmap vor-
stellte, die innerhalb von gut drei Jahren zu einem souveränen Staat Palästina, Friedensabkommen Israels mit seinen Nachbarn und einem friedlichen
Miteinander führen sollte. 2005 wurden die israelischen Siedlungen im Ga-
zastreifen geräumt. Im Jahr darauf kam es mit dem Erdrutschsieg der radikalen Hamas in den palästinensischen Autonomiegebieten und ihrer Regie-
rungsübernahme erneut zu einer krisenhaften Zuspitzung. Seit dieser Zeit
kämpfen Hamas und Fatah trotz zwischenzeitlicher großer Koalition zeitweise sogar militärisch um die Macht in den Autonomiegebieten. Im Gaza-
streifen ist es der Hamas bereits gelungen, die Fatah zu vertreiben. Immerhin
verhandeln seit 2008 mehrere arabische Nachbarländer mit Israel über einen
möglichen Frieden, während die westliche Welt mutmaßt, der Iran strebe
Atomwaffen an und wolle damit Israel auslöschen.

9.6   Arabische Einheit

Die islamischen Länder bildeten in ihrer Frühzeit bis ins 9. Jahrhundert eine
politische Einheit. Auch nach dem Zerfall dieses Großreiches bestand eine
enge kulturelle Einheit, die erst im 11. Jahrhundert mit der Bildung des türkischen Staates im Osten und des almoravidischen im Westen aufbrach.
(Fischer Weltgeschichte Bd. 14, S. 224ff.) Als einzige Klammer bestand
lange Zeit das Amt des Kalifen als religiöses Oberhaupt, bis es 1924 von
Mustafa Kemal Atatürk abgeschafft wurde und trotz einzelner Versuche
nicht wieder belebt werden konnte. Während all dieser Jahrhunderte blieb
der Gedanke an das verlorene gemeinsame Großreich lebendig; Gemeinschaft und Solidarität der Muslime wurden beschworen. Das Bild dafür ist
das *Dar al-Salam*, das Haus des Friedens muslimischer Territorialität. Der
Panislamismus im heutigen Sinn entstand allerdings erst in den 1870er Jahren unter osmanischen Intellektuellen im Zuge der zunehmenden Beherr-

schung muslimischer Länder durch Christen. Sie wurde in den Jahren danach zur Staatsdoktrin des osmanischen, des einzigen noch unabhängigen islamischen Reiches. Mit dem Untergang des Reiches ließ sich der Niedergang des Panislamismus in den 1920er und 30er Jahren auch durch mehrere internationale Konferenzen nicht aufhalten. Er gewann erst in den letzten Jahrzehnten im Zuge einer weltweiten Rückbesinnung von Muslimen auf ihren Glauben und mit tatkräftiger Unterstützung Saudi Arabiens wieder an Attraktivität.

Dagegen erfuhr der *Panarabismus* keine solche Zäsur. Er hat seine Wurzeln einerseits im schon immer bestehenden Gefühl der sprachlichen und religiösen Zusammengehörigkeit, dem Stolz auf die kulturellen und wissenschaftlichen Leistungen der Frühzeit und darauf, die Sprache zu sprechen, in der Allah den Koran offenbart hat. Andererseits bildet er ein nationales Erwachen ab, ist ideologisch zumindest theoretisch überkonfessionell angelegt und steht damit in einem gewissen Gegensatz zum Panislamismus. Sie spielte eine gewisse Rolle bei arabischen Aufständen gegen die Türken und ist das offizielle Ziel der 1945 gegründeten Arabischen Liga. Nassers Ägypten (ab 1954), Syrien und der Irak ab der Machergreifung 1963 durch die Baath-Partei erhoben den Panislamismus zur Staatsideologie. Durch die zunehmende Islamisierung der arabischen Welt treten säkulare in den Hintergrund des Panarabismus, so wie zuvor bereits sozialistische Aspekte verblasst waren. Araber empfinden die Aufteilung ihrer „Nation" auf 22 Staaten nach wie vor als schmerzlich. Daher sind *Vereinigungsbemühungen* außerordentlich populär und entsprechend häufig. Der langjährige, auch heute noch populäre ägyptische Präsident Gamal Abdel Nasser (1918–70) hat eine Reihe von Fusionsvorhaben angestoßen:

- Am bekanntesten ist die „Vereinigte Arabische Republik", die 1958 zwischen Ägypten und Syrien vereinbart worden war. Der (Nord-)Jemen schloss sich kurz danach de facto an. Bereits 1961 schied Syrien aus, weil es sich von Ägypten dominiert fühlte und 1967 endete auch die de-facto-Union mit dem Jemen. 1965–68 war das Emirat Sharjah am Golf beigetreten. Ägypten trug noch bis 1972 offiziell den Namen „Vereinigte Arabische Republik".

- 1963 wurde eine Föderation zwischen Ägypten, Syrien und dem Irak vereinbart („Vereinigte Arabische Union"),

Abb. 9.6 Gamal Abel Nasser, ägyptischer Staatspräsident und bis heute Galionsfigur der arabischen Einheit, zusammen mit Nikita Chruschtschow

- 1964–1966 die Verflechtung Ägyptens mit dem Irak („Vereinte Politische Führung").

Auch Syrien und die lange Zeit im Irak herrschende Baath-Partei hat panarabische Züge. Beide Länder machten daher ab 1963, dem Beginn der Regierung der Partei, immer wieder entsprechende Vorstöße:

- 1975 die Verflechtung mit Jordanien („Oberster Politischer Kommandorat"),
- 1976–1977 die Union Syriens mit Ägypten und dem Sudan sowie
- 1978–1979 die mit dem Irak.
- 1989/90 schlossen sich der Irak, Jordanien, Ägypten und (Nord-)Jemen zum Arabischen Kooperationsrat (ACC) zusammen.
- 1990–1991 besetzte und annektierte der Irak Kuwait, was zum zweiten Golfkrieg führte.

Beide Länder waren auch in andere Fusionsprojekte involviert:

- 1946 gab es jordanische Pläne zur Vereinigung mit Syrien und

- 1949 syrische Pläne zur Vereinigung mit dem Irak („Großsyrien").

- 1958 schlossen der Irak und Jordanien ein Abkommen über die Vereinigung beider Länder ab, die jedoch nicht zustande kam, weil der König in Bagdad kurz darauf gestürzt wurde.

- 1962–1963 kam es ansatzweise zu einer Integration Syriens und Algeriens („Vereinte politische und ökonomische Führung").

In Libyen ist der Panarabismus nach wie vor Staatsdoktrin. Sein faktisches Staatsoberhaupt Muammar al-Gaddafi machte denn auch besonders häufig Vorstöße zur Vereinigung mit Nachbarländern:

- 1969/70 mit Ägypten und dem Sudan („Revolutionäre Arabische Front"),

- 1971–1973 mit Ägypten und Syrien („Föderation Arabischer Republiken"),

- 1972 mit Malta, wo man eine auf dem Arabischen fußende Sprache spricht,

- 1972–1973 wieder mit Ägypten,

- 1972–1974 mit Tunesien („Islamische Arabische Republik"),

- 1980 wieder mit Syrien,

- 1981 und 1983–1984 mit dem (Nord-)Tschad,

- 1984–1986 mit Marokko,

- 1986–1987 mit dem Sudan,

- 1987 mit Algerien,

- 1988 mit Palästina und

- 1990–1994 erneut mit dem Sudan (Einladung 1994 auch an den Irak).

Marokko zeigte sich wiederholt begierig, seinen Einfluss auf die Nachbarländer auszudehnen:

- 1960–62 bemühte sich Rabat um einen Anschluss Mauretaniens, einige Zeit sogar unterstützt durch die Arabische Liga.

- Zur gleichen Zeit erhob das Land auch Anspruch auf Algerien.

- 1976 erfolgte die schon lange geforderte Annexion der bis dahin spanischen Westsahara.

Die marokkanischen Bemühungen fügen sich gesamtmaghrebinische Tendenzen ein:

• 1964 vereinbarten Libyen, Algerien, Tunesien und Marokko,

• 1983 Mauretanien, Tunesien und Algerien die wirtschaftliche Integration.

• Die Idee einer Union zwischen den westarabischen Maghreb-Staaten stammt aus der Zeit der Unabhängigkeit Tunesiens und Marokkos 1958,

• zur Gründung der „Union du Maghreb Arabe" zwischen Algerien, Libyen, Mauretanien, Marokko und Tunesien mit dem Ziel einheitlicher Politik und wirtschaftlicher Union kam es jedoch erst 1990. Die „Union" ist seit Beginn wegen unterschiedlicher Positionen im Westsaharakonflikt paralysiert.

Andere Fusions-, Annexions- und Verflechtungsvorhaben betrafen

• Absichtserklärungen und Bemühungen zu einer Föderation zwischen Jordanien und Palästina 1972 („Vereinigtes Arabisches Königreich"), 1982–1985, 1988 und 1993 und

• die Verflechtung Ägyptens und des Sudans 1982.

All diese Projekte waren letztendlich erfolglos – mit zwei Ausnahmen:

• Lediglich die Bildung der „Vereinigten Arabischen Emirate" 1972 (1968 Föderation)

• und die Vereinigung Nord- und Südjemens 1990 waren bis heute von Erfolg gekrönt.

Von den rund drei Dutzend Projekten sind fast alle mehr oder weniger stecken geblieben. Sie wurden hier möglichst vollständig aufgelistet, um dem Leser am Beispiel eines einzelnen Bereichs einen Eindruck von arabischer Politik zu geben, ihrer Tendenz zu Theatralik und großen Ankündigungen, ihrer oftmals mangelnden Vorbereitung und ihrem Versanden in Disputen, Diskussionen und Partikularinteressen. Überflüssig zu sagen, dass die Menschen in den arabischen Länder, obwohl stark in einer sehr verbalen, oft zu Trägheit und Immobilität neigenden Kultur verwurzelt, die ewig leeren Ankündigungen und hohlen Worte bis zum Überdruss satt haben.

9.7   Gewalt und Terrorismus

Im Gegensatz zu Befreiungskampf und Guerillakampf zielt der Terrorismus weniger auf Eroberung und Befreiung eines Gebietes ab, sondern auf die Signalwirkung von Anschlägen. Terrorismus hat eine *lange Tradition in nahezu allen Kulturkreisen*. Man denke nur an die gelungenen Attentate auf den amerikanischen Präsidenten Abraham Lincoln 1865, die österreichische Kaiserin Elisabeth 1898 in Nizza oder den österreichischen Thronfolger Ferdinand und seine Gemahlin 1914. Auch die Zwischenkriegszeit sah immer wieder politisch motivierte Anschläge. Beispiele sind die sog. Fememorde durch Rechtsradikale in der Weimarer Republik, denen zwischen 1920 und 23 mindestens 23 Menschen zum Opfer fielen. Am bekanntesten sind die Ermordung der Kommunisten Rosa Luxemburg und Karl Liebknecht 1919 sowie der deutschen Reichsminister Matthias Erzberger 1921 und Walther Rathenau 1922 durch Rechtsradikale und das missglückte Attentat 1922 auf Philipp Scheidemann, den ersten Regierungschef der Weimarer Republik. Auch nach dem Zweiten Weltkrieg kam es immer wieder zu Mordanschlägen. So wurden in den USA Präsident John F. Kennedy 1963, sein Bruder Robert Kennedy und der Bürgerrechtler Martin Luther King 1968 und Ex-Beatle John Lennon 1980 ermordet, Präsident Ronald Reagan 1981 bei einem Attentat verletzt. In Indien kamen die Ministerpräsidenten Mahatma, Indira und Rajif Gandhi 1948, 1984 und 1991 bei Attentaten ums Leben, in Italien 1978 der DC-Vorsitzende Aldo Moro durch die Roten Brigaden und in Schweden 1986 Premierminister Olaf Palme.

In der Bundesrepublik ist vor allem das Jahr 1977 („deutscher Herbst") in unguter Erinnerung, in dem die zweite Generation der „Rote Armee Fraktion" nach einander Generalbundesanwalt Siegfried Buback, Vorstandssprecher der Dresdner Bank Jürgen Ponto und Arbeitgeberpräsident Hanns Martin Schleyer tötete. Es folgten 1985 der MTU-Vorstandsvorsitzende Ernst Zimmermann, 1986 der Siemens-Manager Karl Heinz Beckurts, 1989 der Vorstandssprecher der Deutschen Bank Alfred Herrhausen und 1991 der Treuhand-Chef Detlev Karsten Rohwedder. Insgesamt hat die RAF innerhalb zweier Jahrzehnte 34 Morde begangen. Nicht nur Linksradikale verübten Anschläge. Besonders spektakulär waren zwei Bombenanschläge Rechtsradikaler 1980: auf den Hauptbahnhof von Bologna mit 85 Toten und auf das Münchner Oktoberfest mit 13 Toten. Über Jahrzehnte waren zwei andere europäische Regionen dem Terror ausgesetzt. So forderten die Anschläge der baskischen ETA seit 1960 insgesamt 817, Terror und Gegenterror in Nordirland 1972–1998 bis zu 4000 Tote. Besonders häufig waren Terrorakte in Südamerika, wo etwa die Tupamaros von 1963 bis in die 1970er Jahre in Uruguay und der Leuchtende Pfad 1980–1994 in Peru Anschläge verübten. In einem regelrechten Bürgerkrieg waren dort rd. 70.000 Todesopfer zu beklagen. Auch in Sri Lanka gab es bereits Zehntausende von Terroropfern, wo die Rebellenorganisation der Timilentiger seit 1983 gegen die Zentralregierung kämpft. Allerdings ist in diesen Fällen die Abgrenzung zu Befreiungsbewegungen schwierig.

Trotz all dieser Beispiele gilt arabischer, heute vor allem *islamistischer Terror* der westlichen Öffentlichkeit als Prototyp des zeitgenössischen Terrors – vor allem weil er mit Selbstmordattentaten eine neue Dimension eröffnet hat. Er ist seit Langem mehr oder weniger kontinuierlich präsent in den Medien. Da ist zum einen Israel, das immer wieder Ziel palästinensischer Anschläge wird. Da waren wiederholt Anschläge palästinensischer Kommandos im Ausland wie 1972 das Münchener Olympiaattentat auf die israelische Mannschaft und 1977 die Entführung der Lufthansa-Maschine Landshut nach Mogadischu. Eine neue Note erhielt arabischer Terrorismus durch die Unterstützung durch bestimmte arabische Staaten („Staatsterrorismus"). So wurden libysche Agenten aktiv, verübten 1986 ein Attentat auf die Berliner Diskothek La Belle, dem drei Menschen zum Opfer fielen, und organisierten 1988 die Sprengung einer PanAm-Maschine über dem schottischen Lockerbie mit 270 Toten. Tschetschenen trugen ihren Befreiungskampf wiederholt nach Russland. So forderte 2004 ein Anschlag auf die Moskauer U-Bahn 39 Menschenleben und die Geiselnahme in einer Schule im kaukasischen Beslan sogar 235 meist minderjährige Tote. Auch Indien wurde wiederholt heimgesucht. So kamen bei islamistischen Bombenanschlägen in Mumbai 1993 auf Börse, Hotels, Züge und Tankstellen 257 und 2006 auf mehrere Nahverkehrszüge 207 Menschen um. Sechs weitere größere Anschläge von Islamisten in Indien forderten seit 2001 außerhalb Kaschmirs, das ohnehin vom islamischen Terror gebeutelt ist, mindestens 255 Menschenleben. Hauptleidtragende dieses Terrors sind die Menschen in den islamischen Ländern selbst. So kam es seit 1992, nachdem die Regierung die islamistische FIS um ihren Wahlsieg betrogen hatte, zu einem grausamen Bürgerkrieg, der bis 2005 über 120.000 Tote forderte. Sinnbild für die Bedrohung des Westens durch islamistischen Terror ist das Terrornetzwerk Al-Qaida. Ihm wird eine Vielzahl von Anschlägen zugeschrieben mit mindestens etwa 4200 Toten. Allein rund 3000 davon gingen auf das Konto der Anschläge vom 11. September 2001 in den USA. Weitere große Anschläge erfolgten 1998 auf die US-Botschaften in Nairobi und Dar-es-Salam mit insgesamt 224 Toten, 2002 auf eine Synagoge in Djerba mit 19 und auf eine Diskothek in Bali mit 202 Toten, 2003 auf zwei Ziele in Istanbul mit 57 Toten, 2004 auf Nahverkehrszüge in Madrid mit 191 Toten und 2005 auf Tube und Busse in London mit 56 und Scharm El-Scheich mit mindestens 88 Toten. Durch seine Frequenz, das Ziel möglich hoher Zahlen unschuldiger Opfer und die Einführung des Selbstmordattentats als Regelfall stellt der zeitgenössische islamistische Terror gegenüber früheren Entwicklungen eine deutliche Eskalation dar. Er ist sozial und kulturell fundiert und wird von seinen Verfechtern religiös begründet (Hauschild, 2005, 16ff.; Ruf 1998).

Gewalt gegen Andersgläubige wird im *Koran* an verschiedenen Stellen gefordert. Sie sollen unterworfen (Sure 9, 29) und dürfen enteignet und vertrieben werden (Sure 59) oder sind sogar des Todes (u.a. Suren 47, 4; 2, 191 und 4, 89). Die Sunna widmet dem Heiligen Krieg umfangreiche Kapitel. Das Tötungsverbot (Sure 5, 32) bezieht sich nur auf Muslime, die ausschließlich im Wege der Blutrache umgebracht werden dürfen (Suren 2, 178; 5, 45; 25, 68). (Nagel, 2005a) Mohammed selbst hat den Islam kriegerisch verbreitet und auch der Koran fordert immer wieder zum Dschihad auf (z.B. Sure 9, 29 und 111). Das islamische Recht unterscheidet zwischen dem Dar al-Islam, dem „Haus (d.h. Gebiet) des Friedens", in dem der Islam bereits herrscht, und dem Dar al-Harb, dem „Haus des Krieges", das erst erobert werden muss. Wenn der „Ruf zum Islam" drei Mal vergeblich erfolgt ist, darf angegriffen werden. Koran und Sunna sehen gerade im Erfolg der gewaltsamen Ausbreitung einen Beweis für die Unterstützung durch Allah und damit die Wahrheit des Islam. Mohammed selbst soll in seiner Abschiedspredigt gesagt haben: „Mir wurde aufgetragen, gegen die Menschen zu kämpfen, bis sie sagen: ‚Es gibt keinen Gott außer Allah'". (Nagel, 2006)

Diese dem Islam in seiner vorherrschenden sunnitischen Ausprägung inhärenten Gewaltbereitschaft wird in den nicht-islamischen Medien zunehmend problematisiert. Tatsächlich besteht zwischen der Überzeugung, dass der Islam eine wichtige Rolle in der Politik spielen sollte, und einer Rechtfertigung von Selbstmordattentaten eine gewisse Korrelation (Mesquita 2007, S. 13–18). Insofern sehen sich Araber als Muslime einem *Generalverdacht* ausgesetzt, den sie vor allem den westlichen Medien entnehmen. Sie reagieren darauf vielfach verletzt oder empört. Dies ist verständlich, müssen sich doch persönliche Überzeugungen (und vor allem Taten) nicht mit radikalen theologischen Strömungen decken. Die islamischen und insbesondere die arabischen Gesellschaften sind aber nicht völlig unschuldig an dieser Verkürzung, haben sie es doch versäumt, auch in der religiösen Debatte die Ächtung der Gewalt als akzeptiertes Mittel der Verbreitung des Islam wenigstens zu diskutieren. Häufig wird dagegen von arabischer Seite argumentiert, die arabische Welt befinde sich in einem Verteidigungskrieg und reagiere nur auf den von christlichen Staaten ausgehenden (Neo-) Kolonialismus. Auch wird mit Stellen aus dem Alten Testament argumentiert, die ebenfalls zur Gewalt gegen Andersgläubige aufrufen (u.a. 2. Mose 22,17 u. 19 und 3. Mose 20). Diese Stellen richten sich jedoch lediglich gegen Andersgläubige in Israel, sind explizit durch das neutestamentarische Gebot der Feindesliebe überwunden und selbst im Alten Testament gibt es auch andere, gegenteilige Vorschriften (etwa 3. Mose 19, 33–34). Die Gewaltlosigkeit hat vielmehr in der Verkündigung Christi einen zentralen Platz. Es bleibt damit das Problem, dass der Islam selbst seine zur Gewalt auffordernden Lehrsätze diskutieren und überwinden muss, wenn er auf Dauer friedlich in der Völkergemeinschaft leben möchte.

10 Volkswirtschaft

10.1 Staatswirtschaft und Rentensuche

Die *Rahmenbedingungen* unternehmerischen Handelns in arabischen Ländern sind nicht besonders gut:

• Die Justiz ist meist nicht verlässlich und Unternehmen und Selbständige sind immer wieder willkürlichen bürokratischen Eingriffen ausgesetzt.

• In einem tribal verfassten Gemeinwesen wie den arabischen Gesellschaften kann Vertrauen nur auf einer persönlichen Basis entstehen.

• Beide Umstände führen dazu, dass der Vertrauensradius wirtschaftlich Agierender stark eingeschränkt ist; man verlässt sich ausschließlich auf Familienmitglieder und Geschäftspartner, die man persönlich kennt und schätzt.

• Mit der hohen gesamtwirtschaftlichen Unsicherheit, die aus stark schwankenden Inflationsraten und willkürlich geänderten Rahmenbedingungen herrührt, verringert sich auch der Zeithorizont der Unternehmen deutlich.

Geringer Vertrauensradius und Zeithorizont schränken gemeinsam den Grad der *Arbeitsteilung* und Spezialisierung ein und behindern damit letztlich die wirtschaftliche Entwicklung insgesamt, weil größere Investitionen unterbleiben und Sektoren vom Unternehmenssektor dann gemieden werden, wenn sie ohne staatliche Garantien längerfristig Kapital binden. Größere einheimische private kapitalintensive Produktionsunternehmen fehlen daher in arabischen Ländern weitgehend. Industriebetriebe sind meist entweder in staatlicher oder ausländischer Hand – hier wirken Investitionsschutz- u.a. Abkommen – oder sie ersetzen Anlage- durch Personalintensität. Letzteres geht notwendig zu Lasten des technischen Niveaus. In arabischen Gesellschaften haben Händler traditionell eine hohe Stellung. Die arabische Welt war immer eine Drehscheibe des Handels. Arabische Händler haben jahrhundertelang Gewürze aus Indonesien, Indien und Südarabien, Seide aus China oder Gold, Elfenbein und Sklaven aus Afrika verhandelt und kräftig daran verdient. Der Prophet Mo-

hammed war Händler und der Koran spricht mit Hochachtung von seinem
Stand. Demgegenüber gelten das Handwerk bzw. die Produktion als Tätigkeiten niederer Stände. Landwirtschaft und Dienstleistung gar waren Beschäfti-
gungen von Fellachen, Dienern und Sklaven. Diese Hierarchie der Tätigkeiten
hat in den arabischen Ländern bis heute ihre Spuren im Image der Branchen
hinterlassen.

Abb. 10.1   Eisenbahn in Oberägypten

Willkür, Unsicherheit, Misstrauen, Informationsmangel erhöhen zudem die
Transaktionskosten, also die Kosten der Information, der Suche, des Ver-
tragsabschlusses, der Absicherung und Kontrolle. Mit anderen Worten: Die
Gesellschaften des Nahen Ostens wirtschaften wesentlich uneffektiver als
die Europas, Nordamerikas oder Ostasiens. Sie sind überdies starrer durch
eine sehr hohe Dichte an Denkverboten sowie durch die religiöse Durchdringung des Lebens. Hinzu kommen vielfältige Arbeitspausen; allein die
hohe Anzahl religiöser Feiertage, die mehrmalige Unterbrechung jeden

Arbeitstages durch Gebete und der weitgehende Stillstand der ökonomischen Tätigkeit im Fastenmonat Ramadan behindern die wirtschaftliche
Entwicklung. Es ist gerade diese Regelungsdichte, durch die der sunnitische Islam heutiger Ausprägung einen negativen Einfluss auf die Wirtschaftsentwicklung nimmt. Da ist es kein Wunder, dass der Nahe Osten –
vielfach „unterstützt" von staatssozialistische Experimenten – seit dem
Zweiten Weltkrieg von einem international mittleren Einkommensniveau
auf einen der hinteren Ränge zurückgefallen ist. Die einzige Ausnahme
sind die Golfstaaten. Man wird sehen, was passiert, wenn der Ölstrom ver-
siegt. Ein wirkliches Umdenken breiter Gesellschaftsschichten hat nämlich
auch dort nicht eingesetzt, weil die gesellschaftlichen Strukturen – zumindest bei den Einheimischen – gleich geblieben sind.

Arabische Länder zeichnet ein *übergroßer Staatssektor* aus. Er umfasst
nicht nur äußerst umfangreiche Ministerien und nachgeordnete Behörden,
sondern traditionell auch nahezu alle Großbetriebe. Das Gutachten eines
deutschen Consultant erbrachte sogar, dass das ägyptische Wasserministe-
rium („Ministry of Water Resources and Irrigation") seine Produktivität
durch die Entlassung der Hälfte seiner ursprünglich 120.000 (heute
100.000) Beschäftigten verdoppeln könnte und erst nach der Verabschie-
dung eines weiteren Viertels Produktivitätseinbussen befürchten müsste.
Ein wichtiger Grund für die Wachstumstendenz des ohnehin ausufernden
Staatssektor besteht darin, dass die dortigen Positionen trotz meist sehr
niedriger Gehälter vielfach wichtige Privilegien und Verdienstmöglichkeiten eröffnen. Dies ist Ausdruck der im arabischen Raum besonders verbreiteten Bemühungen, privilegierte Positionen zu erreichen, die eine höhere
Rendite versprechen als der Markt. Das sind meist exklusive, privilegierte
Eigentumsrechte oder dauerhafte Monopole. Volkswirte nennen solche
Volkswirtschaften „rentensuchende Gesellschaften". Ist *Rentensuche* weit
verbreitet, so hat das unmittelbar negative Auswirkungen auf die Wohlfahrt eines Landes:

• Monopole bieten zu höheren Preisen an als ein Konkurrenzmarkt. Mo-
  nopolisten eignen sich also Geld in Höhe der sog. Monopolrente an. Falsche Preise setzen falsche Signale, so dass die Effizienz des Marktes
  sinkt und die volkswirtschaftliche Wohlfahrt insgesamt geringer ausfällt
  als auf einem Wettbewerbsmarkt.

- Monopole bieten geringere Mengen an als ein Konkurrenzmarkt; es wird weniger produziert und konsumiert, so dass auch deshalb die Wohlfahrt eines Landes sinkt und evt. objektiver Mangel eintritt.

- Zur Etablierung und Absicherung eines Monopols sind Aufwendungen erforderlich, die ebenfalls einer produktiven Wertschöpfung entzogen werden. Im Gegenzug sind politische Anstrengungen notwendig, die die staatliche Autorität wie die private Leistungsbereitschaft aushöhlen. Es entstehen Netzwerke und weitere Anreize für Politiker und Beamte, immer weitere Privilegien zu erfinden und zu verkaufen.

- Monopole müssen sich nicht am Markt bewähren und geben daher ihrerseits Raum für Vetternwirtschaft und Korruption. Diese Effekte verstärken sich im Laufe der Zeit. Monopole werden daher immer ineffizienter. (Leipold 2006, S. 154f.)

Renten in diesem Sinne können in vielen *Bereichen* geschaffen und genutzt werden:

- Gerade in den ärmeren arabischen Ländern setzt der Staat Höchstpreise für Lebensmittel fest. Ohne zusätzliche Maßnahmen sinkt dadurch der Spielraum für Investitionen bei den Produzenten und die Produktivität geht zurück. Außerdem sinkt die Produktion, weil die Anreize für die Produzenten geringer sind. Der Staat versucht in der Regel, dem durch Subventionen an die Produzenten und Exportverbote gegenzusteuern. Dennoch geht die Agrarproduktion meist zurück, wozu auch Landflucht und Desertifikation beitragen. Durch Höchstpreise steigt auch der Anreiz, statt zum offiziellen Preis zu einem höheren auf Schwarzmärkten abzusetzen. Deshalb baut der Staat eine Preisüberwachung auf. Mit beiden staatlichen Maßnahmen wächst die Bürokratie und es ergeben sich vielfältige Möglichkeiten für die Rentensuche auf allen bürokratischen Ebenen. Zum Beispiel können höhere Preise gegen ein Bakschisch toleriert, Subventionen und Exportlizenzen müssen erkauft werden. Außerdem wächst mit den Preiskontrollen der Anreiz zur Landflucht, weil sie Belastungen der Land- und versteckte Subventionen der Stadtbevölkerung darstellen und damit einen Einkommenstransfer vom Land in die Stadt bedeuten. Da die Höchstpreise mit der allgemeinen Inflation in der Regel nicht Schritt halten, weil sie als Ausgleich für diese missbraucht werden, verstärken sich die beschriebenen Effekte im Laufe der Zeit immer mehr. Schließlich gibt der Staat einen Großteil seines Etats für einschlägige Bürokratie und Subventionen aus. Das ist beispielsweise in Ägypten der Fall. Steigenden Haushaltsdefiziten stehen in der Folge wachsende Inflationsraten sowie vielfach Leistungsbilanzdefizite und Auslandsverschuldung gegenüber. Höchstpreise findet man in arabischen Ländern auch oft bei Energie und Mieten.

- Solange für ihn Lizenzen notwendig sind, ist auch der Außenhandel meist Quelle rentensuchender Staatsbediensteter und Unternehmer. Das gilt insbesondere für den Fall überbewerteter Währungen, wie sie lange Zeit typisch waren für den arabischen Raum. Die Preise über Lizenzen importierter Güter sind gewöhnlich deutlich höher als auf dem Weltmarkt. Eine solche Rente des Importeurs lässt sich der gewährende Politiker oder Beamte im Regelfall gut bezahlen. Exporte laufen vielfach über staatliche Aufkauf- und Verkaufsmonopole. Die dort erzielten Devisen eröffnen für alle Beteiligten weitere Verdienstmöglichkeiten.

- Ein klassischer Bereich der Rentensuche ist auch der Finanzsektor. Er wird gewöhnlich von Finanzministerium und Notenbank kontrolliert. Über die Kreditvergabe entscheiden zudem neben den staatlichen Banken oft die verschiedensten Fachministerien, so dass ganze Legionen von Staatsbediensteten die Hand aufhalten können. Da Anlagezinssätze im Regelfall unterhalb der Inflationsraten liegen, sind Kredite sehr begehrt, Kapital ist außerordentlich knapp und die Entscheidungsträger haben einen relativ großen Spielraum bei der Höhe der Kreditsätze – nahezu ideale Voraussetzungen für die Rentesuche.

- Weit verbreitet ist auch die Rentensuche auf den Arbeitsmärkten. Arbeitsplätze werden großenteils gegen Zuwendungen oder an Verwandte und Freunde vergeben. Das gilt vor allem für Arbeitsplätze im Staatsdienst, die Gefälligkeiten und Bakschisch versprechen. Da zu diesem Zweck Arbeitsplätze auch neu geschaffen werden, sinkt deren Produktivität und die Personalkosten steigen insgesamt in einem Maße, dass kapitalintensive Investitionen sinnvoll werden. Das jedoch widerspricht der natürlichen Faktorausstattung und vermindert die gesamtwirtschaftliche Effizienz weiter.

Rentensuche hat gravierende persönliche und volkswirtschaftliche *Konsequenzen*:

- Marktwirtschaftliche private Initiative lohnt weniger als die Suche nach Privilegien und Monopolpositionen. Je länger dieser Zustand anhält, desto größer werden die Verzerrungen und desto mehr leidet die betreffende Volkswirtschaft.

- Der unzuverlässigen staatlichen Bürokratie und Rechtspflege suchen die Wirtschaftssubjekte auszuweichen, indem sie informelle Beziehungen aufbauen und längerfristig angelegte Geschäfte möglichst nur im Freundes- und Verwandtenkreis abschließen. Dieser begrenzte Vertrauensradius beschränkt Arbeitsteilung und Spezialisierung. Risikoreiche, stark faktorspezifische Kapitalinvestitionen verbieten sich daher von selbst. Damit sind forschungsintensive, innovative Branchen im Regelfall nicht realisierbar. Stattdessen dominieren arbeitsintensive kleine Familienbetriebe mit unqualifizierten oder angelernten Beschäftigten. (Leipold 2006, S. 154ff.)

Abb. 10.2   Werkstatt in Kairo

Unternehmerisches Handeln trägt seit jeher das Bestreben ins sich, Gewinne zu steigern und zu verstetigen – wenn es sein muss, mit nicht-marktwirtschaftlichen Mitteln. Das gilt für den Westen wie für den Orient. Nicht ohne Grund spricht der große französische Historiker Fernand Braudel von zwei Bereichen der Wirtschaft, dem der Marktwirtschaft und dem Bereich der Monopole und Privilegien. Wie er überzeugend darlegt, hat dieser von ihm so genannte „Kapitalismus" auch in Europa eine lange Tradition (Braudel 1986, Braudel 1997). Mit der industriellen Revolution fand sich dieser primär großbetriebliche Bereich in den westlichen Ländern jedoch nach und nach in einer globalen Konkurrenzsituation wieder und erfuhr eine enorme Dynamisierung, während die Länder des Nahen Ostens weitgehend rentensuchende Volkswirtschaften blieben. In vielen der ärmeren von ihnen ist dies auch heute noch die erdrückende Realität. Der Grund für diese „Tradition" könnte in der islamischen Frühzeit liegen, als die Unterworfenen die einzig Produzierenden waren, während sich die herrschenden (arabischen) Muslime deren Überschüsse aneigneten (Simson 1998, S. 162). Auch nachdem sich die Untertanen zum überwiegenden Teil dem Islam zugewandt hatten, änderte die Oberschicht ihr Verhalten nicht. Da jetzt jedoch die Kopfsteuer der Ungläubigen weitgehend durch die niedrigere Almosensteuer der Muslime ersetzt wurde, musste die Ausbeutung umso konsequenter und oft ohne Rücksicht auf Ertragskraft und Eigentumsrechte erfolgen. Dieses System war so fest im islamischen Weltbild verankert, dass produktive Tätigkeit bis heute ein geringes Ansehen hat. (Jones 1991, S. 212ff.) Die größten ökonomischen Chancen eröffnen sich also im arabischen Raum nicht in der Produktion, sondern in der Einkommensverteilung. Man sucht den herrschaftsnahen Bereich oder wendet sich zumindest dem Dienstleistungssektor zu, der flexibler ist, weil er im Regelfall wesentlich geringere Investitionen erfordert, und sich damit dem Zugriff der Mächtigen weniger aussetzt.

10.2   Zaghafter Aufbruch

In einem der vorangegangenen Kapitel war die Rede von der jahrhundertelangen Stagnationsphase des arabischen Raums seit dem Hochmittelalter. Diese Stagnation konnte seit dem Zweiten Weltkrieg wenigstens zeitweise aufgebrochen werden. Allerdings fallen gravierende Schwankungen auf: Während die meisten arabischen Länder in den 1950er und 60er Jahren

überproportional wachsen konnten, stagnierten die Einkommen der Länder-
gruppe in der ersten Hälfte der 1970er Jahre, wurden im weiteren Verlauf
des Jahrzehnts mit den beiden Ölpreisexplosionen hoch getragen, bevor
zwischen 1982 und 1990 erneut Stagnation einsetzte („verlorene Entwick-
lungsdekade"). Zudem gab es große Unterschiede zwischen den einzelnen
Ländern. Negative Abweichungen hatten vor allem Krisenregionen zu verzeichnen wie die palästinensischen Gebiete, der Irak und der Libanon, die
seit dem Zweiten Weltkrieg real fast überhaupt nicht wuchsen, positive
Abweichungen kennzeichneten marktwirtschaftliche Länder wie Saudi Arabien, Jordanien und der Oman. Insgesamt fällt auf, dass aktuelle oder ehemals sozialistische Länder schlechter als der Durchschnitt abschnitten. Sehr
viele arabische Länder hatten in der Nachkriegszeit Phasen des Sozialismus:
Ägypten 1956–70, Irak 1958–2003, Syrien seit den 1960er Jahren, Algerien
1963–78, Tunesien 1956–87, Südjemen 1967–90, Somalia bis 1978. Der
arabische Sozialismus war durch die Verstaatlichung der großen Unternehmen, teilweise auch des Großgrundbesitzes, die Konzentration auf Großpro-
jekte und eine überbordende Bürokratie gekennzeichnet. Überhaupt ist die
Wachstumsschwäche vermutlich wesentlich auf bürokratische Verkrustun-
gen oder fehlerhafte Anreizsysteme zurückzuführen. So dürften die sozialistischen Experimente zu dem auch heute noch geringen Grad wirtschaftlicher Integration der Region beigetragen haben. Dazu beigetragen haben
aber auch die nach wie vor hohen Handelsbarrieren durch Zölle und nicht-
tarifäre Handelshindernisse. Die meisten nahöstlichen Länder folgen einem
primär binnenorientierten Wirtschaftsmodell.

Als in den 1990er Jahren das Wachstum vieler Entwicklungsländer mit dem
Welthandelsvolumen anzog, konnten die arabischen Länder daher daran
wieder nur unterproportional teilnehmen; ihre Rate betrug real nur 3,3% p.a.
Und selbst dies könnte noch zu hoch gegriffen sein, weil die offiziellen Inflationsraten die Wirklichkeit sehr wahrscheinlich unterzeichnen. Dabei ver-
liefen die gleichzeitigen Stabilisierungsbemühungen durchaus erfolgreich:
Inflation und öffentliche Budgetdefizite gingen auf moderate Raten zurück.
Auch bei der Erstellung wachstumsfördernder physischer Infrastruktur sind
spürbare Fortschritte gemacht worden. Nach wie vor jedoch signalisieren
kritische makroökonomische Variablen wie Beschäftigung, Produktivität,
Ersparnis und Nicht-Öl-Exporte fundamentale Schwächen. So ist die Ar-
beitslosigkeit von 15% eine der höchsten der Entwicklungsländer. Zu deren
Abbau wäre angesichts der nach wie vor starken in den Arbeitsmarkt drän-

genden Alterskohorten mindestens ein reales Wirtschaftswachstum von 5% notwendig. Die Exporte der Region wuchsen in den 1990er Jahren lediglich um 1,5% p.a.; das war nur ein Viertel des weltweiten Außenhandelswachstums. Diese Wachstumsschwäche war wesentlich darauf zurückzuführen, dass Erdöl und seine Derivate immer noch 70% des Exportwertes ausmachen. In den arabischen Ländern produzierte Industriegüter sind dagegen meist nach wie vor nicht konkurrenzfähig. (United Nations Development Programme 2002, S. 4)

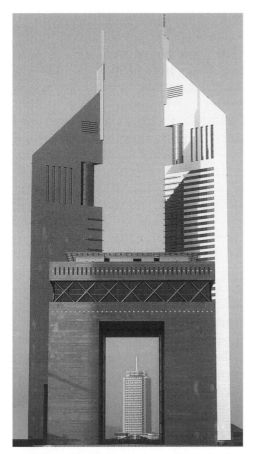

Abb. 10.3   Das Dubai International Financial Center, eine der Hoffnungen der arabischen Welt

Zwar sind in vielen arabischen Ländern marktwirtschaftliche Reformbe-
mühungen wie die schrittweise Liberalisierung von Außenhandel, Aus-
landkapitalverkehr, Bankenaufsicht und Geldpolitik, die Herstellung einer
beschränkten Ausländerkonvertibilität der Währungen, eine Zulassung von
Auslandsbanken und Privatisierungen unverkennbar, nach wie vor jedoch
sind fast alle Märkte reguliert, herrschen Preiskontrollen und ernsthafte
Hindernisse bei der Gründung von Unternehmen, so dass der Anteil des
privaten Sektors der meisten arabischen Volkswirtschaften noch gering ist
und die zögerliche Privatisierung und Öffnung zunächst zu einem enttäu-
schenden Wachstumsbeitrag des privaten Sektors geführt hat.

Westliche Geschäftspartner und Ökonomen stellen vielfach bereits zu Beginn ihres Aufenthalts fest, dass die Transaktionskosten in arabischen Ländern außerordentlich hoch sind. Das gilt für Informations-, Risiko- und
unmittelbare Transaktionskosten. Arbeitsteilung und -spezialisierung sind
folgerichtig relativ gering. Gerade sie sind jedoch Ausdruck und Triebfeder
wirtschaftlicher Entwicklung und basieren auf Fähigkeiten, Wissen und
marktmäßigem Güteraustausch. Voraussetzungen sind entsprechende Rati-
onalisierungs- und Spezialisierungsprozesse u.a. in Staat, Recht und Verwaltung, Bildung, Wissenschaft und Technik. Der Grad dieser Regeltei-
lung und die entsprechende Ausdifferenzierung sozialer und ökonomischer
Teilsysteme in relativ autonome, aber gut kooperierende Einheiten stellt
ganz generell das kritische Moment wirtschaftlicher Entwicklung dar.
Mangelnde Adäquanz dieses Regelsystems ist auch tatsächlich das eigentliche Problem arabischer Volkswirtschaften. So gewähren deren tribal und
großfamiliär ausgerichteten Regeln und Netzwerke einen nur geringen
Vertrauensradius; weiter ausgreifende Geschäftsbeziehungen gestatten sie
erst auf der Basis intensiven Kennenlernens. Bereits Max Weber hatte gezeigt, dass emotional-persönlich gebundene Gemeinschaftsformen die freie
Entfaltung anonymer, interessegeleiteter Marktbeziehungen hemmen. Das
ist auch im arabischen Raum der Fall. Stattdessen werden dort bedeutende-
re Geschäftsverbindungen nach den Regeln der Reziprozität auf der Basis
von Verwandtschaft und Freundschaft eingegangen. (Leipold 2006,
S. 213ff.) Der tendenzielle Rückzug des europäisch ausgerichteten syste-
matischen anonymen Rechts und Vordringen des tribal ausgerichteten islamischen Rechts deutet hier ökonomisch gerade in die falsche Richtung.
Es bleibt zu wünschen, dass die sprichwörtliche levantinische Wendigkeit
Auswege aus diesem Dilemma findet.

Allerdings hat sich in den letzten eineinhalb Jahrzehnten Einiges zum Positiven gewendet. Anfang der 1990er Jahre waren öffentliche Haushalte, Zahlungsbilanzen und ganz allgemein die Wirtschaft vieler arabischer Länder in einem kritischen Zustand. Einige ost- und südostasiatische, später weitere Entwicklungs- und Transformationsländer zeigten jedoch, dass Unterentwicklung umkehrbar ist. In dieser Situation gewannen auch in vielen arabischen Staaten wirtschaftsliberale Reformkräfte an Einfluss und setzen eine Reihe von Maßnahmen der Liberalisierung und Privatisierung durch.

FÜNFTER TEIL
Anhang

Internet-Adressen

Diplomatische Vertretungen*

Bundesrepublik Deutschland:
in Ägypten (B: Kairo, K: Alexandria, Hurghada), Algerien (B: Algier), Bahrain (B: Manama), Djibuti (K: Dschibuti, B: Addis Abeba, Äthiopien), Irak (B: Bagdad), Jemen (B: Sanaa), Jordanien (B: Amman), Katar (B: Doha), Komoren (B: Antananarivo, Madagaskar), Kuwait (B: Kuwait), Libanon (B: Beirut), Libyen (B: Tripolis), Marokko (B: Rabat, K: Agadir), Mauretanien (B: Nouakchott), Oman (B: Maskat), Palästina (Vertretungsbüro: Ramallah), Saudi Arabien (B: Riad, K: Djidda), Somalia (B: Nairobi, Kenia), Sudan (B: Khartum), Syrien (B: Damaskus, K: Aleppo), Tunesien (B: Tunis, K: Djerba), Vereinigte Arabische Emirate (B: Abu Dhabi, K: Dubai)
Homepage: www.auswaertiges-amt.de/diplo/de/Startseite.html#

Österreich:
in Ägypten (B: Kairo, K: Alexandria), Algerien (B: Algier), Bahrain (B: Kuwait), Djibuti (K: Dschibuti), Irak (B: Amman, Jordanien), Jemen (K: Sanaa B: Maskat, Oman), Jordanien (B: Amman), Katar (B: Kuwait), Komoren (B: Nairobi, Kenia), Kuwait (B: Kuwait), Libanon (B: Beirut, Saida), Libyen (B: Tripolis), Marokko (B: Rabat), Mauretanien (K: Nouakchott, B: Rabat), Oman (B: Maskat), Palästina (Vertretung beim Hilfswerk der Vereinten Nationen (UNRWA): Amman, Jordanien), Saudi Arabien (B: Riyadh), Somalia (B: Addis Abeba, Äthiopien), Sudan (K: Khartum, B: Kairo), Syrien (B: Damaskus, K: Aleppo), Tunesien (B: Tunis), Vereinigte Arabische Emirate (B: Abu Dhabi)
Homepage:
www.bmeia.gv.at/fileadmin/user_upload/oracle/oe_vertretungen_de.pdf

---

* B: Botschaft; K: Konsulat, Generalkonsulat, Honorarkonsulat

Schweiz:
in Ägypten (B: Kairo), Algerien (B: Algier), Bahrain (K: Manama, B: Kuwait), Djibuti (K: Dschibuti, B: Addis Abeba, Äthiopien), Irak (Verbindungsbüro: Bagdad), Jemen (K: Sanaa, B: Riad, Saudi Arabien), Jordanien (B: Amman), Katar (B: Kuwait), Komoren (B: Antananarivo, Madagaskar), Kuwait (B: Kuwait), Libanon (B: Beirut), Libyen (B: Tripolis), Marokko (B: Rabat), Mauretanien (K: Nouakchott, B: Dakar, Senegal), Oman (K: Maskat, B: Riad, Saudi Arabien), Palästina (Vertretungsbüro: Ramallah, B: Tel Aviv), Saudi Arabien (B: Riyadh, K: Djeddah), Somalia (B: Nairobi, Kenia), Sudan (B: Khartum), Syrien (B: Damaskus, K: Aleppo), Tunesien (B: Tunis), Vereinigte Arabische Emirate (B: Abu Dhabi, K: Dubai)

Homepage: www.eda.admin.ch/eda/de/home/reps.html

Deutsche Auslandsschulen

Ägypten:
Deutsche Evangelische Oberschule in Kairo: www.deokairo.de

Deutsche Schule der Borromäerinnen in Kairo: www.dsbkairo.de/

Deutsche Schule der Borromäerinnen in Alexandria:
schulwebs1.dasan.de/alexandria/

Libanon:
Deutsche Schule Beirut: www.deutscheschulebeirut.edu.lb/

Libyen:
Deutsche Schule Tripolis: www.deutsche-schule-tripolis.com/

Palästina:
Schmidt Schule, Ost-Jerusalem:
www.heilig-land-verein.de/html/0604_schmidt-schule.html
Talitha Kumi College, Beit Jala: www.talithakumi.org/

Saudi Arabien:
Deutsche Schule Jeddah: www.german-school-jeddah.org/
Deutsche Schule Riyadh: schulwebs1.dasan.de/ds_riyadh/

Vereinigte Arabische Emirate:
Deutsche Internationale Schule Abu Dhabi: www.dsad.org
Deutsche Schule Sharjah mit Standorten in Sharjah Dubai:
www.dssharjah.org/

Außenhandelskammern

Bundesrepublik Deutschland:
Ägypten (Sitz: Kairo), Algerien (Algier), Marokko (Casablanca), Saudi Arabien (Riad), Tunesien (Tunis), VAR (Dubai). Homepage: www.ahk.de

Länderinformationen

Linkverzeichnis:
cms.ihk-arbeitsgemeinschaft-rlp.de/ihk-
trier/Integrale?MODULE=Frontend.Media& ACTI-
ON=ViewMediaObject&Media.PK=1213&Media.Object.ObjectType=full

allgemeine Länderinformationen:
Auswärtiges Amt: Länderinformationen. Homepage: www.auswaertiges-amt.de/diplo/ de/Laenderinformationen/LaenderReiseinformationenA-Z.jsp
Statistisches Amt der Europäischen Union (Eurostat): Statistiken und Untersuchungen zum Mittelmeerraum. Homepage: epp.eurostat.ec.europa.eu
Organisation for Economic Co-Operation and Development (OECD): Daten und Untersuchungen. Homepage: www.oecd.org
Vereinte Nationen: Statistiken, Verträge, Dokumente:. Homepage: www.un.org/databases/ index.html und web.worldbank.org/WBSITE/ EX-

TERNAL/DATASTATISTICS/
0,,contentMDK:20535285~menuPK:1192694~pagePK:64133150~piPK:641
33175~theSitePK:239419,00.html

Central Intelligence Agency (CIA): World Factbook. Homepage:
www.cia.gov/ library/publications/the-world-factbook/index.html

Stiftung Wissenschaft und Politik (SWP) – Deutsches Institut für Internationale Politik und Sicherheit: wissenschaftliche Länder- und Regionalanaly-
sen. Homepage: www.swp-berlin.org

Deutsche Orient-Stiftung/ Deutsches Orient-Institut: Veranstaltungen, Ver-
öffentlichungen, Links. Homepage: www.deutsches-orient-institut.de

Eldis (internationals Forschungsinstitut zur Entwicklungspolitik): Untersuchungen und Länderprofile, weiterführende Links. Homepage:
www.eldis.org/country/

British Broadcasting Corporation (BBC): Länderberichte und -reportagen.
Homepage: news.bbc.co.uk/1/hi/country_profiles/default.stm

The Economist: Länderberichte. Homepage: www.economist.com/countries/

Fischer Weltalmanach: Länderberichte. Homepage:
www.weltalmanach.de/staat/ staat_liste.html

CountryReports: Länderberichte mit einigen ungewöhnlichen Features. Homepage: www.countryreports.org

Außenhandelsinformationen:

Bundesagentur für Außenwirtschaft: allgemeine Wirtschaftsdaten für alle
Länder, täglich aktuelle Informationen u.a. über ausländische Märkte, Aus-
schreibungen im Ausland, Investitionen und Entwicklungsvorhaben, Recht
und Zoll, sowie Geschäftskontaktwünsche ausländischer Unternehmen, Spe-
zialthemen kostenpflichtig. Homepage: www.bfai.de

Deutsche Außenhandelskammern: Homepage:
www.ahk.de/index.php?id=spezielle_services2842

Bundesministerium für Wirtschaft und Verkehr: Außenwirtschaftsportal.
Homepage: www.ixpos.de

Bundesverband des Deutschen Exporthandels e.V.: Broschüren und Informationen für Mitglieder. Homepage: www.bdexport.de/

Wirtschaftskammer Österreich: Anregungen, Links, Veranstaltungen. Homepage: portal.wko.at

World Chambers Federation: Suchmaschine zum Außenhandel. Homepage: www.worldchambers.com/

Nah- und Mittelost-Verein e.V. (NUMOV): Publikationen, Veranstaltungen, Kontakte. Homepage: www.numov.org/

Kleines Wörterbuch der verwendeten arabischen Ausdrücke

arabisch-deutsch

a uzu bil-lah	Gott behüte!
achlän bik	Erwiderung auf den Willkommensgruß
achlän we sachlän	willkommen!
al hamdullilah	Lob sei dem Herrn!
ala tul	geradeaus
aleikum as Salam	Erwiderung auf den Tagesgruß
alf shukr	tausend Dank!
allah jisallimak	Erwiderung auf den Abschiedsgruß
as Salamu aleikum	Tagesgruß
Bawab	Hausmeister
Bet	Haus, Familie
bukra	morgen
Dschihad	Bemühung/ Kampf (für den Glauben)
Fatwa	Rechtsgutachten
Fusha	Hocharabisch
Gallabijja	trad. arab. Männerkleidung
habbib	Freund
Hara	Gasse
Hidschab	Ganzkörperschleier
hina bass	Hier ist es.
Id al-Fitr	Fest des Fastenbrechens
Id ul-Adha	Opferfest
Iftar	Frühstück
Insha'Allah	So Gott will.
Intifada	Aufstand
Ismak/ Ismik eh	Wie heißt Du?
Isnade	mündliche Überlieferungskette
izzajjak	Wie geht es Ihnen
ja Salam!	Oh Friede!
jamin	rechts

Kharadj	Grundsteuer	Schahada	Glaubensbe-
Kisma(t)	Schicksal		kenntnis
Litham	Halbschleier	Scheria	Strasse
ma'a Salama	Abschiedsgruß	schmäl	links
Ma'alesh	Macht nichts!	shukran	danke
Mabruk	Glückwunsch	Tafsir	(klassische)
Madrasa	Schule		Koranausle-
Mahr	Brautpreis		gung
marhaba	Tagesgruß	Taqlid	Nachahmung
Mufti	Rechtsgelehrter		(einer Rechts-
muhandis	Ingenieur		schule)
Nahas	Kupfergeschirr	Tauhid	Prinzip der
Niqab	Kopfschleier		Einheit
rajjis	Präsident	Tekken	Sufi-Klöster
Sabah al cher	guten Morgen!	Tschai	Tee
Sabah al ward/	einen rosigen/	Ulema	Geistlichkeit
Sabah al full/	jasminigen/	Umma	Gemeinschaft
Sabah al nur/	erleuchteten/		der Gläubigen
Sabah al ischta	sahnigen	Umma	Gemeinschaft
	Morgen		der Gläubigen
Sahur	Sonnenaufgang	ustaz	Gelehrter
Salat	Gebet	wallahi	bei Gott!
Schabka	Goldschmuck	win nabil	beim Prophe-
			ten!
		Zakat	Almosensteuer

deutsch-arabisch

(klassische)		Aufstand	Intifada
Koranauslegung	Tafsir	bei Gott!	wallahi
Abschiedsgruß	ma'a Salama	beim Propheten!	win nabil
Almosensteuer	Zakat	Bemühung/	

Kampf	Dschihad	Glaubens-	
Brautpreis	„Mahr"	bekenntnis	Schahada
danke	shukran	Glückwunsch	Mabruk
einen rosigen/	Sabah al ward/	Goldschmuck	Schabka
jasminigen/	Sabah al full/	Gott behüte!	a uzu bil-lah
erleuchteten/	Sabah al nur/	Grundsteuer	Kharadj
sahnigen Morgen	Sabah al ischta	guten Morgen!	Sabah al cher
Erwiderung auf	allah	Halbschleier	Litham
den Abschiedsgruß	jisallimak	Haus, Familie	Bet
Erwiderung auf	aleikum as	Hausmeister	Bawab
den Tagesgruß	Salam	Hier ist es.	hina bass
Erwiderung auf		Hocharabisch	Fusha
den Willkom-		Ingenieur	muhandis
mensgruß	achlän bik	Kopfschleier	Niqab
Fest des		Kupfergeschirr	Nahas
Fastenbrechens	Id al-Fitr	links	schmäl
Freund	habbib	Lob sei dem	
Frühstück	Iftar	Herrn!	al hamdullilah
Ganzkörper-		Macht nichts!	Ma'alesh
schleier	Hidschab	morgen	bukra
Gasse	Hara	mündliche Über-	
Gebet	Salat	lieferungskette	Isnade
Geistlichkeit	Ulema	Nachahmung (einer	
Gelehrter	ustaz	Rechtsschule)	Taqlid
Gemeinschaft		Oh Friede!	ja Salam!
der Gläubigen	Umma	Opferfest	Id ul-Adha
Gemeinschaft		Präsident	rajjis
der Gläubigen	Umma	Prinzip der	
geradeaus	ala tul	Einheit	Tauhid

rechts	jamin	Tagesgruß	marhaba
Rechtsgelehrter	Mufti	tausend Dank!	alf shukr
Rechtsgutachten	Fatwa	Tee	Tschai
Schicksal	Kisma(t)	trad. arab.	
Schule	Madrasa	Männerkleidung	Gallabijja
So Gott will.	Insha'Allah	Wie geht es	
Sonnenaufgang	Sahur	Ihnen?	izzajjak
Strasse	Scheria	Wie heißt Du?	Ismak/Ismik
Sufi-Klöster	Tekken		eh
Tagesgruß	as Salamu aleikum	Willkommen	! achlän we sachlän

Abbildungsverzeichnis

Tabellenverzeichnis

Bildnachweis

Literaturverzeichnis

Abaza, Mona (2006): The Changing Consumer Cultures of Modern Egypt: Cairo's Urban Reshaping, Cairo: The American University in Cairo Press, 2006.

African Development Bank (2005): Egypt, Abidjan: African Development Bank, 2005.

Ahmad S. Teebi, T. I. Farag (Hg.) (1996): Genetic Disorders among Arab Populations, Oxford: Oxford University Press, 1996.

Ahmed, Hisham H. (2004): Die Al-Aqsa-Intifada und das Genfer Abkommen, Aus Politik und Zeitgeschichte, 2004 (20), S. 38–44.

Akasoy, Anna (2007): Glaube und Vernunft im Islam, Aus Politik und Zeitgeschichte, 2007 (26–27), S. 10–17.

al-Maaly, Khalid (Hg.) (2004): Die arabische Welt zwischen Tradition und Moderne, Heidelberg: Palmyra-Verlag, 2004.

al-Tahtawi, Rifa'a Rafi' (2004): An Imam in Paris : Al-Tahtawi's Visit to France (1826–1831), London: Saqi, 2004.

Amirpur, Katajun (2001): Die gottgefällige Freiheit: Lassen sich Menschenrechte, Säkularisierung, Demokratie und Pluralismus islamisch begründen? Im Iran streiten Gelehrte für die Versöhnung von Glauben und Moderne, zeit online 2001, http://www.zeit.de/2001/47/200147_islam.reform.xml, 24.10.2007.

Amirpur, Katajun /Ammann, Ludwig (Hg.) (2006): Der Islam am Wendepunkt, Freiburg i.B.: Herder Verlag, 2006.

Ansari, Sarah (1997): Die islamische Welt in der Epoche westlicher Vorherrschaft (1800 bis heute), in: Robinson, Francis (Hg.), Islamische Welt, Frankfurt a.M./ New York: Campus Verlag, 1997, S. 114–145.

Azab, Bassam I. (2002): The Performance of the Egyptian Stock Market, Diss. The University of Birmingham, Birmingham 2002.

Bakr, Salwa et al. (2003): Die muslimische Welt und der Westen, Aus Politik und Zeitgeschichte, 2003 (37), S. 6–14.

Beinin, Joel (1998): The Dispersion of Egyptian Jewry: Culture, Politics, and the Formation of a Modern Diaspora, Cairo/ New York: AUC Press, 1998.

Benedikt XVI.: Glaube, Vernunft, Universität, Papstrede an der Universität Regensburg am 12.09.2006, http://www.radiovaticana.org/ted/Articolo.asp?c=94864, 19.09.2007.

Bergmann, Christina (1993): Exodus der Männer: GEO spezial, 1993, S. 66–75.

Bergmann, Danja (2007): Bioethik und die Scharia, Aus Politik und Zeitgeschichte, 2007 (26–27), S. 32–39.

Bobzin, Hartmut (2007): Der Koran: Eine Einführung, München: Verlag C.H. Beck, 7.Aufl., 2007.

Borsch, Stuart J. (2005): The Black Death in Egypt and England : a comparative study, Austin: University of Texas Press, 2005.

Braudel, Fernand (1986): Aufbruch zur Weltwirtschaft, München: Kindler, 1986.

Braudel, Fernand (1997): Die Dynamik des Kapitalismus, Stuttgart: Klett-Cotta, 1997.

Broder, Henryk M. (2006): Hurra, wir kapitulieren! : von der Lust am Einknicken, Berlin: WJS Verlag, 2006.

Butler, Declan (2006): The Data Gap: Statistics on Scientific Investment and Performance are Lacking across the Muslim World, Nature, 2006, 444, S. 26 f.

Cahen, Claude (1968): Der Islam I: Vom Ursprung bis zu den Anfängen des Osmanenreichs, Frankfurt a.M.: Fischer, 1968.

Calic, Maria-Janine (1998): Religion und Nationalismus im jugoslawischen Krieg, in: Heiner Bielefeldt, Wilhelm Heitmeyer (Hg.), Politisierte Religion, Frankfurt/ M.: edition suhrkamp, 1998.

Chaudhuri, K.N. (1990): Trade and Civilisation in the Indian Ocean: An Economic History from the Rise of Islam to 1750, Cambridge: Cambridge Paperback Library, 1990.

Chaudhuri, K.N. (1997): Die Ökonomie in muslimischen Gesellschaften, in: Robinson, Francis (Hg.), Islamische Welt, Frankfurt a.M./ New York: Campus Verlag, 1997, S. 148–187.

Crone, Patricia (1997): Der Aufstieg des Islam, in: Robinson, Francis (Hg.), Islamische Welt, Frankfurt a.M./ New York: Campus Verlag, 1997, S. 26–55.

Dale, Stephen F. (1997): Die islamische Welt im Zeitalter der europäischen Expansion (1000–1500), in: Robinson, Francis (Hg.), Islamische Welt, Frankfurt a.M./ New York: Campus Verlag, 1997, S. 86–113.

Demmelhuber, Thomas /Roll, Stephan (2007): Herrschaftssicherung in Ägypten – Zur Rolle von Reformen und Wirtschaftsoligarchien: SWP-Studien, Berlin: Stiftung Wissenschaft und Politik, 2007, S. 33.

Diner, Dan (2006): Versiegelte Zeit: über den Stillstand in der islamischen Welt, Berlin: Propyläen, 3.Aufl., 2006.

Dodds, Eric Robertson (1951): The Greeks and the Irrational, Berkeley: University of California Press 1951.

Economist Intelligence Unit (2006): Egypt Country Forecast, London: Economist, 2006.

EFG Hermes (2004): Egypt Research Yearbook 2005, Cairo: EFG Hermes, 2004.

EFG Hermes (2005a): Egypt Research Yearbook 2006, Cairo: EFG Hermes, 2005a.

EFG Hermes (2005b): UAE Research Yearbook 2006, Cairo: EFG Hermes, 2005b.

Elger, Ralf /Stolleis, Friederike (2006): Kleines Islam-Lexikon: Geschichte, Alltag, Kultur, München: Verlag C.H. Beck, 4.Aufl., 2006.

Ende, Werner /Steinbach, Udo (Hg.) (2005): Der Islam in der Gegenwart, München: Verlag C.H. Beck, 5. Aufl.Aufl., 2005.

Enzensberger, Hans Magnus (2006): Schreckens Männer : Versuch über den radikalen Verlierer, Frankfurt am Main: Suhrkamp, 2006.

Fargany, Nader (2006): Steps Toward Reform, Nature, 2006, 444, S. 33 f.

Frangi, Abdallah (2002): Der Osloer Friedensprozess als ein Weg zum Frieden?, Aus Politik und Zeitgeschichte, 2002 (35–36), S. 16–24.

Freitag, Ulrike (2003): Der Islam in der arabischen Welt, Aus Politik und Zeitgeschichte, 2003 (37), S. 25–31.

Frembgen, Jürgen Wasim (2003): Nahrung für die Seele: Welten des Islam, München: Staatliches Museum für Völkerkunde, 2003.

Fried, Johannes (2001): Aufstieg aus dem Untergang: Apokalyptisches Denken und die Entstehung der modernen Naturwissenschaften im Mittelalter, München: C.H. Beck, 2001.

Gabra, Gawdat (Hg.) (2002): Christian Egypt, Cairo: The American University in Cairo Press, 2002.

Gelmer, Yoav (2004): Ist Frieden zwischen Israelis und Palästinensern möglich?, Aus Politik und Zeitgeschichte, 2004 (20), S. 14–20.

Gholamasad, Dawud (2001): Einige Thesen zum Islamismus als globaler Herausforderung, Aus Politik und Zeitgeschichte, 2001 (3–4), S. 16–23.

Giles, Jim (2006): Oil Rich, Science Poor: The Wealthe Arab States Offer Scant Support for Science and Technology, Nature, 2006, 444, S. 28.

Greif, Avner (1994): Cultural Beliefs and the Organization of Society: A Historical and Theoretical Reflection on Collectivist and Individualistic Society, Journal of Political Economy, 1994, 102 (5), S. 912–950.

Grunebaum, Gustave Edmund von (1971): Der Islam II: Die islamischen Reiche nach dem Fall von Konstantinopel, Frankfurt a.M.: Fischer, 1971.

Gunardono, Juliane (2007): Auf dem Weg zu einem Euro-Islam?: Euro-Topics, 2007.

Haarmann, Maria (Hg.) (2002): Der Islam: Ein Lesebuch, München: Verlag C.H. Beck, 3. Aufl.Aufl., 2002.

Hafez, Kai (2004): Arabisches Satellitenfernsehen – Demokratisierung ohne politische Parteien?, Aus Politik und Zeitgeschichte, 2004 (48), S. 17–23.

Hafez, Kai /Richter, Carola (2007): Das Islambild von ARD und ZDF, Aus Politik und Zeitgeschichte, 2007 (26–27), S. 40–46.

Halbach, Uwe (2002): Islam und islamistische Bewegungen in Zentralasien, Aus Politik und Zeitgeschichte, 2002 (3–4), S. 24–31.

Halm, Heinz (2005): Der Islam: Geschichte und Gegenwart, München: Verlag C.H. Beck, 6.Aufl., 2005.

Hauschild, Thomas (2005): Auf den Spuren von Al-Qaida. Scheichs, Lügen, Videos: Eine Ethnographie des Terrors, Internationale Politik, 2005 (Nov. 2005), S. 1–20.

HC Brokerage (2004): Egypt Banking Sector Report, Cairo: HC Securities & Investment, 2004.

Heine, Peter (2004): Terror in Allahs Namen : extremistische Kräfte im Islam, Freiburg im Breisgau: Herder, 2004.

Herwig, Malte: Bin lachen: Arabische Humor-Konferenz, Spiegel online, http://www.spiegel.de/kultur/gesellschaft/0,1518,492321,00.html, 05.07.2007.

Hofmann, Sabine (2007): Außenwirtschaftliche Kooperation im Vorderen Orient, Aus Politik und Zeitgeschichte, 2007 (19), S. 26–32.

Hubbell, Stephen (1993): Gott im Kopf – Gewalt im Blut: Assiut: GEO spezial, 1993, S. 48–57.

Irwin, Robert (1997): Die Entstehung des islamischen Weltsystems, in: Robinson, Francis (Hg.), Islamische Welt, Frankfurt a.m./ New York: Campus Verlag, 1997, S. 56–85.

Irwin, Robert (1998): Islamische Kunst, Köln: DuMont Buchverlag, 1998.

Jammal, Elias (2003): Kulturelle Befangenheit und Anpassung: Deutsche Auslandsentsandte in arabisch-islamischen Ländern, Wiesbaden: Deutscher Universitäts-Verlag, 2003.

Jammal, Elias /Schwengler, Ulrike (2007): Interkulturelle Kompetenz im Umgang mit arabischen Geschäftspartnern, Bielefeld: transcript Verlag, 2007.

Jödicke, Dörte /Werner, Karin (2000): Kulturschock Ägypten, Bielefeld: Reise Know-How Verlag, 2. Aufl.Aufl., 2000.

Jones, Eric. L. (1991): Das Wunder Europa: Umwelt, Wirtschaft und Geopolitik in der Geschichte Europas und Asiens, Tübingen: Mohr-Siebeck, 1991.

Jordinvest (2005): IPO in the Region, Amman: Jordan Investment Trust, 2005.

Jung, Dietrich (2002): Religion und Politik in der islamischen Welt, Aus Politik und Zeitgeschichte, 2002 (42–43), S. 31–38.

Kabasci, Kirstin (2006): KulturSchock Golfemirate und Oman, Bielefeld: Reise Know-How Verlag Peter Rump, 2.Aufl., 2006.

Kallscheuer, Otto (2002): Die Trennung von Politik und Religion und ihre "Globalisierung" in der Moderne, Aus Politik und Zeitgeschichte, 2002 (42–43), S. 3–5.

Kassir, Samir (2004): Considérations sur le malheur arabe, Arles: Actes sud : Sindbad, 2004.

Kassir, Samir (2006): Das arabische Unglück, Berlin: Schiler, 2006.

Khan, Muqtedar (2007): Demokratie und islamische Staatlichkeit, Aus Politik und Zeitgeschichte, 2007 (26–27), S. 17–24.

Khoury, Adel Théodore/Hagemann, Ludwig/Heine, Peter, et al. (2006): Islam-Lexikon, A-Z : Geschichte, Ideen, Gestalten, Freiburg: Herder, Überarb. und aktualisierte Neuausg.Aufl., 2006.

Kiehling, Hartmut (2007a): Private Banking im Nahen Osten: Glänzendes Geschäft, Die Bank 2007 (10), S. 44–49.

Kiehling, Hartmut (2007b): Naher Osten: Der Einzug in Ägypten – Die Boomregion ist für Anleger einen zweiten Blick wert: Banken, Bauunternehmen und Textilbetriebe gehören zu den Gewinnern, Süddeutsche Zeitung, 2007 (73), S. V2/2.

Knauss, Ferdinand (2006): Erdrückende Umarmung: Wissenschaft und Islam: Handelsblatt, Düsseldorf, 2006.

Krämer, Gudrun (1999): Gottes Staat als Republik Reflexionen zeitgenössischer Muslime zu Islam, Menschenrechten und Demokratie, Baden-Baden: Nomos Verlagsgesellschaft, 1999.

Krämer, Gudrun (2003): Islam, Menschenrechte und Demokratie: Anmerkungen zu einem schwierigen Verhältnis, Ladenburg: Gottlieb Daimler- und Karl Benz-Stiftung, 2003.

Krämer, Gudrun (2005): Geschichte des Islam, München: Verlag C.H. Beck, 2005.

Krautkrämer, Elmar (2004): Der israelisch-palästinensische Konflikt, Aus Politik und Zeitgeschichte, 2004 (20), S. 3–12.

Kuran, Timur (1997): Islam and Underdevelopment: An Old Puzzle Revisited, Journal of Institutional and Theoretical Economics, 1997, 153 (1), S. 41–75.

Landes, David (1999): Wohlstand und Armut der Nationen: Warum die einen reich und die anderen arm sind, Berlin: Siedler, 1999.

Le Goff, Jacques (1990): Die Geburt des Fegefeuers: Vom Wandel des Weltbildes im Mittelalters, München: dtv, 1990.

Leipold, Helmut (2006): Kulturvergleichende Institutionenökonomie, Stuttgart: UTB Lucius & Lucius, 2006.

Lerch, Wolfgang Günter (2007): Der Islam in der Moderne, Aus Politik und Zeitgeschichte, 2007 (28–29), S. 11–17.

Linné, Carl von (1981): Nemesis Divina, München: Hanser, 1981.

Linné, Carl von (1981): Nemesis Divina, München: Hanser, 1981.

Lombard, Maurice (1971): L'Islam dans sa première grandeur : (VIIIe-XIe siècle), Paris: Flammarion, 1971.

Lombard, Maurice (1992): Blütezeit des Islam eine Wirtschafts- und Kulturgeschichte 8.–11. Jahrhundert, Frankfurt a.m.: Fischer Taschenbuch Verlag, 1992.

Lubbadeh, Jens (2007): Forschung in islamischen Ländern: Wissenschaft im Namen Allahs 2007, Spiegel online, 16.11.2007.

Lüders, Michael (1993): Der Islam im Aufbruch? Perspektiven der arabischen Welt, München Zürich: Piper, 2. Aufl. 7.–10. Tsd.Aufl., 1993.

Lüders, Michael (2001): "Wir hungern nach dem Tod" woher kommt die Gewalt im Dschihad-Islam?, Zürich: Arche, 2001.

Lüders, Michael (2006): Im Herzen Arabiens: Stolz und Leidenschaft: Begegnung mit einer zerrissenen Kultur, Freiburg i.B.: Herder spektrum, 2006.

Lüders, Michael (2007): Allahs langer Schatten Der Islam und die Angst des Westens, Freiburg im Breisgau: Herder Freiburg, 1. Aufl.Aufl., 2007.

Marzolph, Ulrich (1992): Arabia Ridens: Die humoristische Kurzprosa der frühen adab-Literatur im internationalen Traditionsgeflecht, Frankfurt a.M.: Vittorio Klostermann, 1992.

Masood, Ehsan (2006): An Islamist Revolution, Nature, 2006, 444, S. 22–25.

Massarrat, Mohssen (2002): Der 11. September: Neues Feindbild Islam? Anmerkungen über tiefgreifende Konfliktstrukturen, Aus Politik und Zeitgeschichte, 2002 (3–4), S. 3–6.

Meinardus, Otto F.A. (2002): Coptic Christianity, Past and Present, in: Gabra, Gawdat (Hg.), Christian Egypt, Cairo: The American University in Cairo Press, 2002, S. 8–20.

Melikian, Levon H. (1977): The Modal Personality of Saudi College Students: A Study in National Character, in: L. Carl Brown, Norman Itzkowitz (Hg.), Psychological Dimensions of Near East Studies, Princeton: Darwin Press, 1977, S. 166–209.

Menschenrechte, IGFM – Internationale Gesellschaft für: Internetauftritt, http://igfm.de/, 15.11.2007.

Mesquita, Ethan Bueno de (2007): Correlates of Public Support for Terrorism in the Muslim World, Washington, D.C., 2007.

Metzger, Albrecht (2002): Die vielen Gesichter des Islamismus, Aus Politik und Zeitgeschichte, 2002 (3–4), S. 7–15.

Mitterauer, Michael (2003): Warum Europa? Mittelalterliche Grundlagen eines Sonderwegs, München: C.H. Beck, 2.Aufl., 2003.

Musallam, Basim (1997): Die Ordnung muslimischer Gesellschaften, in: Robinson, Francis (Hg.), Islamische Welt, Frankfurt a.M./ New York: Campus Verlag, 1997, S. 188–231.

Musharbash, Yassin (2006): Die neue al-Qaida: Innenansichten eines lernenden Terrornetzwerks, Köln: Kiepenheuer & Witsch, 2006.

Nagel, Tilman (1973): Studien zum Minderheitenproblem im Islam, Bonn: Selbstverlag des Orientalischen Seminars der Universität, 1973.

Nagel, Tilman (1981): Staat und Glaubensgemeinschaft im Islam: Geschichte der politischen Ordnungsvorstellungen der Muslime, Zürich: Artemis, 2.Aufl., 1981.

Nagel, Tilman (1988): Die Festung des Glaubens: Triumph und Scheitern des islamischen Rationalismus im 11. Jahrhundert, München: C.H. Beck, 1988.

Nagel, Tilman (1993): Timur der Eroberer und die islamische Welt des späten Mittelalters, München: C.H. Beck, 1993.

Nagel, Tilman (1994): Geschichte der islamischen Theologie: von Mohammed bis zur Gegenwart, München: C.H. Beck, 1994.

Nagel, Tilman (1998): Die islamische Welt bis 1500, München: Oldenbourg, 1998.

Nagel, Tilman (2001a): Islam: die Heilsbotschaft des Korans und ihre Konsequenzen, Westhofen: WVA-Verlag Skulima, 2001a.

Nagel, Tilman (2001b): Das islamische Recht : eine Einführung, Westhofen: WVA-Verlag Skulima, 2001b.

Nagel, Tilman (2005a): Gewalt gegen Andersgläubige – Über die Dynamik des Radikalismus im Islam: Neue Zürcher Zeitung, 2005a.

Nagel, Tilmann (2005b): Die Bringschuld der Muslime: Säkularer Staat und religiöser Wahrheitsanspruch im Konflikt: Werte XXI – Interdisziplinäres Forum zur aktuellen Wertediskussion, München: Hanns-Seidel-Stiftung, 2005b.

Nagel, Tilman (2006): Kämpfen bis zum endgültigen Triumph – Über Gewalt im Islam: Neue Zürcher Zeitung, 2006.

Nassehi, Armin (2007): Dialog der Kulturen – wer spricht?, Aus Politik und Zeitgeschichte, 2007 (28–29), S. 33–38.

Nerval, Gérard de (1927): Voyage en orient, Paris: Le Divan, 1927.

Nerval, Gérard de (1986): Reise in den Orient, München: Winkler, 1986.

Nerval, Gérard de (2004): Le Caire, Paris: Magellan & Cie, 2004.

Nippa, Annegret (1982): Soziale Beziehungen und ihr wirtschaftlicher Ausdruck: Untersuchungen zur städtischen Gesellschaft des Nahen Ostens, am Beispiel Dair az-Z*or (Ostsyrien), Berlin: K. Schwarz, 1982.

Nippa, Annegret (1991): Haus und Familie in arabischen Ländern: vom Mittelalter bis zur Gegenwart, München: C.H. Beck, 1991.

Nüsse, Andrea (24.10.2006): Schleierhafte Debatte: Verhüllungsverbot an Kairoer Uni: Handelsblatt, Düsseldorf, 24.10.2006.

Nydell, Margaret K. (2002): Understanding Arabs: A Guide for Westerners, Yarmouth, ME: Intercultural Press, 3.Aufl., 2002.

o.V. (2005): Zur Gleichberechtigung von Andersgläubigen im Islam, Frankfurt/ Main: IGFM Internationale Gesellschaft für Menschenrechte, 2005.

Ohlig, Karl-Heinz (2007): Zur Entstehung und Frühgeschichte des Islam, Aus Politik und Zeitgeschichte, 2007 (26–27), S. 3–10.

Ortlieb, Sylvia (2006): Business-Knigge für den Orient, Nürnberg: Bildung und Wissen Verlag, 2006.

Perthes, Volker (2002): Geheime Gärten: Die neue arabische Welt, München: Siedler Verlag, 2002.

Perthes, Volker (2003): Geschichte des Nahostkonflikts, Informationen zur politischen Bildung, 2003 (278).

Perthes, Volker (2006): Orientalische Promenaden: Der Nahe und Mittlere Osten im Umbruch, München: Siedler Verlag, 2006.

Pückler-Muskau, Hermann Fürst von (1985): Aus Mehemed Alis Reich: Ägypten und der Sudan um 1840, Zürich: Manesse, 1985.

Rady, Cherine (2005): Lower Risk, Brighter Future: Kuwait Economics, Kairo: EFG Hermes, 2005.

Ramachandran, Sohini et al. (2005): Support from the relationship of genetic and geographic distance in human populations for a serial founder effect originating in Africa, Proceedings of the National Academy of Sciences of the United States of America, 2005, 102 (44), S. 15942–15947.

Reissner, Johannes (2007): Islam in der Weltgesellschaft – Wege in eine eigene Moderne: SWP-Studien, Berlin: Stiftung Wissenschaft und Politik, 2007.

Reuter, Christoph (1993): Höhle der Papiertiger: die "Mogamma" im Herzen Kairos: GEO spezial, 1993, S. 46 f.

Riedel, Sabine (2003): Der Islam als Faktor in der internationalen Politik, Aus Politik und Zeitgeschichte, 2003 (37), S. 15–24.

Rizzitano, Umberto (1960): Mohammed und der Islam, Gütersloh: Bertelsmann, 1960.

Rizzitano, Umberto (1973): Mahomet, Paris: Somogy, 1973.

Robinson, Francis (Hg.) (1997a): Islamische Welt, Frankfurt a.M./ New York: Campus Verlag, 1997a.

Robinson, Francis (1997b): Das Wissen, seine Vermittlung und die muslimische Gesellschaft, in: Robinson, Francis (Hg.), Islamische Welt, Frankfurt a.M., New York: Campus Verlag, 1997b, S. 232–273.

Röhrich, Wilfried (2005): Der Islam in der Weltpolitik, Aus Politik und Zeitgeschichte, 2005 (7), S. 22–29.

Roy, Olivier (2006): Der islamische Weg nach Westen, München: Pantheon Verlag, 2006.

Roy, Olivier (2006): Der Islam in Europa – eine Ausnahme?, Aus Politik und Zeitgeschichte, 2006 (28–29).

Ruf, Werner (Hg.) (1998): Gewalt und Gegengewalt in Algerien, Frankfurt/ M.: edition suhrkamp, 1998.

Said, Edward (1979): Orientalismus, Frankfurt/ M.: Fischer-Taschenbuchverlag, 1979.

Scerrato, Umberto (1979): Islam, Wiesbaden: Ebeling Verlag, 1979.

Schacht, Joseph /Bosworth, C.E. (Hg.) (1980): Das Vermächtnis des Islam, Zürich, München: Artemis, 2.Aufl., 1980.

Schami, Rafik (2003): Ein arabisches Dilemma, Aus Politik und Zeitgeschichte, 2003 (37), S. 3–5.

Schami, Rafik (2004): Die dunkle Seite der Liebe, München: Carl Hanser Verlag, 2004.

Schenk, Arnfrid (2005): Sehnsucht nach Aufklärung, Die Zeit, 2005 (41).

Schiffer, Sabine (2005): Der Islam in deutschen Medien, Aus Politik und Zeitgeschichte, 2005 (20), S. 23–30.

Schirrmacher, Christine (2004): Frauen unter der Scharia, Aus Politik und Zeitgeschichte, 2004 (48), S. 10–16.

Schirrmacher, Christine (2005): Frauen unter der Scharia: Strafrecht und Familienrecht im Islam, Frankfurt/ M.: IGFM Internationale Gesellschaft für Menschenrechte, 2005.

Schirrmacher, Christine (2005a): Das "Bemühen auf dem Weg Gottes": Der Jihâd im Islam, Frankfurt/ M.: IGFM Internationale Gesellschaft für Menschenrechte, 2005a.

Schirrmacher, Christine (2006): Wenn Muslime Christen werden – Glaubensabfall und Todesstrafe im Islam, Frankfurt/ Main: IGFM Internationale Gesellschaft für Menschenrechte, 2006.

Schopper, Herwig (2006): Where are the New Patrons of Science?, Nature, 2006, 444, S. 35 f.

Seidel, Roman (2004): Mohammad Schabestari: Glaube, Freiheit und Vernunft, quantara.de 2004, 24.10.2006.

Semsek, Hans-Günter (2001): Ägyptisch-Arabisch Wort für Wort, Bielefeld: Reise Know-How Verlag Peter Rump, 10.Aufl., 2001.

Simson, Uwe (1998): Kultur und Entwicklung: Studien zur kulturellen Dimension der nachholenden wirtschaftlichen Entwicklung und der Entwicklungspolitik, Zürich, 1998.

Slackman, Michael (26.05.2007): Algeria's Quiet Revolution: Gains by Women: International Herald Tribune, 26.05.2007.

Spuler-Stegemann, Ursula (Hg.) (2004): Feindbild Christentum im Islam: Eine Bestandsaufnahme, Freiburg i.B.: Herder, 2004.

Stahr, Volker S. (2006): Die Türkei als Labor des Islam? Verbindung von islamischem Denken, Säkularismus und Modernität, Neue Zürcher Zeitung 2006, http://qantara.de/webcom/show_article.php?wc_c=578&wc_id=15&wc_p=1 26.10.2006.

Tibi, Bassam (2003): Die fundamentalistische Herausforderung: Der Islam und die Weltpolitik, München: C.H. Beck, 4.Aufl., 2003.

Tiesler, Nina Clara (2007): Europäisierung des Islam und Islamisierung der Debatten, Aus Politik und Zeitgeschichte, 2007 (26–27), S. 24–32.

Trompenaars, Alfons /Hampden-Turner, Charles (1997): Riding the waves of culture : understanding cultural diversity in global business, New York: McGraw Hill, 2.Aufl., 1997.

United Nations Development Programme (2002): The Arab Human Development Report 2002: Creating Opportunities for Future Generations, New York: United Nations Publications, 2002.

United Nations Development Programme (2003): The Arab Human Development Report 2003: Building a Knowledge Society, New York: United Nations Publications, 2003.

United Nations Development Programme (2004): The Arab Human Development Report 2004: Towards Freedom in the Arab World, New York: United Nations Publications, 2004.

United Nations Development Programme (2005): The Arab Human Development Report 2005: Towards the Rise of Women in the Arab World, New York: United Nations Publications, 2005.

Vernoit, Stephen (1997): Künstlerische Ausdrucksformen muslimischer Gesellschaften, in: Robinson, Francis (Hg.), Islamische Welt, Frankfurt a.M.

New York: Campus, 1997, S. 274–330.

Vorländer, Hans (2001): Die Wiederkehr der Politik und der Kampf der Kulturen, Aus Politik und Zeitgeschichte, 2001 (52–53), S. 3–6.

Weber, Max (1980): Wirtschaft und Gesellschaft, Tübingen: Mohr-Siebeck, 2.Aufl., 1980.

Weiss, Dieter (2004): Freiheit, Wissen und Ermächtigung von Frauen in arabischen Ländern, Aus Politik und Zeitgeschichte, 2004 (48), S. 3–9.

Weiss, Walter (1990): Östliches und westliches Denken, Wien: hpt-Verlagsges., 1990.

Weiss, Walter (2007): Die arabischen Staaten Geschichte, Politik, Religion, Gesellschaft, Wirtschaft, Heidelberg: Palmyra, 2007.

Wilson, Richard (2005): Human rights in the War on Terror, Cambridge [UK] ; New York: Cambridge University Press, 2005.

Wittfogel, Karl August (1957): Oriental despotism; a comparative study of total power, New Haven: Yale University Press, 1957.

Wittfogel, Karl August (1962): Die orientalische Despotie: eine vergleichende Untersuchung totaler Macht, Köln, Berlin: Kiepenheuer & Witsch, 1962.

Wolffsohn, Michael /Brechenmacher, Thomas (1999): Die Deutschen und ihre Vornamen: 200 Jahre Politik und öffentliche Meinung, München/ Zürich: Diana Verlag, 1999.

Zalloua, Pierre et al. (2008): Y-Chromosomal Diversity in Libanon is Structured by Recent Historical Events, The American Journal of Human Genetics, 2008, 82 (Apr.), S. 1–10.

Zaptcioglu, Dilek (2005): Türkische Musliminnen als Muftis?, Qantara.de 2005, http://qantara.de/webcom/show_article.php?wc_c=502&wc_id=33 13.11.2007.

Stichwortverzeichnis

Umfassend. Aktuell. Fundiert.

Axel Noack
Business Essentials:
Fachwörterbuch Deutsch-Englisch Englisch-Deutsch
2007. VII, 811 Seiten, gebunden
€ 59,80
ISBN 978-3-486-58261-1

Das Wörterbuch gibt dem Nutzer das Fachvokabular des modernen, internationalen Geschäftslebens in einer besonders anwenderfreundlichen Weise an die Hand.

Der englisch-deutsche Teil umfasst die 11.000 wichtigsten Wörter und Begriffe des angloamerikanischen Sprachgebrauchs.

Der deutsch-englische Teil enthält entsprechend 14.000 aktuelle Fachbegriffe mit ihren Übersetzungen.

Im dritten Teil werden 3.000 Abkürzungen aus dem internationalen Wirtschaftsgeschehen mit ihren verschiedenen Bedeutungen aufgeführt.

Das Lexikon richtet sich an Studierende der Wirtschaftswissenschaften sowie alle Fach- und Führungskräfte, die Wirtschaftsenglisch für Ihren Beruf benötigen. Für ausländische Studenten bietet es einen Einstieg in das hiesige Wirtschaftsleben.

Prof. Dr. Axel Noack lehrt an der Fachhochschule Stralsund BWL, insbes. International Marketing.

Oldenbourg

China inside

Ning Huang
Wie Chinesen denken
Denkphilosophie, Welt- und Menschenbilder
in China

2008 | 103 S. | broschiert
€ 19,80 | ISBN 978-3-486-58814-9

Dieses Buch bietet einen ersten Einblick in eine dem Westen trotz vieler Ratgeber auch heute noch fremd bleibenden wie sich geschlossen haltenden Kultur, die trotz aller modernen westlichen Neuerungen im Kern eine eigene Mentalität bewahrt – und die Welt in Zukunft als Supermacht mit wesentlich, nachhaltig und langfristig dominieren wie teils beherrschen wird.

In diesem Buch werden drei Hauptschwerpunkte des Denkens der Chinesen vorgestellt. Der erste Teil bezieht sich auf die wichtigen Denkschulen und Denkströmungen der chinesischen Philosophie. Im zweiten Part wird in die chinesische Vorstellung gegenüber dem Himmel und der Welt eingeführt. Der dritte und letzte Abschnitt beruft sich auf die moderne indigene Psychologieforschung, wie heute viele Chinesen gegenüber anderen handeln, über sich selber denken und sich verhalten.

Das Buch richtet sich an Studierende, Praktiker und Interessierte, die die chinesische Kultur und Denkweise verstehen lernen wollen.

Ning Huang ist Kulturwissenschaftlerin für die Kulturvergleichsforschung zwischen Europa (Deutschland) und Greater China am Future-Institute Berlin sowie Dozentin an der Berufsakademie Stuttgart und Fachhochschule für Technik und Wirtschaft Berlin.

Oldenbourg

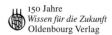
150 Jahre
Wissen für die Zukunft
Oldenbourg Verlag

Bestellen Sie in Ihrer Fachbuchhandlung oder
direkt bei uns: Tel: 089/45051-248, Fax: 089/45051-333
verkauf@oldenbourg.de

Indien im Fokus

Claudia Ossola-Haring (Hrsg.)
Winfried Ruh
Wachstumsmarkt Indien
Das Investitionshandbuch für Unternehmen
und deren Berater
2008 | 254 S. | gebunden
€ 39,80 | ISBN 978-3-486-58573-5

Indien rückt in den Fokus, und zwar nicht nur, weil
es als ein attraktiver Standort für Auslagerungen gilt.
Indien galt noch vor kurzem als zweitattraktivstes
Niedriglohnland nach China. Die Wahrnehmung dürfte
sich zwischenzeitlich sogar erheblich weiter zugunsten
Indiens und zulasten Chinas verschoben haben. Wer
aber Indien als reines Billiglohn-Land sieht, der sollte
sich eine Investition dort zweimal überlegen. Denn
die unternehmerischen Schnäppchen-Jäger sind
bereits weiter gewandert. Wer dagegen Indien nicht
nur als Produktionsstandort, sondern als Markt sieht,
sollte sich auch als mittelständischer Unternehmer
ein Engagement dort nicht mehr allzu lange überlegen.

**Das Buch richtet sich an expansionswillige und -freu-
dige Unternehmer, an juristische und steuerliche
Berater sowie an Hochschulabsolventen und
Studierende, die ihre eigene Zukunft auch mit Blick
auf ein Engagement für oder sogar in Indien sehen.**

Über die Herausgeberin:
Prof. Dr. Claudia Ossola-Haring ist seit 2002 Professorin
im Fachbereich II »Medien und Kommunikation« und
seit April 2008 Rektorin an der SRH Hochschule Calw.

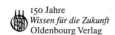
150 Jahre
Wissen für die Zukunft
Oldenbourg Verlag

Bestellen Sie in Ihrer Fachbuchhandlung oder
direkt bei uns: Tel: 089/45051-248, Fax: 089/45051-333
verkauf@oldenbourg.de

Oldenbourg

Menschen und Manager:
Ein Balanceakt?

Eugen Buß
**Die deutschen Spitzenmanager -
Wie sie wurden, was sie sind**
Herkunft, Wertvorstellungen, Erfolgsregeln
2007. XI, 256 S., gb.
€ 26,80
ISBN 978-3-486-58256-7

Was ist eigentlich los im deutschen Management?
Kaum ein Tag vergeht, ohne dass die Medien kritisch
über die Zunft der Führungskräfte berichten. Sind die
deutschen Manager denn seit dem Beginn der Bundesrepublik immer schlechter geworden? War früher
etwa alles besser, als es noch »richtige« Unternehmerpersönlichkeiten gab?
Antworten auf diese Fragen finden Sie in diesem Buch.

Es gibt kein vergleichbares Buch, das die Zusammenhänge des Werdegangs und der Einstellungen von
Spitzenmanagern darstellt. Die Studie zeigt, dass es in
der Praxis unterschiedliche Managertypen gibt. Diejenigen, die ihre Persönlichkeit allzu gerne der Manage-
mentrolle unterordnen und jene, die eine Balance
zwischen Mensch und Position finden.

**Das Buch richtet sich an all jene, die sich für die
deutsche Wirtschaft interessieren.**

Prof. Dr. Eugen Buß lehrt an der
Universität Hohenheim am Institut für Sozialwissenschaft.

Oldenbourg

Erfolgreiche Entscheidungen in fremden Kulturbereichen

Eberhard Dülfer, Bernd Jöstingmeier
Internationales Management in unterschiedlichen Kulturbereichen
7., vollständig überarbeitete Auflage 2008
621 S. | gebunden
€ 39,80 | ISBN 978-3-486-57934-5

Aufgrund eigener Beobachtungen und Erfahrungen im europäischen Bereich und in mehr als 25 Ländern Afrikas, Asiens und Amerikas haben die Verfasser versucht, die Umfeld-Einflüsse »Vor Ort« zu systematisieren und ihre Konsequenzen für das Management aufzuzeigen.

Das Buch richtet sich an die Studierenden des Internationalen Managements ebenso wie an die in den angesprochenen beruflichen Bereichen verantwortlich tätigen Praktiker, vor allem aber an (angehende) Führungskräfte von Unternehmungen oder von entwicklungspolitischen Institiutionen, die sich auf einen Auslandseinsatz in Unternehmen oder Projekten vorbereiten.

Über die Autoren:

Prof. Dr. Dr. h.c. Eberhard Dülfer war Inhaber des Lehrstuhls für Betriebswirtschaftslehre an der TU Darmstadt und ab 1967 an der Universität Marburg. Von 1967 bis 1991 war er geschäftsführender Direktor des Instituts für Kooperation in Entwicklungsländern an der Universität Marburg.

Prof. Dr. Bernd Jöstingmeier lehrt an der Berufsakademie Stuttgart.

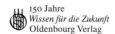
150 Jahre
Wissen für die Zukunft
Oldenbourg Verlag

Bestellen Sie in Ihrer Fachbuchhandlung oder direkt bei uns: Tel: 089/45051-248, Fax: 089/45051-333
verkauf@oldenbourg.de

Ist der Drache unersättlich?

Xuewu Gu, Maximilian Mayer
Chinas Energiehunger: Mythos oder Realität?

Spätestens seit dem Beginn des 21. Jahrhunderts gibt
es einen weltweiten Diskurs über Chinas Energiebedarf
und dessen globale Auswirkungen.
Die Debatte verläuft teilweise leidenschaftlich. Sie ist
aber auch von weit verbreiteten Mythen gekennzeichnet,
die von der politischen und wissenschaftlichen Aufmerksamkeit und von den eigentlichen Energieheraus-
forderungen Chinas und der Welt
ablenken.
Dieses Buch versucht durch empirisches
Datenmaterial und theoretische Überlegungen eine ausgewogene Sicht auf den
chinesischen »Energiehunger« zu finden.

**Das Buch richtet sich an Studierende,
Wissenschaftler, Politiker, Entscheidungsträger
in der Wirtschaft sowie an wirtschafts- und
energiepolitisch Interessierte.**

2007 | VIII, 207 Seiten | gebunden
€ 24,80
ISBN 978-3-486-58491-2

Oldenbourg